JOSEF KRAUS

50 JAHRE UMERZIEHUNG

JOSEF KRAUS

50 JAHRE UMERZIEHUNG

Die 68er und ihre Hinterlassenschaften

DIE WERKREIHE VON TUMULT #06
Herausgegeben von Frank Böckelmann

MANU SCRIPTUM.

Impressum

Sechste Ausgabe der Werkreihe TUMULT, dritte Auflage November 2019
Herausgegeben von Frank Böckelmann/TUMULT. *Vierteljahresschrift für Konsensstörung*, Dresden
www.tumult-magazine.net

Gestaltung & Herstellung
Titelbild: »Unter den Talaren – Muff von 1000 Jahren« ©Arbeitsstelle für Universitätsgeschichte,
Signatur: Staatsarchiv Hamburg 720-1/388-00=55903.
Autorenfoto Josef Kraus: © Josef Kraus
Lektorat: Till Schneider
Gestaltung: Thomas Löffler, Berlin
Druck und Bindung: druckhaus köthen

Vertrieb (Bahnhofs- und Flughafenbuchhandel)
IPS Pressevertrieb GmbH
Postfach 12 11
53334 Meckenheim
Tel.: +49(0)22 25 88 01-0, Fax: +49(0)22 25 88 01-199
eMail: info@ips-d.de

Pressecode: 4-191061-019905-06
Titelnummer: 10610
ISBN: 978-3-944872-81-0

Printed in Germany

www.manuscriptum.de

INHALT

I. »68« IM URTEIL VON 68ERN UND NICHT-68ERN

Die einen sehen »68« als Befreiung, Revolte, Emanzipation, als ein Aufbrechen von Verkrustungen, als einen Katalysator und Beschleuniger, gar als Morgenröte einer Weltrevolution. Hagiographien, Heiligenlegenden sind daraus geworden. Andere sehen »68« als Geburtsstunde eines bis heute wirkenden Kulturmarxismus, als Werteverfall, als »Pyrrhussieg«, als »krude Mischung aus utopischer Entfremdungskritik, deutscher Existenzphilosophie und französischem Existenzialismus«[1] (Frank Böckelmann) oder auch als die Geburtsstunde des RAF-Terrorismus. Wieder andere erkennen in »68« eine ödipale Problematik, denn der antiautoritäre Affekt der 68er entsprang einem tiefsitzenden Ressentiment gegen die Vätergeneration. Er richtete sich gegen alles, was mit »Autorität« ausgestattet war: Eltern, Vater, Ehemann, Polizei, Verwaltung, Lehrer, Staat insgesamt. Vereinfacht gesagt: Wer gegen den Vater aufsteht, der ist auch bereit, gegen die herrschenden Umstände, gegen Unterdrückung, gegen das »System« aufzustehen.

Jedenfalls feiern die 68er, die echten wie die epigonalen, im Jahr 2018 ihr fünfzigstes Dienstjubiläum – mit viel Weihrauch und Schulterklopfen. Kaum ein Magazin, kaum eine Zeitung, kaum eine Rundfunk- oder Fernsehsendung, kaum ein Museum lässt »50 Jahre 68« aus: die *FAZ*, die *FAS*, der *Spiegel*, die *Süddeutsche Zeitung*, die *Abendzeitung*, *GEO Epoche*, das Kunstmuseum Wolfsburg …

Die Original-68er beziehen nunmehr Renten und Pensionen – erwirtschaftet von einer Gesellschaft, die es nach ihren Vorstellungen gar nicht geben dürfte. Und noch fünf Jahrzehnte nach »68« versuchen manche von ihnen den Eindruck zu erwecken, als seien die 68er Teil einer historischen Mission, als spräche »aus ihrer dünnen Stimme der Weltgeist«[2] (Arnold Gehlen). Die ideologische Basis der Original-68er und ihrer Epigonen war und ist jedenfalls ein Marxismus, der Erlösung von der Gesellschaft durch die Gesellschaft versprach. Oder auch, in der Worten von Robert Frank: »Die 68er waren der letzte intellektuelle Versuch, das moderne Schicksal der Komplexität zu sabotieren.«[3]

Parallel zum Erscheinen des vorliegenden Bandes ist für Mitte 2018 ein Titel von Wolfgang Kraushaar angekündigt: *Die blinden Flecken der 68er-Bewegung. Wie eine Revolte zum Mythos wurde*. Welche blinden Flecken Kraushaar sieht, wird sich zeigen. Der Ankündigungstext lässt eher eine Weichzeichnung erwarten: »Wolfgang Kraushaar problematisiert die vorherrschenden Deutungsmuster der 68er-Bewegung und betont zugleich, dass unsere Zivilgesellschaft kaum ohne ihre Impulse vorstellbar wäre.« Immerhin hatte derselbe Kraushaar 2008, zum vierzigsten Geburtstag der 68er, von einem »ambivalenten Ereigniszusammenhang« geschrieben, und er hatte damit gemeint: Einerseits einen »Aufbruch zu neuen gesellschaftlichen Ufern«, andererseits eine »Regression in die Innerlichkeit, einen hartnäckigen Flirt mit dem kommunistischen Totalitarismus und nicht ganz ungefährliche politische Allmachtsphantasien.« Als Erfolge der 68er stellte Kraushaar damals heraus: Die Mobilisierung gegen die Notstandsgesetze und die Bekämpfung der NPD, welche 1969 bei der Bundestagswahl scheiterte und damit eine sozial-liberale Brandt-Scheel-Koalition möglich machte.[4]

Zurück zu der Behauptung, unsere Zivilgesellschaft sei ohne die Impulse der 68er unmöglich gewesen. Da wäre zu fragen, was mit »Zivilgesellschaft« gemeint sein könnte. Außerdem ist die Bilanz der 68er nur bei allerbestem Willen als »ambivalent« zu bezeichnen. Für die Chiffre »1968« gibt es eine Vielzahl an Synonymen: APO (»Außerparlamentarische Opposition«), Studentenbewegung, Jugendrebellion, Generationenrevolte, Sozialprotest, Lebensstilreform, Kulturrevolution[5]. Es bündelt sich hier vieles: »Zerstörtes und Zerstörendes ebenso wie Befreiendes und aufs Neue Unterdrückendes, das sich nicht selten in rigide durchgesetzten Sprachcodes niederschlug und als ›Political Correctness‹ Sinne disziplinierte und neue Anstößigkeiten konstruierte« (Peter Steinbach). Und: »Der bewusst herbeigeredete und durchgesetzte Kulturwandel des Jahres 1968 hat einen Preis, den nicht nur wir, sondern unsere Kinder bezahlen. Nicht nur heute. Sondern auch noch morgen!«[6] Wir wissen nicht, ob »die Linke« Kenntnisse der großen deutschen Literatur hatte. Es schien ihr aber die mephistophelische Devise eigen zu sein: »Alles, was besteht, ist wert, dass es zugrunde geht«. Ob wohl die Jugendvertretung der Links-Partei dieses Zitat kannte, als sie zum 40. Geburtstag von »68« einen Kongress veranstaltete? Ihr Motto hieß: »40 Jahre 1968 – Die letzte Schlacht gewinnen wir.«

Einen ausgesprochen kritischen Blick zurück wirft Götz Aly zum »Vierzigsten« der 68er. Aly, Jahrgang 1947, der spätere Historiker und Politikwissenschaftler, hatte zu den Aktivisten des »Sozialistischen Arbeitskollektivs« gehört. Für ihn ist Deutschland nicht wegen, sondern trotz »68« besser geworden; er spricht gar von einem »glücklichen Scheitern der Revolte«, denn die 68er Bewegung sei ein deutscher Spätausläufer des totalitären 20. Jahrhunderts gewesen. Die 68er, so Aly, seien ihren Eltern, also der 1933er Generation, ähnlicher gewesen, als sie es selbst wahrhaben wollten. Als Belege dafür nennt er den antibürgerlichen Impetus, den Antiamerikanismus und den latenten Antisemitismus.[7] Norbert Frei bestätigt letzteren; er zitiert den Auschwitz-Überlebenden Jean Améry, der 1969 meinte, der Antisemitismus sei nicht mehr wie früher ein Sozialismus der dummen Kerle, sondern er sei im Begriff, ein integrierender Bestandteil des Sozialismus schlechthin zu werden.[8]

Etwas bemüht wirken die Urteile Nachgeborener über »68«. Wahrscheinlich haben sie den Zweck zu zeigen, wie mutig man die eigene Vita als Kind aus einem linken Elternhaus aufarbeitet. Der Mainstreamphilosoph Richard David Precht (Jahrgang 1964) liefert ein gutes Beispiel dafür. In seinem Buch *Lenin kam nur bis Lüdenscheid. Meine kleine deutsche Revolution*[9] von 2005 versucht er sich, da und dort durchaus unterhaltsam, an der Aufarbeitung seiner Prägung durch ein Elternhaus, das ihm Zeltlager der DKP und Familienurlaub in Dänemark samt Hasch rauchenden Hippies verpasste. Ketchup oder Coca Cola – alles »amerikanische Scheiße«, wurde ihm eingetrichtert. »Daktari«, »Fury«, »Flipper«, »Lassie« kamen nicht ins Haus. Und selbstverständlich drückten die Prechts bei der Fußballweltmeisterschaft 1974 der DDR-Mannschaft die Daumen und feierten Sparwassers Schüsse.

Etwas politischer hat es Jan Fleischhauer (Jahrgang 1962) angepackt. In seinem Buch *Unter Linken*[10] (2009) schreibt er: »Meine erste Antifa-Schutzimpfung bekam ich als Grundschüler.« Allerdings nicht in der Schule, sondern durch Frau Mama, die ihren Sohn eines Abends über

Adolf Hitler aufklärte; Fleischhauer war damals zehn Jahre alt. Heute »outet« sich der fast 50-Jährige als Kritiker der Linken: »Wer über die Linke schreibt, und das nicht im Ton der Bewunderung, zieht Kritik auf sich.« Vor allem stört ihn die endlose Opferperspektive der Linken: »Am Anfang aller linken Politik steht das Opfer« – nämlich stets das Opfer »gesellschaftlicher Umstände«, für die man einen Anwalt braucht. Individuelles Versagen oder Verbrechen gibt es offenbar nicht; es wird per definitionem sozialisiert.

Nicht sonderlich erhellend ist der Beitrag von Kai Diekmann (Jahrgang 1964) in seinem 2007 erschienenen Buch *Der große Selbst-Betrug. Wie wir um unsere Zukunft gebracht werden*[11]. Dem von 2011 bis 2015 amtierenden *Bild*-Chef geht es dabei um jene 68er, mit denen der »Gutmensch« zum Standard geworden sei. Vieles in seinem Buch ist oberflächlich, auch wenn die Kapitelüberschriften markant formuliert sind, etwa: »Triumph des Mittelmaßes – Von der Kuschelpädagogik zur Leistungsverweigerung«. In die Tiefe aber dringt Diekmann nicht vor. Die Gründe und die Auswirkungen kommen nicht konkret zur Sprache.

Um so klarsichtiger hat Botho Strauß im Jahr 1993 geurteilt, also exakt in der Mitte der fünf Jahrzehnte seit 1968. Sein damaliger Essay »Anschwellender Bocksgesang« ist aktueller denn je. Doch da eine »alternativlose« Politikerkaste solche Sternstunden deutscher Sprache nicht liest, geschweige denn internalisiert, hat Botho Strauß (noch?) zu wenig bewirkt. Eifrig wurde weiter daran gearbeitet, das Land nach links zu verschieben. Dies geschah aber nicht, weil die Republik sonst nach rechts gerückt wäre, sondern weil sie inzwischen weit links verortet ist und sich, so Strauß, »ihrem verklemmten deutschen Selbsthass« geradezu verzückt hingibt«.[12]

II. »68« ALS BEWEGUNG QUER DURCH DIE WESTLICHE WELT

ÜBERNATIONAL, ABER WENIG ORIGINELL

»1968« war ein übernationales Phänomen, eine »transnationale Revolte«[13]. Die Proteste, zumeist Studentenproteste, gab es in Städten der USA, Frankreichs, Italiens und Deutschlands, aber auch in Stockholm, Liverpool, Ankara, Izmir usw. Kurz vor Beginn der Olympischen Spiele 1968 fanden in Mexiko City zwischen 150 und 300 Studenten den Tod durch Einsatz von Polizisten und Soldaten. Der Historiker Norbert Frei hat diesen transnationalen Charakter von »1968« zum 40. und zum 50. Geburtstag der Bewegung detailliert herausgearbeitet.[14] »1968« hatte zudem eine lange Inkubationszeit, eine kurze Geschichte und eine sehr lange Nachhaltigkeit – bis hin zur Vollendung der 68er »Ideale« durch 68er Epigonen. Sonderlich originell war an den 68ern nichts. Sie schmückten sich mit fremden Federn. Sie waren Trittbrettfahrer oder bestenfalls Verstärker.

TROTZ ANTI-AMERIKANISMUS: DIE VORBILDER KAMEN AUS DEN USA

Die großen Vorbilder für die deutschen 68er kamen aus den USA. Sie kommen auch heute noch aus den USA, zuletzt von der 2011 in New York gestarteten »Occupy«-Bewegung. Eine Menge US-Amerikanisches aus den dortigen »Sixties« wurde brav nachgeahmt, wenngleich den 68ern in ihrem Anti-Amerikanismus alles Amerikanische zutiefst zuwider war. Man darf annehmen, dass die aus den USA kommende Strategie der »Reeducation« gerade bei den 68ern Erfolg hatte. Jürgen Habermas hat dies im Jahr 1981 stolz für sich in Anspruch genommen: »Ich selbst bin ein Produkt der Reeducation, und ich hoffe, kein allzu negatives.« Dieses Nachahmen US-amerikanischer Vorbilder hat sich bis heute fortgesetzt. Denn das linke Gesinnungsdiktat der Political, Historical und Educational Correctness treibt vor allem in den USA sein Unwesen und findet im deutschen 68er-Spross willige Nachahmer – siehe dazu das eigene Kapitel in diesem Buch.

Die Entwicklung hin zu »68« hatte in den USA begonnen: 1959 mit den »Studies oft the Left«, 1960 mit dem »Nonviolent Coordination Committee« von Stokely Carmichael und 1964 mit dem »Free Speech Movement«. 1968 begann die »Gay Liberation« mit »coming outs«. San Francisco wurde zum »Mekka der Gegenkultur.«[15]. Eine maßgebliche Rolle spielte der lange Vietnam-Krieg (1955 bis 1975), in den die USA ab 1964 eingriffen hatten und in dem sie vorübergehend mit bis zu 584.000 Soldaten (Januar 1968) präsent waren. Die geschätzt bis zu vier Millionen zivilen Todesopfer und die 58.220 getöteten US-Soldaten ließen die US-amerikanische Öffentlichkeit nicht zur Ruhe kommen. 1967 kam es zur ersten Verbrennung von Musterungsbescheiden, um dem »draft«, der Einberufung zur Wehrpflicht, zu entgehen. Ab 1966 kam die »Black Panther Party« hinzu – nicht nur, aber wohl auch im Kontext mit dem Vietnamkrieg, denn viele der in Vietnam eingesetzten Soldaten waren Schwarze. Am 4. April 1968 wurde der schwarze Bürgerrechtler und Träger des Friedensnobelpreises 1964, Martin Luther King, in Memphis ermordet; es gab danach Aufstände in mehr als hundert US-Städten mit 39 Toten. Am 3. Juni 1968 wurde in Los Angeles das Attentat auf Robert F. Kennedy, den aussichtsreichsten Kandidaten der Demokraten für das Präsidentschaftsamt, verübt; er starb drei Tage später an den Folgen.

Einen spektakulären Höhepunkt erlebte die »Black Power«-Bewegung am 16. Oktober 1968 anlässlich der 19. Olympischen Spiele in Mexiko bei der Siegerehrung zum 200-Meter-Lauf-Finale. Der Sieger Tommie Smith (USA) und sein Landsmann John Carlos (Bronze) trugen jeweils einen schwarzen Handschuh und liefen mit ihren Schuhen in der Hand ein, um gegen die Unterdrückung der Schwarzen zu demonstrieren. Als die Medaillen verteilt waren und die Nationalhymne lief, senkten Smith und Carlos den Kopf und streckten den Arm mit dem Handschuh, die Hand zur Faust geballt, in die Luft zum »Black Power«-Gruß. Dass sie ohne Schuhe einliefen, sollte ihre Armut in der Kindheit symbolisieren.

Auf den ersten Blick weniger politisch war die »Hippie«-Bewegung, doch auch sie spielte in der zweiten Hälfte der 1960er Jahre eine Rolle. Sie mündete einerseits in »New Age« ein, aber zu einem erheblichen Teil politisierte sie sich als Friedensbewegung (»Make Love Not War!«). In diesem Umfeld kam es am 26. April 1968 zur Uraufführung des Musicals *Hair* in New York. Darin geht es um eine Hippie-Kommune, die eines ihrer Mitglieder im Vietnam-Krieg verliert. Ein Jahr später, vom 15. bis 17. August 1969, folgte bei New York »Woodstock Nation« mit dem legendären Woodstock-Meeting und seinen 400 000 Besuchern. Hier ging es um Verweigerung und Subversion. Ein Schlachtruf war das »four letter word« F-U-C-K.

Diese Bewegungen gingen einher mit Drogen-Experimenten. Timothy Leary, ein vormaliger Harvard-Professor, wurde dabei zum Guru. Er trat für die Legalisierung von psychedelischen Drogen ein; der Slogan hieß: »Turn on, Tune in, Drop out!« Ab 1965 stellte er LSD (Lysergsäurediethylamid) her; man versprach sich Intelligenzanreicherung und Bewusstseinserweiterung. Angesagt war: »High sein, frei sein«.

»68« IN FRANKREICH UND DER SCHULTERSCHLUSS MIT DEN ARBEITERN

In Frankreich hatte sich die Zahl der Studenten seit Ende der 1950er Jahre verdreifacht, ohne dass die Kapazitäten der Universitäten mitgewachsen wären. Zugleich spielte die Auflehnung gegen bürgerliche Ideale, gegen die herkömmliche Sexualmoral, gegen den vermeintlichen Polizeistaat und gegen den Vietnamkrieg eine große Rolle. Das französische »System« wurde von den 68ern als Inbegriff des Patriarchalischen wahrgenommen – personifiziert von Charles de Gaulle. Anfang Mai 1968 besetzten Studenten Räume der Sorbonne; einer der Anführer war der damals 23-jährige Daniel Cohn-Bendit. Als die Räume von der Polizei gewaltsam geräumt wurden, gab es quer durch Paris schwere Unruhen. Rund 60 Barrikaden wurden errichtet. Bei deren Erstürmung durch die Polizei in der »Nacht der Barrikaden« vom 11. Mai gab es fast 400 Verletzte und 500 Festnahmen. Drei große Gewerkschaften solidarisierten sich mit den Studenten. Es kam zu Fabrikbesetzungen, zum Beispiel des Staatsbetriebes Renault. Am 19. Mai wurde ein unbefristeter Generalstreik ausgerufen; er wurde zu fast hundert Prozent befolgt. Der Höhepunkt war der 23. Mai, an dem sich – nach unterschiedlichen

Angaben – sieben bis zehn Millionen Streikende beteiligten. Am 12. Juni erließ die Regierung ein Demonstrationsverbot, am 16. Juni räumte die Polizei die Sorbonne, am 18. Juni war Schluss mit den Streiks. Die Ankündigung von Neuwahlen hatte die Lage beruhigt. Diese Wahlen brachten den Gaullisten am 30. Juni 1968 die absolute Mehrheit. Allerdings währte die Freude über diesen Sieg nicht lang: Am 27. April 1969 trat de Gaulle zurück, weil ihm das Volk die Zustimmung zu einer Verfassungsreform verweigert hatte.[16]

In Frankreich also gelang es den revoltierenden Studenten, die Solidarität der Fabrikarbeiter mitzunehmen und damit die Mächtigen wirklich das Fürchten zu lehren. Ähnlich verhielt es sich in Italien, dort mit bis zu 7,5 Millionen Streikenden. Aber in Deutschland gelang das nicht. Hier kam es zu einer Entfremdung der Linken von den »kleinen Leuten«, außerdem zu einer Entfremdung gegenüber dem DGB, der sich solchen Streiks verweigerte – obwohl die 68er brav die marxistischen Phrasen mit ihren Begriffen »herrschende Klasse«, »Lohnabhängige«, »Unterprivilegierte« im Munde führten. In Deutschland wurden Studenten im günstigsten Fall ausgelacht, wenn sie Arbeiter über ihre Arbeitsrechte aufklären wollten.

»68« ALS »MAI-LÜFTERL« IN ÖSTERREICH

»1968« in Österreich war harmloser. Dort erfolgen manche Entwicklungen immer »a bisserl« sanfter als in Deutschland. Der Historiker Fritz Keller bezeichnete die 68er-Revolution in Österreich denn auch als »Mai-Lüfterl«. Selbst Demonstrationen beim Vortrag eines Diplomaten des autoritären griechischen Regimes an der Universität Wien ließen sich mit dem Bonmot eines Pedells gegenüber dem damaligen Rektor Fritz Schwind gelassen zusammenfassen: »Magnifizenz, im Audimax is a Wirbel« (12. März 1968). Die »Kommune Wien« konnte den öffentlichen Raum weder durch »Love ins« erreichen noch auch durch Sitzstreiks gegen die Abschiebung des (damals) linken deutschen Aktivisten Günter Maschke, der dann nach zwei Jahren Asyl-Aufenthalt in Cuba zur »Neuen Rechten« konvertierte. Das »Lüfterl« war bald raus – ab 1970/1971 bis 1983 mit Mehrheiten für SPÖ-Regierungen unter Bruno Kreisky. Dort spielten Frauen- und Jugendthemen eine zentrale Rolle, aber auch Fragen der Sozialstaatlichkeit und der Strafrechtsreformen. Nur eines hat sich gehalten: Der am 22. Februar 1968 erstmalige studentische Protest gegen den Wiener Opernball wurde im Jahr 2000 anlässlich der schwarz-blauen Koalition aus ÖVP und FPÖ reaktiviert. Ab 2008 verlagerte sich der oft gewalttätige Protest auf den Wiener Akademikerball der FPÖ.

III. »68« IN DEUTSCHLAND

DAS LEIDEN DER 68ER AN DER WESTBINDUNG

Die 68er wollten eine ungebrochene Kontinuität »Faschismus – Bundesrepublik Deutschland« festgestellt haben. Von der freiheitlichsten Verfassung, die Deutschland mit dem Grundgesetz vom 23. Mai 1949 jemals bekommen hatte, wollten sie nichts wissen. Mit Vehemenz bauten sie das Klischee einer angeblich »bleiernen« Adenauer-Zeit auf, das noch heute von Altlinken nachgebetet wird – wobei sie offenbar ausschließlich Altnazis wie Minister Theodor Oberländer und Staatssekretär Hans Globke im Auge hatten. Die Altlinken wollten nicht wahrhaben, was schon seit 1949 an »Aufarbeitung« in Gang gebracht worden war, an Liberalisierung durch die soziale Marktwirtschaft, an Verbesserung der Lebensbedingungen. Ein Dorn im Auge war ihnen vor allem Adenauers größte Leistung, nämlich die Westbindung Deutschlands als Bollwerk gegen Sozialismus, Kommunismus und Sowjet-Stalinismus. Der scharfsinnige Berliner Politikwissenschaftler Richard Löwenthal, als Jugendlicher KPD-Mitglied, jüdischer Herkunft und der Arbeiterbewegung verbunden, hat diese anti-westliche Haltung als »romantischen Rückfall« bezeichnet. 1979 schrieb er: »Um so erschreckender ist für diejenigen, die einen geschichtlichen Sinn für solche Entwicklungen haben, die erneute Abwendung großer Teile der Intellektuellen der zweiten Nachkriegsgeneration seit Mitte der sechziger Jahre von grundlegenden westlichen Werten gewesen.«[17] Kurt Sontheimer urteilte 2001 sogar noch härter. Er bezeichnete die Rückkehr der 68er zum Marxismus als »reaktionären Rückschritt.«[18]

Die Linke wollte ein (zunächst) neutrales, dann sozialistisches Gesamtdeutschland, und sie war erbost darüber, dass Adenauer 1952 die sogenannte »Stalin-Note« mit dem Angebot einer deutschen Einheit auf neutraler Basis zurückgewiesen hatte. Adenauers Ziel einer Westbindung konkretisierte sich denn auch bald: Im November 1955 wurde die Bundeswehr gegründet; schon im Mai 1955 war die Bundesrepublik der NATO beigetreten. 1957 folgten die »Römischen Verträge«; die Bundesrepublik schloss sich mit Frankreich, Italien und den Benelux-Ländern zur

»Europäischen Wirtschaftsgemeinschaft« (EWG) zusammen, nachdem es schon 1950 mit dem Beitritt zur »Montanunion« zu einer klaren Orientierung Richtung Westen gekommen war. Zur Westbindung gehörte vor allem die »große« Aussöhnung mit Frankreich; sie fand einen ersten Höhepunkt am 22. Januar 1963 mit der Unterzeichnung des Élysée-Vertrags als deutsch-französischem Freundschaftsvertrag, initiiert von Adenauer und Charles de Gaulle.

Dennoch sah Jürgen Habermas »68« als eine »Fundamentalliberalisierung«. Das schrieb er in der *Frankfurter Rundschau* vom 11. März 1988, und er bemerkte weiter: »Die Studenten- und Schülerbewegung verdankt ihre Erfolge der phantasiereichen Erfindung neuer Demonstrationstechniken«. Immerhin bedauerte er es, dass die inszenierten Unruhen in einen »linken Faschismus« ausgeartet seien. Was von der Studentenbewegung geblieben sei, wurde er einmal gefragt. Seine Antwort war 1988: »Frau Süßmuth«. Heute würde er wohl antworten: »Merkel« – auch wenn diese nur eine Quereinsteigerin von »68« war, siehe das entsprechende Kapitel.

Von »Befreiung« durch die 68er war und ist die Rede, von mehr »Toleranz« gegenüber anderen Menschen, Völkern, Wertvorstellungen. Aber es war und ist bestenfalls die Toleranz eines »Nihilismus des Geltenlassens von schlechthin Allem«[19] (Arnold Gehlen). Ferner haben viele Andersdenkende die Erfahrung eines »linken Faschismus« und einer erschreckenden Intoleranz machen müssen, wie sie auch heute wieder von der »Antifa« praktiziert wird. Die 68er Enkelmentalität der »Political Correctness« definiert fünfzig Jahre später tagtäglich, was zu tolerieren und was nicht zu tolerieren ist. Dass die 68er Bewegung fünfzig Jahre Umerziehung zu verantworten hat, Bildungsabbau, ja Entgrenzung in allen Lebensbereichen bis hin zu Orientierungslosigkeit und Beliebigkeit, wird weniger artikuliert. Und wenn es hier doch einmal geschieht, dann der Objektivität zuliebe. Mit »68er-Bashing« hat das nichts zu tun.

»68« ist »keineswegs das »Jahr Eins« der deutschen Demokratie. Vielmehr ist Deutschland durch die 68er – und dann noch einmal durch die Wiedervereinigung – sozialistischer geworden. Elisabeth Noelle-Neumann beschrieb die Lage wie folgt: »Im materiellen Sinne gleichen sich die Ostdeutschen an die Westdeutschen an, während im geistigen Sinne eine Angleichung der Westdeutschen an die Ostdeutschen stattfindet.«[20] Ohne es überbewerten zu wollen: Mit der Partei des Demokratischen Sozialismus (PDS) kam nach der 1956 verbotenen KPD, die von 1949 bis 1953 mit 5,7 Prozent im Bundestag vertreten war, 1990 erstmals wieder eine kommunistische Partei in den Bundestag. Und wenn es heute in Deutschland rechts neben der CDU eine Partei gibt, dann ist das kein Beleg für einen angeblichen Rechtsruck Deutschlands, sondern zum größten Teil die Reaktion auf eine vorangegangene Verschiebung des politischen Koordinatensystems nach links. Das hat einiges mit »68« zu tun. Denn der »Marsch« der 68er (angelehnt an den »Langen Marsch« der KP Chinas 1934/35 zur Macht) sowie der von 68ern geprägten Journalisten, Richter, Lehrer, Kirchenleute »durch die Institutionen«, selbst durch vormals nicht-linke Parteien, hat auf breiter Front stattgefunden, ebenso deren Marsch durch Definitionen bzw. Sprech- und Denkregelungen.

Auch wenn heute die Original-68er zu erheblichen Teilen ihre Rente oder Staatspension genießen: Ihre jüngeren Adepten beherrschen die Szene mehr denn je. 2002, nach vier Jahren »Schröder-Fischer«, schrieb Gerd Koenen: »Das halbe Kabinett und prominente Figuren der Parlaments- und Parteiszene haben ihre politische Biographie als Marxisten, Kommunisten und sozialistische Systemveränderer verschiedener Couleur begonnen, als Sponti-Militante oder K-Grüppler, RAF-Anwälte, SHB-Aktivisten oder Juso-Antirevisionisten. Auch in westlichen Behörden und privaten Verbänden, in Justiz und Anwaltskanzleien, in Medien oder Universitäten, in Gewerkschaften und selbst in den Vorstandsetagen der Wirtschaft würde ein Verschwörungstheoretiker reichlich fündig werden.«[21] Jedenfalls wurden Tausende ehemalige Studentenfunktionäre vom verhassten System »feudalisiert« – mit Tausenden von universitären Stellen. Die Revoluzzer, die übrigens fast ausschließlich aus der gesellschaftlichen Mittel- und Oberschicht stammten, hatten sich selbst alimentiert. Plötzlich gab es zahllose »Discount-Professuren« – erwerbbar auch mit »habilitationsähnlichen Leistungen«.

Die »Schüler« der Original-68er sind diesen nachgefolgt. Apropos Schröder und Fischer: Die einstigen Antikapitalisten scheffeln heute mindestens sechsstellige Beträge für ihr Engagement im Energiegeschäft, Schröder als vormals antirevisionistischer JuSo-Vorsitzender, »Joschka« Fischer als ehemaliger Chef der gewalttätigen Frankfurter »Putztruppe«. Double-Thinking eben. So manche moralische Entrüstung von damals offenbart sich damit als Heiligenschein der Scheinheiligen. Oder, wie Alexander Grau schreibt: »Man bewohnt die gentrifizierten Viertel der Großstädte, nicht ohne die Gentrifizierung zu beklagen.«[22]

AUFARBEITUNG UND LIBERALISIERUNG AUCH OHNE »68«

Die »68er« und ihre Epigonen schmücken sich mit fremden Federn. Denn in der Bundesrepublik hatten große Reformen und weitreichende Liberalisierungen lange vor 1968 stattgefunden – und damit ohne die 68er.[23] Tatsächlich hatte sich im westlichen Staat Deutschlands der 1950er und 1960er Jahren viel getan: 1954 war eine große Strafrechtsreform eingeleitet worden; die Kriterien Schuld und Strafe wurden ergänzt bzw. ersetzt durch die Prinzipien Resozialisierung und Reintegration. Die Strafbarkeit der Homosexualität wurde de facto aufgehoben, auch wenn deren endgültige Entkriminalisierung erst 1969 kam. 1958 folgte ein Gleichstellungsgesetz und damit das Ende des Alleinvertretungsrechts des Ehemannes; zuvor hatten Ehefrauen für einen Arbeitsvertrag die Genehmigung des Ehemanns benötigt. Mit dem 1. September 1969 gab es eine Liberalisierung des Eherechts; die Strafbarkeit des Ehebruchs wurde aufgehoben, das Schuldprinzip bei der Ehescheidung erst 1976. Ab 1. Juli 1970 galten uneheliche Kinder nicht mehr als Personen minderen Rechts. Aber all dies war vor »68« in die Wege geleitet worden. 1965 machte Bundeskanzler Erhard zudem die »Sozialpartnerschaft« zum Regierungsprogramm. Wie vorausschauend – oder auch: wie clever! Denn es folgte die Wirtschaftskrise 1966/67. Das Bruttoinlandsprodukt (BIP) sank 1967 zum ersten Mal, und zwar um 0,3 Prozent. Dieser Konjunktureinbruch ließ die Arbeitslosenquote von 0,7 Prozent im Jahr 1966 auf 2,2 Prozent im Jahr 1967 steigen. Mit der Senkung des Wahlalters freilich ließ sich die Bundesrepublik noch ein wenig Zeit. Es wurde erst zum 1. Januar 1975 von 21 auf 18 Jahre gesenkt – in der DDR übrigens schon 1950.

Lange vor »68« war es zu symbolträchtigen Aussöhnungen gekommen. Im September 1952 übernahm die Bundesrepublik im Rahmen eines deutsch-israelisch-jüdischen Wiedergutmachungsvertrages (»Luxemburger Abkommen«) die politische Schuld des Deutschen Reiches. Im März 1953 setzte Konrad Adenauer ein Abkommen zur Wiedergutmachung an die Juden durch. Am 14. März 1960 trafen sich in New York erstmals die Regierungschefs von Israel und Deutschland, David Ben Gurion und Konrad Adenauer. Am 12. Mai 1965 mündete diese Versöhnung in diplomatische Beziehungen der beiden Länder ein.

Rund zehn Jahre nach Gründung der Bundesrepublik begann offiziell die Aufarbeitung der NS-Vergangenheit. In Deutschland bedurfte es dazu nicht des Impulses der 68er, ebenso wenig wie in Israel, wo 1961 der Prozess gegen Eichmann stattfand und am 31. Mai 1962 mit dessen Hinrichtung endete. Das »Nie wieder« der 68er war mehr als berechtigt – aber sie selbst hinkten hinterher. 1991 schrieb Ernst Nolte: »An der Freien Universität Berlin entzündete sich die Kritik der jüngeren Generation an der Welt ihrer Eltern, vor allem an den KZ-Prozessen der frühen sechziger Jahre, die zu beweisen schienen, dass eine ›Bewältigung‹ der nationalsozialistischen Vergangenheit nicht stattgefunden habe, und dass die ältere Generation durch hartnäckiges Schweigen ihre Schuld vor sich selbst und ihren Kindern verbergen möge.«[24] Der Behauptung, dass in den Familien der 68er keine Aussprache über den Nationalsozialismus stattgefunden habe, widerspricht allerdings die in London lehrende Historikerin Christina von Hodenberg. Für sie ist das eine abstrakte Annahme, denn die aktiven Studenten seien signifikant häufig aus Familien mit politisch linker Ausrichtung und mit großer politischer Übereinstimmung der Generationen gekommen.[25]

Zudem waren längst die Schulen dazu angehalten worden, die Schüler mit der jüngsten deutschen Vergangenheit zu konfrontieren. Am 11. Februar 1960 verabschiedete die Konferenz der Kultusminister (KMK) Richtlinien für die Behandlung der NS-Vergangenheit im Geschichtsunterricht. Anlass war, dass Kölner Jugendliche zu Weihnachten 1959 Hakenkreuze an Synagogen geschmiert hatten. Schulklassen strömten zu Tausenden in den deutschen Antikriegsfilm *Die Brücke* von Bernhard

Wicki aus dem Jahr 1959 – nicht wegen Auschwitz, aber weil in diesem Film der Krieg geächtet wurde.

Seit 1960 waren Hunderte von Staatsanwälten, Kriminalbeamten und Richtern mit der Aufklärung von NS-Verbrechen beschäftigt. 1960/61 gab es die Fernsehserie *Das Dritte Reich*; sie wurde von rund zwei Dritteln der Zuschauer gesehen. 1963/64 folgten NS-Kriegsverbrecherprozesse, im März 1965 Bundestagsdebatten. Bundespräsident Heinrich Lübke erklärte am 25. April 1965: »Das Ansehen Deutschlands leidet Schaden, wenn wir unsere Bereitschaft zur Selbstreinigung nicht durch die Tat beweisen.« Allein 1968 gab es 2307 Ermittlungsverfahren. Im dritten Frankfurter Auschwitz-Prozess vom 14. Juni 1968 wurden Urteile (»lebenslänglich«) gegen zwei Aufseher gesprochen. Und als Alexander und Margarete Mitscherlich 1967 ihren Bestseller *Die Unfähigkeit zu trauern*[26] veröffentlichten, rannten sie damit offene Türen ein. Der Psychoanalytiker Alexander Mitscherlich, Mentor von Jürgen Habermas und zugleich Verehrer von Ernst Jünger, generalisierte darin die Erfahrungen mit Patienten, die in der NS-Zeit als Offiziere oder führende SS-Angehörige Teil des Hitler-Regimes gewesen waren und nach 1945 keine Spur von Reue zeigten.

Auch international tat sich einiges. Zwischen 1960 und 1966 wurden 32 Kolonien in eigenständige Staaten umgewandelt. Die katholische Kirche wurde in einigen Bereichen liberaler. Von 1962 bis 1965 tagte das von Papst Johannes XXIII. einberufene »Zweite Vatikanische Konzil«. Hier kam es zu einer Aktualisierung dogmatischer Sätze, zu einer neuen Liturgie sowie zur Stärkung der Ortskirchen und der nationalen Bischofskonferenzen. 1966 hob die Katholische Kirche den »Index liberorum prohibitorum« auf. Keine Liberalisierung erfolgte hingegen im Bereich der Sexualität. Am 25. Juli 1968 verkündete Papst Paul VI. die Enzyklika »Humanae Vitae« gegen Geburtenkontrolle.

WUTOBJEKTE UND AUSLÖSER DER REVOLTE

Einer der Vorläufer der 68er Bewegung waren ab 1958 die »Ostermärsche« gegen die kurz zuvor erfolgte Gründung der Bundeswehr, gegen Atomwaffen und gegen die NATO – unter dem Motto »Kampf dem Atomtod«. Die Bundeswehr spielte auch später immer wieder eine Rolle, vor allem 1962/1963 im Rahmen der *Spiegel*-Affäre. Im Oktober 1962 waren sieben *Spiegel*-Redakteure wegen »Landesverrats« verhaftet worden, darunter Rudolf Augstein, der 103 Tage im Gefängnis verbringen musste. Im *Spiegel*-Titel »Bedingt abwehrbereit« vom 10. Oktober 1962 hatte die Redaktion über das Nato-Herbstmanöver »Fallex 62« berichtet. Es entstand der Verdacht, der *Spiegel* habe Landesverrat begangen. Verteidigungsminister Franz Josef Strauß hatte, wiewohl nicht zuständig, die Strafverfolgung forciert. Die Anschuldigungen erwiesen sich schließlich als haltlos; Strauß musste im Dezember 1962 als Verteidigungsminister zurücktreten.

Ab Mitte der 1960er Jahre erregte der zeitweilige Aufstieg der NPD die Gemüter. Die 1964 gegründete Partei erreichte bei der Wahl zum Bundestag 1965 zwar nur 2,0 Prozent, aber sie zog 1966 in die Landesparlamente von Hessen und Bayern ein, 1967 in die Landtage von Bremen, Rheinland-Pfalz, Niedersachsen und Schleswig-Holstein, 1968 mit 9,8 Prozent in den Landtag von Baden-Württemberg. Bei der Wahl zum Bundestag 1969 scheiterte sie mit 4,3 Prozent. Dieser vorübergehende Aufstieg der NPD stand in Zusammenhang mit der ersten größeren Rezession nach dem Wirtschaftswunder und mit der ersten Großen Koalition (ab 1966). Denn mit dieser Koalition waren politische Gegensätze eingeebnet worden, und in Ermangelung einer starken Opposition (bestehend einzig aus der FDP mit 9,5 Prozent) war es zu einem Funktionsverlust des Parlaments gekommen. Bei den vorgezogenen Wahlen zum Bundestag 1972 erreichte die NPD dann nur noch 0,6 Prozent.

Ab 1966 entzündete sich eine Debatte um die sogenannten Notstandsgesetze. Das Grundgesetz sollte dahingehend geändert werden, dass bestimmte Grundrechte im Falle von Krieg, Aufstand und Naturkatastrophen vorübergehend eingeschränkt werden könnten. Die Stimmung wurde aufgeheizt von Theodor Adorno, der die Notstandsgesetze mit dem NS-Ermächtigungsgesetz von 1933 verglich. In München gab es am Ostermontag, 15. April 1968, eine Schlusskundgebung zum »Ostermarsch« gegen die Notstandsgesetze mit 2000 Demonstranten. Es wurden Barrikaden errichtet, um die Auslieferung der *Bild*-Zeitung zu verhindern. Und es flogen Steine. Gegen 21 Uhr waren zwei Männer tot: der für AP tätige Fotograf Klaus Frings (32) und der Student Rüdiger Schreck (27). Im Polizeibericht hieß es: »Gestorben durch Einwirkung stumpfer Gegenstände wie Steine oder Holzbohlen, geworfen aus den Reihen der Demonstranten.« Gleichwohl wurden die Notstandsgesetze am 30. Mai 1968 mit 340 zu 100 Stimmen vom Bundestag verabschiedet.

Ein wichtiges Buch dieser Zeit war die 1966 erschienene Schrift *Wohin treibt die Bundesrepublik?* von Karl Jaspers. Der Autor galt als scharfer Diagnostiker der jungen Republik. Im Kern beantworte er seine Titelfrage wie folgt: »Es scheint: von der Demokratie zur Parteienoligarchie, von der Parteienoligarchie zur Diktatur.«[27] Jaspers stützte sich dabei auf die Beobachtung, dass die Parteien (CDU/CSU, SPD und FDP) alle politischen Entscheidungen monopolisiert und die Macht unter sich aufgeteilt hätten. Mit der Großen Koalition ab 1966 schien sich diese Befürchtung zu bewahrheiten.

Ein Reizthema für die Proteststudenten war der »Sechstagekrieg« Israels vom Juni 1967 gegen Ägypten, Syrien und Jordanien. (Über die »Israel-Ablehnung der Neuen Linken, der deutschen und nichtdeutschen 68er also« schrieb der Historiker Michael Wolffsohn, diese sei in Westeuropa »keinesfalls ein politisches Randphänomen« gewesen.[28]) Wutobjekt der Studenten war »Springer« – nicht zuletzt wegen Axel Springers großer Sympathie für Israel. Springer hatte auf der Titelseite der *Bild*-Zeitung vom 7. Februar 1968 zudem gefordert: »Stoppt den Terror der Jung-Roten jetzt!« Das ließ die Attackierten nicht ruhen. Am 10. Februar 1968 veranstalteten sie an der TU Berlin ein »Springer-Hearing«. Mit Blick auf die Tatsache, dass »Springer« 70 Prozent der Zeitungen in Berlin (West) in der Hand hatte, hieß die Forderung: »Enteignet Springer!«

Einen besonderen Anlass für die 68er Revolte lieferte der 2. Juni 1967, weswegen manche den Begriff »68« lieber durch »67« ersetzen würden. An diesem Tag eskalierten die Proteste vor der Berliner Oper, wo das persische Staatsoberhaupt Reza Pahlevi sich die *Zauberflöte* anschaute. Durch einen Schuss, den der Polizist Karl-Heinz Kurras abgab, wurde der 26-jährige Student Benno Ohnesorg getötet. Entgegen der Interpretation, der Schütze sei ein Vertreter des »faschistischen Polizeistaats BRD« gewesen, stellte sich allerdings 2009 heraus, dass er »Stasi«-Mitarbeiter war.

Im Winter 1966/67 hatten Studenten erstmals Aktionen gegen den Vietnamkrieg im Fernsehen gesehen, nämlich diejenigen an den US-Hochschulen. Das hinterließ Spuren. Am 17./18. Februar 1968 zum Beispiel organisierte die linke Studentenschaft an der TU Berlin einen »Internationalen Vietnam-Kongress« mit mehr als 5 000 Teilnehmern.

Am 11. April 1968 verübte der Hilfsarbeiter Josef Bachmann mit drei Schüssen ein Attentat auf Rudi Dutschke. Dutschke überlebte mit schweren Gehirnverletzungen; 1979 starb er an den Spätfolgen. Er war bereits vor dem Attentat zur 68er Ikone geworden, und er ist es heute noch. Bundespräsident Gustav Heinemann (SPD) war ihm sehr zugeneigt; er unterstützte Dutschke mit monatlichen Zahlungen. Dies wurde aber erst 2007 bekannt. Allein schon die Umbenennung eines Teils der Berliner »Kochstraße« in »Rudi-Dutschke-Straße« zeigt die Verklärung Dutschkes. Ironie der Geschehnisse: Die Axel-Springer-Straße ist eine Querstraße dazu.

Am 16. September 1968, zwölf Jahre nach dem Verbot der KPD, gründete sich wieder eine kommunistische Partei: die »Deutsche Kommunistische Partei«, kurz DKP. Diese pflegte beste Beziehungen zur SED der DDR. Überhaupt war die DDR in der Bundesrepublik allgegenwärtig. Sie lieferte »Braun- und Graubücher« nicht nur gegen Globke und Oberländer, sondern auch gegen Lübke und Kiesinger. Karlheinz Weißmann hat dazu ausführlich recherchiert.[29] Zum Beispiel griff die DDR im Frühjahr 1969 in West-Berlin mit 17 »Informellen Mitarbeitern« der »Stasi« (IM) in die Arbeit der APO ein, namentlich des SDS und des AStA. Aus der DDR erhielt die westdeutsche DKP bis hinein in die 1980er Jahre hohe Millionenbeträge in D-Mark. Die DDR gewährte auch zehn RAF-Terroristen Unterschlupf. Der *Spiegel* vom 16. Januar 1978 berichtete: »Auch in etlichen regionalen DGB-Gremien (…) übernahmen die DKP-Freunde die Macht.« Es fiel der DDR in jenen Zeiten auch nicht schwer, zahlreiche »IM« in Westdeutschland zu finden.

Die DDR hatte auch die Finger im Spiel, als Beate Klarsfeld Bundeskanzler Kiesinger am 7. November 1968 bei einem CDU-Parteitag ohrfeigte. Sie wurde dafür von der »Stasi« mit 2 000 DM belohnt; ein Schriftwechsel zwischen SED-Politbüro-Mitgliedern vom 14. November 1968 beweist es. 2015 wurde Klarsfeld, die jüdischer Herkunft ist und ihre Familie zum Teil in Auschwitz verloren hatte, zusammen mit ihrem Mann Serge Klarsfeld von Joachim Gauck das Bundesverdienstkreuz 1. Klasse verliehen – in Anerkennung ihrer Arbeit für die Aufklärung junger Menschen über den Holocaust. Im März 2012 war sie bei der Bundespräsidentenwahl als Kandidatin der Linken gegen Gauck angetreten und hatte 126 Stimmen bekommen.

Mit hohen Summen hat die DDR das Misstrauensvotum vom 27. April 1972 gegen Bundeskanzler Willy Brandt unterlaufen. Rainer Barzel (CDU) wollte ihn ablösen; am Ende fehlten ihm wider Erwarten zwei Stimmen. Nach der Wiedervereinigung stellte sich heraus, dass die beiden fehlenden Stimmen diejenigen des CDU-Abgeordneten Julius Steiner und des CSU-Abgeordneten Leo Wagner waren. Beide waren von der »Stasi« mit je 50 000 D-Mark bestochen worden, sich der Stimme zu enthalten. Wie weit der Einfluss der DDR bis hinein ins Zentrum der Bundesregierung reichte, zeigte wenig später die »Guillaume-Affäre«. Günter Guillaume war als DDR-Agent engster Mitarbeiter von Bundeskanzler Willy Brandt gewesen. Als Guillaume am 24. April 1974 enttarnt wurde, endete auch die Ära Brandt; er trat am 7. Mai 1974 als Bundeskanzler zurück.

AKTIONISMUS UND ANARCHISMUS

68er Aktionismus und Anarchismus tobten sich vor allem an den Universitäten aus. Vorlesungen, Seminare, Sitzungen wurden gestört, blockiert, »umfunktioniert«. Man wollte »repressionsfreie« Diskussionsseminare, keine Vorlesungen, keine Scheine, keine Prüfungen mehr. Es gab ständig »Vollversammlungen« und, im Stile von Volksgerichten, »Befragungen« von Professoren. Der *Spiegel* begleitete all dies mit Wohlwollen. Am 19. Februar 1968 lautete sein Titel: »Deutschlands Professoren: Götter oder Fachidioten?« Es folgten »Sit-ins«, »Go-ins«, »Teach-ins«, »Happenings«, auch »shit ins« und »piss ins«. Akademische Feiern gingen in Hohn und Gelächter unter; selbst Minister konnten sich in einigen Universitäten nicht mehr gefahrlos blicken lassen. Versuchten sie zu reden, so wurden sie unter Einsatz von Megaphonen niedergeschrieen, oder es wurden ihnen die Mikrophonkabel durchtrennt.

Die »Sponti-Sprüche«, die durch Universitäten dröhnten oder auf Plakaten zu lesen waren, bekamen Kultstatus. Man hatte Lust am Klamauk und gab gerne den Bürgerschreck: »Trau keinem über 30!«, »Macht kaputt, was euch kaputt macht!«, »Unter den Talaren – Muff von tausend Jahren!« Aber auch: »Ho-Ho-Ho-Tschi-Minh!«, »Ho-Ho-Ho, Benda in den Zoo!«, »Ha-Ho-He-Barzel-in-die Spree!«, »USA – SA – SS«, »Morgens 'n Joint, und der Tag ist dein Freund«, »Hast du Haschisch in den Taschen, hast du immer was zu naschen«, »High sein, frei sein, Terror muss dabei sein!« Selbst Adorno musste bei einer Vorlesung ein »Busenattentat« über sich ergehen lassen. Man trug Jeans und lange Haare. Der Protestkonformismus wurde zum Herdentrieb. Insofern lagen Helmut Schmidt mit der Kennzeichnung von »68« als »Massenpsychose« und Raymond Aron mit der Bezeichnung der Proteste als »Karneval« nicht daneben.

Aber die Wüste wuchs. »Die Wüste wächst« – Titel eines Liedes von Nietzsches Zarathustra – wurde zur Kapitelüberschrift in einem Buch von Helmut Schelsky, worin dieser die Entkulturierung zentraler Institutionen der Gesellschaft charakterisierte, darunter der Universität.[30] Seine besondere Kritik galt den Vorstellungen von einer »Gruppenuniversität«, die von den Linken als »Demokratisierung« der Hochschulen konzipiert war. Die sogenannte »Ordinarienuniversität«, in der nahezu ausschließlich die Professoren das Sagen hatten, sollte durch Drittel- oder Viertelparitäten mit Vertretern aus Professoren, Studenten, des »Mittelbaus« und ggf. des sonstigen Personals (inklusive Sekretärinnen, Gärtnern usw.) ersetzt werden. Mit dem Urteil des Bundesverfassungsgerichts von 1973 wurde diese Organisationsform für verfassungskonform erklärt – unter der Voraussetzung, dass Professoren eine Mehrheit in den Gremien hatten.

Helmut Thielicke, einer der renommiertesten evangelischen Theologen seiner Zeit, Universitätsrektor und Vorsitzender der Westdeutschen Rektorenkonferenz (WRK), sah in den Aktionen bestimmter Fachbereiche einen »Vitalitätsüberschuss«, weil dort die Arbeitskraft der Studenten nicht ausgeschöpft werde. Er meinte damit die Soziologie und die Politologie – wohingegen die Mediziner mit ihrem Studium beschäftigt seien und sich über demonstrierende Studenten der

Soziologie und Politologie lustig gemacht hätten: »Sieh mal, dort machen die Soziologen ihr Praktikum.«[31] Auch dürfte eine Rolle gespielt haben, dass unter den Revoluzzern nicht wenige »Drückeberger« waren, die sich mit einem Studium in Berlin der Wehrpflicht entzogen. Ein anderer, ausgesprochen liberaler Professor, Albert Schöne, berichtete fast fünfzig Jahre später, wie es ihm als jungem Germanistikprofessor in Göttingen ergangen war. Er war 1969 heftig attackiert worden und hatte seine Vorlesungen, die von den 68ern als »autoritäre Veranstaltung« verunglimpft worden waren, für sieben Jahre eingestellt. Als er sie 1977 wieder aufnahm, wurde er erneut anonym per Telefon bedroht: »Pass auf, du beschissene Professorensau. Wenn du noch einmal (…) versuchst, den Streikbrecher zu spielen, dann machen wir Zwieback aus dir!« Das war unmissverständlich, denn nach der Ermordung von Generalbundesanwalt Buback war an Wände der Universität Göttingen gesprüht worden: »Nun ist Buback platt wie Zwieback.«[32]

Ein Sammelbecken der radikalen Studentenbewegung wollte der »Sozialistische Deutsche Studentenbund« (SDS) sein. Er war 1946 gegründet, 1961 von der SPD ausgeschlossen und bereits 1970 aufgelöst worden. Wahrscheinlich ist der SDS überschätzt worden; er hatte 2500 Mitglieder bei rund 180 000 Studenten. Dennoch agi(ti)erte er eifrig mit. 1964 hatte er die Existenz zweier deutscher Staaten anerkannt. Das SDS-Selbstverständnis lautete: »Wir stehen ein für die Überwindung der kapitalistischen Gesellschaftsordnung und stellen ihr Perspektiven einer sozialistischen Gesellschaft entgegen.« Mit der Emanzipation der Frau hatte man nicht sonderlich viel am Hut. Deshalb gründete sich der SDS-»Weiberrat«; er begehrte gegen die SDS-Machos mit dem Spruch auf: »Befreit die sozialistischen Eminenzen von ihren bürgerlichen Schwänzen!«

Nach einer SDS-Denkschrift des Jahres 1965 mit dem Titel »Hochschule in der Demokratie« sollte die Universität von aller staatlichen »Umrahmung« befreit werden. Als ihr Fundament proklamierte man »autogene Gewalt«. Das hieß: Auf keinen Fall sollte die Polizei Zutritt zu den Hochschulen haben, auch nicht bei offenkundigen Rechtsverstößen. Auf den SDS geht zudem die »Kinderladenbewegung« zurück. Sie begann am 10. August 1968 mit der Gründung eines »Zentralrats der Sozialistischen Kinderläden« und mit den ersten Kinderläden im studentischen Milieu in Berlin. 1968 stand ein Verbot des SDS im Raum. Bundesinnenminister Ernst Benda (CDU) sagte am 30. April 1968, dass er ein Verbot des SDS für rechtlich möglich halte. Er beantragte es aber nicht, weil er meinte: »Eine leidenschaftliche außerparlamentarische Opposition könnte auch darauf hindeuten, dass das Parlament drängende Fragen nicht genügend behandelt.«

»68« UND DIE RAF

Dass sich Teile der 68er durch eine ausgeprägte Gewaltaffinität auszeichneten, ist unbestritten. Im Jahr 1968 gab es laut Bundesjustizministerium 2253 erfasste Demonstrationen, davon 813 – also gut 36 Prozent – unfriedlich. Es gab symbolische Tötungen. Strohpuppen, die Axel Springer und Franz Josef Strauß darstellten, wurden verbrannt; Puppen, die Kapitalisten darstellten, kamen an den Galgen. Später waren es reale Morde: Buback, Ponto, Schleyer, Zimmermann, Beckurts, von Braunmühl, Herrhausen, Rohwedder, 25 Polizisten, Soldaten, Chauffeure.

Das heißt nicht, dass von »68« ein direkter Weg zur »Rote Armee Fraktion« (RAF) oder, verbal verharmlost, zur »Baader-Meinhof-Gruppe« führte. Aber ohne »68« ist die RAF nicht denkbar. Es begann mit der Unterscheidung von Gewalt gegen Sachen und Gewalt gegen Menschen. Am 3. April 1968 wurden Brandanschläge auf zwei Frankfurter Kaufhäuser verübt. Die Botschaft war: Gegen den »Konsumterror« und gegen den Vietnam-Krieg. Beteiligt waren die späteren RAF-Gründer Andreas Baader und Gudrun Ensslin. Als es im Herbst 1968 zum Prozess gegen sie kam, berichtete Ulrike Meinhof als Reporterin der Zeitschrift *konkret*. Meinhof war dann am 14. Mai 1970 an der mit Waffengewalt inszenierten Befreiung Baaders während einer Ausführung aus der JVA Tegel beteiligt. Diese Aktion gilt als Datum der Gründung der RAF, welche ab 1970 eng mit palästinensischen, französischen, italienischen und belgischen Terrorgruppen zusammenarbeitete.

Die RAF-Mordserie begann im vierten Quartal des Jahres 1971 mit der Ermordung eines Polizisten bei einer versuchten Festnahme. Bis

1993 ermordete die RAF 33 Menschen, darunter Führungskräfte aus Politik, Wirtschaft und Verwaltung sowie Polizisten, Zollbeamte, Fahrer, Personenschützer und US-Soldaten. Anlässlich der Ermordung von Generalbundesanwalt Siegfried Buback und seiner Begleiter am 7. April 1977 durch die RAF erschien am 25. April 1977 ein Buback-»Nachruf« eines zunächst unbekannten Autors – Pseudonym: »Göttinger Mescalero« – in einer AStA-Zeitung. Der Autor hatte von seiner »klammheimlichen Freude« ob der Ermordung Bubacks geschrieben, sich aber zugleich von den Morden der RAF distanziert. Jürgen Trittin, später »grüner« Minister in Kabinetten Gerhard Schröders, meinte noch 1994 in einem NDR-Interview: »Und da hat es Leute gegeben, die haben gesagt: Nein – wir distanzieren uns davon nicht. Zu denen habe ich gehört, und das halte ich nach wie vor für richtig.« Trittin war zu diesem Zeitpunkt niedersächsischer Landesminister. Erst Jahre später räumte er ein, die Aussage sei ein »Fehler« gewesen.

RAF-Sympathisanten fanden sich zuhauf, auch in der Kultur- und Literaturszene. Eine Ikone der 68er – und vorübergehender RAF-Versteher – war der 1972 mit dem Literaturnobelpreis ausgezeichnete Heinrich Böll (1917–1985). Böll meinte, in seinen *Ansichten eines Clowns* eine Kontinuität zwischen Nationalsozialismus und Bundesrepublik konstruieren zu müssen. Den Tod Benno Ohnesorgs 1967 hatte er als »Mord durch die Staatsgewalt« bezeichnet. Anfang der achtziger Jahre wurde Böll in der »Anti-Atomkraft-Bewegung« aktiv. Da war es denn kein Wunder, dass ihn die »Grünen« zum Namensgeber ihrer in den 1980er Jahren in Etappen gegründeten Stiftung machten. In deren »Leitbild« heißt es: »Die Heinrich-Böll-Stiftung versteht sich als Teil der »grünen« politischen Grundströmung (…) Ein besonderes Anliegen ist uns die Geschlechterdemokratie (…) Wir engagieren uns für die Gleichberechtigung kultureller und ethnischer Minderheiten und für die soziale wie politische Partizipation von Immigranten (…) Unser Namensgeber Heinrich Böll steht für eine Haltung, der wir uns selbst verpflichtet sehen: Verteidigung der Freiheit, Zivilcourage, streitbare Toleranz und die Wertschätzung von Kunst und Kultur als eigenständige Sphären des Denkens und Handelns.«

DAS »68« DER DDR-BÜRGER

Für die DDR-Bürger fand »1968« als etwas völlig anderes statt, nämlich als »Prag«. Ihnen ging es nicht um Dutschke, sondern um den »Prager Frühling«, der am 5. Januar 1968 mit der Wahl von Alexander Dubček zum Vorsitzenden der kommunistischen Partei KPČ begann und mit dem Einmarsch der Truppen des Warschauer Pakts (Sowjetunion, Polen, Bulgarien, Ungarn, DDR) am 21. August 1968 in der ČSSR abrupt endete. Mit dem 21. August 1968 und der Erklärung der Sowjetunion vom 11. November 1968, bei einer »Bedrohung des Sozialismus« einzugreifen, wurden in der DDR Erinnerungen wach an den 17. Juni 1953, an 1956 in Ungarn und an den Mauerbau vom 13. August 1961. Die westdeutschen Linken interessierten sich dafür nicht, wiewohl sogar der jugoslawische Kommunist Josip Broz Tito Sympathien für den Prager Frühling übrig hatte. Die Bürger der DDR indes verstanden den Westen nicht; sie hofften mit »Prag« auf Lockerungen in Staat und Gesellschaft, vor allem auf mehr Unabhängigkeit vom »großen Bruder« Sowjetunion.

»Die Menschen zwischen Rügen und dem Erzgebirge blicken auf ein eigenes ›68‹ zurück«, schreibt der von 2003 bis 2009 amtierende Ministerpräsident Thüringens, Dieter Althaus (CDU)[33]. Für die allermeisten Menschen in der DDR sei 1968 Hoffnung und Ernüchterung zugleich gewesen. Aber nicht wegen der westdeutschen 68er, sondern wegen »Prag«. Prag war zur Hoffnung all derer geworden, die einen »Sozialismus mit menschlichem Antlitz« wollten. Auf eine Wiedervereinigung wagte man in der DDR nicht zu hoffen. Gleichwohl galt, so Althaus: »Das Interesse der Bevölkerung im Osten an den Ereignissen im Westen war zu allen Zeiten ungleich größer, als das umgekehrt der Fall war (…) Allerdings lösten die Tumulte an westdeutschen Universitäten, die Ho-Chi-Minh-Rufe und Mao-Transparente auf breiter Front Kopfschütteln und großes Befremden aus.« Einen Dämpfer erhielten die Hoffnungen der DDR-Deutschen durch barbarische städtebauliche Akte: ab dem 14. Mai 1968 durch die Sprengung der schon im Wiederaufbau befindlichen Ruinen der Garnisonskirche in Potsdam und am 30. Mai 1968 durch die Sprengung der Leipziger Universitätskirche. Dennoch, so schreibt Althaus: »Über zwanzig Jahre lang blieb der Prager Frühling ein Referenzrahmen für die Hoffnung auf Freiheit und Demokratie.« Prag wurde zum bevorzugten Reiseziel der DDR-Bürger.

Diese Darstellung bestätigt auch Stefan Wolle, Leiter des DDR-Museums in Berlin. Wolle schreibt, in Ostdeutschland habe die mit »Prag« ausgelöste 68er Bewegung bis zur Bürgerrechtsbewegung von 1989 weitergelebt. Das Kontinuum zwischen 1968 und 1989 im Osten sei die Sehnsucht nach Freiheit.[34] Recht ehrlich geht auch der »Westler« Gerd Koenen mit den damaligen Hoffnungen der DDR-Bürger um: »Das Geschehen des Prager Frühlings ringsum verfolgten wir bald nur noch mit mattem Interesse, wenn nicht hochmütigem Desinteresse (…) Für derart kleinkarierten ›Nationalismus‹ hatten wir nun wirklich keine Antenne!«[35] Koenen hatte schon vorher reichlich »Begegnungen mit dem realen Sozialismus« gehabt, zum Beispiel in Dresden, Berlin-Ost, Bratislava, Tirana.

IV. IDEOLOGISCHE URVÄTER DER 68ER: EIN WENIG DOGMENGESCHICHTE

VERQUASTER EKLEKTIZISMUS

Die 68er und ihre Epigonen pflegten und pflegen einen Eklektizismus aus Kommunismus, Marxismus, Maoismus, Sozialismus, Egalitarismus, Hedonismus, Pazifismus, Feminismus, Internationalismus, Humanitarismus, Kulturrelativismus, Multikulturalismus, neuerdings auch Ökologismus und Genderismus, das Ganze unterlegt mit vielen Anti-Ideologien: Anti-Faschismus, -Kapitalismus, -Amerikanismus, -Kolonialismus, -Klerikalismus, -Sexismus, -Nationalismus, -Patriotismus, -Elitismus, -Rassismus. Verschwiegen wird dabei, welche Schnittmenge es zwischen Sozialismus/Kommunismus/Marxismus und dem Nationalsozialismus gibt – nämlich die Schnittmenge, dass beides totalitär, antikirchlich, kollektivistisch, nihilistisch ist. Der Begriff »Nationalsozialismus« ist unter Linken auch nicht sonderlich beliebt, weil er »Sozialismus« zum Bestandteil hat. Schon Stalin hatte in den 1930er Jahren lieber mit dem Begriff »Faschismus« jongliert; bis heute spricht man vorzugsweise von Faschismus. Verpönt ist ferner der Begriff Totalitarismus.

Nicht wenige der 68er Revolutionäre und ihrer Funktionäre suchten ihre Vorbilder in China, Albanien, Kuba und Kambodscha. Man trug die Gesinnung vor sich her: Che-Guevara-Button, Sowjetstern an der Mütze, Palästinensertuch, und man begeisterte sich für neue »Autoritäten«: »Che«, Ho Chi Minh, Castro, Mao. Da gab es schon mal seitens des KBW Glückwünsche an den kambodschanischen Massenmörder Pol Pot, der nahezu zwei Millionen Menschen auf dem Gewissen hatte, und Delegationsreisen ins erzkommunistische Nordkorea. Vor allem die »Mao-Bibel« und die chinesische Kulturevolution (1966 bis 1976), der mehrere Millionen Menschen zum Opfer fielen, standen hoch im Kurs. Götz Aly hält fest: »In den Jahren zwischen 1966 und Maos Tod 1976 starben in der Volksrepublik China mindestens drei Millionen Menschen infolge der staatlich initiierten Säuberungen.«[36] Die

Begeisterung hierüber wurde auch kaum getrübt durch Solschenizyns 1973 erschienenen »Archipel Gulag«.

EGALITARISMUS UND ROUSSEAU

Die Linke ist vor allem von Gleichheit beseelt. Auch wenn »68« nicht explizit Bezug darauf nimmt: Der ideologische Urahn ist Jean-Jacques Rousseau (1712–1778). Er beeinflusste die Französische Revolution und ist implizit noch heute Pate für politische Entwürfe. Wie später Karl Marx (1818–1883) betrachtete schon Rousseau das Privateigentum als Ursache der Ungleichheit der Menschen – und damit als Ursache allen Übels. Rousseau meinte, dass die Natur ungerecht und deshalb zu korrigieren sei. Ziel eines politischen Systems müsste die totale Überantwortung des Menschen an den »politischen Körper«, einen allmächtigen Staat sein.

Die Protagonisten der Französischen Revolution schlossen sich Rousseau an. Robespierres Ziel war eine »heilige« Gleichheit. Manche Jakobiner wollten im Gleichheitseifer die Kirchtürme schleifen, da diese ungleich seien. Wo das endete, ist bekannt. Es dokumentierte sich in Maximilien de Robespierres Rede vom 7. Februar 1794 vor dem Nationalkonvent über »Die Grundzüge der politischen Moral«: »Wenn der Geist der Regierung im Frieden die Tugend ist, so ist er während der Revolution Tugend und Terror zugleich: Tugend, ohne die der Terror verderblich ist, Terror, ohne den die Tugend ohnmächtig ist.« Tugendterror also.

Alexis de Tocqueville (1805–1859) erkannte sehr früh die Gefährdungen der Freiheit. Sie versickere in Gleichheit, schreibt er im Kapitel »Weshalb die demokratischen Völker die Gleichheit leidenschaftlicher und beharrlicher lieben als die Freiheit« seines Buches *Die Demokratie in Amerika* (1835). Freiheit erliege der Gleichheit, weil Freiheit mit Opfern und Anstrengung erkauft werden müsse, Gleichheit aber ihre Genüsse von selbst darbiete. Weil die Segnungen der Gleichheit bequem zu nutzen seien, während Eigeninitiative und Risiko ausgeschaltet würden. Daher, so Tocqueville: »Gleichheit ist ein Monster mit unstillbarem Appetit.«[37] Das Prinzip Gleichheit wirke nämlich paradox: »Je mehr Gleichheit praktisch durchgesetzt wird, desto unerträglicher wird jede noch vorhandene Ungleichheit.«[38]

Am Ende, so wieder Tocqueville, sei den Menschen die Gleichheit in Knechtschaft lieber als die Ungleichheit in Freiheit. Tocqueville erahnt damit einen »Termitenstaat« der »Verähnlichung« und »Uniformität«. Am 12. September 1848 fügt er vor der Deputiertenkammer hinzu: »Demokratie erkennt jedem einzelnen seinen Eigenwert zu, der Sozialismus degradiert jeden einzelnen zu einem Funktionär der Gesellschaft, zu einer bloßen Nummer.« Somit bleibt Rousseau einer der Urväter des Kollektivismus, ja der »Vorläufer des modernen Totalitarismus«[39] (Hans Maier).

Das Spannungsverhältnis von Gleichheit und Freiheit bleibt indes bestehen, weil es nicht aufhebbar ist. »Gesetzgeber oder Revolutionäre, die Gleichheit und Freiheit zugleich versprechen, sind Phantasten oder Scharlatane« (Goethe). Linke Politik aber will Ungleichheiten verschleifen. In Analogie zur Forderung nach Gleichheit im materiellen Besitz will sie Gleichheit im geistigen Besitz, Gleichheit der Begabung herstellen. Am Ende hält sie Gleichheit und Gleichmacherei für Gerechtigkeit. Das ist der Trick: Gleichheit und Gerechtigkeit werden wie Synonyme verwendet.

Egalitarismus ist gerade in Deutschland zugleich Anti-Elitismus. Während Franzosen oder US-Amerikaner mit »Elite« keinerlei Probleme haben, ist in Deutschland »Elite« immer noch ein Reizwort – gerne assoziiert mit reaktionär-repressiver, gar kryptofaschistischer Haltung. Also soll es offenbar, außer im Sport und in der Musik, keine Elite geben. Aber der Dualismus »Masse versus Minderheit« besteht seit Urzeiten, und er besteht unverändert fort. Schon in der Bibel (Matthäus 20,16 und 22,14) heißt es: *Multi vocati, pauci electi* – viele sind gerufen, wenige aber auserwählt. Die Geschichte der Völker und Staaten ist vor allem eine Geschichte ihrer Eliten. Heute gilt zudem: Je komplexer die Gesellschaft, umso mehr sind wir auf Eliten (Plural!) angewiesen – auf wissenschaftliche, technologische, wirtschaftliche, künstlerische, intellektuelle, handwerkliche, pädagogische. Nur Häuptlinge und keine Indianer – das funktioniert nirgends. Deshalb geht es nicht ohne Eliten, ohne eine Auswahl der Fähigsten, wie sie ja im lateinischen Wort »eligere« (»auswählen«) zum Ausdruck gebracht wird.

Demokratie und Eliten – das ist wechselseitige Bedingung. Eine unmittelbare Herrschaft des Volkes ohne Eliten wäre eine naive Vorstellung. Demokratie kann nicht zum Diktat des Durchschnitts werden. In diesem Sinne hat Karl Mannheim auch heute noch recht: Der politische Kurs darf kein arithmetisches Mittel sein, sondern er muss die Frucht eines theoretischen Ringens um die richtige Richtung sein, und er muss die relativ richtigen Elemente rivalisierender Theorien integrieren. Das vermögen nur Spitzenleute zu leisten, wie die *FAZ*-Bildungsjournalistin Heike Schmoll festgestellt hat.[40] Vor diesem Hintergrund kann selbst Ungleichheit gerecht sein – nämlich dann, wenn Elite auf der Basis millionenfacher Leistung aller Leistungsfähigen dann auch den Schwächeren nützt, wenn das Handeln von Eliten quasi zu einem »inequality surplus«, zu einem Mehrwert führt.

Aus Demokratie kann kein »Konvent von ungefähr gleich Unwissenden« werden. In seiner Schrift *Die Verachtung der Massen* hat Peter Sloterdijk 1999 vor dieser Gefahr gewarnt.[41] Eine zur Gleichheit verurteilte Gesellschaft wäre zur Stagnation verurteilt. Demokratie kann deshalb nur bedeuten: Die Mehrheit entscheidet, welche – auswechselbare – Minderheit auf Zeit regiert. Und gerade diese Auswechselbarkeit nennt Joseph Alois Schumpeter in seinem 1942 in den USA erschienenen Klassiker *Kapitalismus, Sozialismus und Demokratie* die »lebenswichtige Tatsache der Führung«.[42] Der Vorteil der Demokratie sei, dass sie den Austausch von regierenden Eliten ohne Blutvergießen ermögliche.

Schumpeters »Eliten« müssten also Leistungs- und Funktionseliten sein, die zugleich Reflexions-, Vorbild-, Verantwortungs- und Werte-Eliten sind. Das sind hohe Ansprüche, deren sich die Betreffenden mehr bewusst sein müssten, und die nur erfüllbar sind, wenn Politik und Wirtschaft wieder mehr geprägt werden von der Macht des Geistes statt vom Ungeist der Macht. Ein diffuser Anti-Intellektualismus hilft keiner Demokratie weiter. Dass übrigens alle egalitären Visionen von elitären Denkern stammen, sei am Rande erwähnt. Die linke Elite hat aber die Nase vorn, weil durch das andere gesellschaftspolitische Lager – das nicht-linke – ein Anti-Intellektualismus wabert, und weil dort das Denken hinter dem Handeln rangiert, verkleidet als »Pragmatismus«. Jedenfalls ist eine Demokratie dann in größter Gefahr, wenn ihr die intellektuelle Elite die Loyalität entzieht. Nehmen wir die nur 14 Jahre währende Weimarer Republik. Dort hatte es der Idee Demokratie sowie der real praktizierten Demokratie an der Loyalität der Intellektuellen gefehlt. Damals wie heute hat man den Eindruck: Gerade Intellektuelle weiden sich an Krisen mit Genugtuung.

ROUSSEAU UND DER »EDLE WILDE«

In seinem Roman *Emile oder Über die Erziehung* schleuderte Rousseau im Jahr 1762 einen Bannstrahl gegen Kultur, Wissenschaft und Kunst. Selbst die Literatur ächtete er. Buchwissen lehnte er ab; nur den *Robinson Crusoe* ließ er gelten. Die »Umstände«, würde man heute sagen, »deformieren« schließlich den Menschen. Die Wurzeln allen Übels sah Rousseau in den Künsten und Wissenschaften, da diese von der Natur, von der »glücklichen Unwissenheit« wegführen. Für Rousseau ist der Mensch »von Natur aus gut.« Der »Edle Wilde« ist geboren. Heute scheint er wiederbelebt, nämlich in der Idealisierung des Fremden im Rahmen der Vision einer multikulturellen Gesellschaft.

Rousseaus pädagogisches Credo lautet: »Greife nicht ein!« »Verhüte, dass etwas getan wird!« Der erste Satz seines *Emile* lautet folgerichtig: »Alles, was aus den Händen des Schöpfers kommt, ist gut; alles entartet unter den Händen des Menschen.« Das Ergebnis ist für Hans Maier ein »pädagogischer Homunkulus, sorgfältig von der Zivilisation abgeschirmt.«[43] Dennoch wird das Schlagwort »Zurück zur Natur!« gerne als eine Quintessenz Rousseaus aufgefasst. Diesen Satz hat Rousseau zwar nie geschrieben, aber er läutet die Geburtsstunde der anti-autoritären Erziehung, ja der Antipädagogik ein – für Baudrillard die »ekstatische Form der Pädagogik.« Eine große Verehrerin von Rousseau war übrigens Ellen Key (1849–1926), die bis zum heutigen Tag als »die« kindgemäße Denkerin verehrt wird. Sie sehnte – Rousseau ähnlich – eine Sintflut herbei, die alle (pädagogische) Literatur hinwegspült. Vergessen scheint bei aller Verklärung Ellen Keys deren »neue Ethik« auf rassenhygienischer Grundlage sowie ihr Werben für ein entsprechendes Paarungsverhalten.

HEDONISMUS UND MARCUSE

Herbert Marcuse war der »Herold der Achtundsechziger« (Götz Aly). Er wurde zum Spiritus rector der 68er. Seine Bücher, Schriften und Theorien waren Kult: *Versuch über die Befreiung* (1966), *Der eindimensionale Mensch* (1967) und *Triebstruktur und Gesellschaft* (1969). Marcuses ideologisches Gebäude bestand im wesentlichen aus drei Axiomen – und wer diese rezitierte, gehörte zur »kritischen Masse«. Erstens das Axiom der »repressiven Toleranz«: Der bürgerliche Staat gewähre Toleranz nur als »repressive«. Marcuse meinte damit eine Toleranz, die »manipulierten und geschulten Individuen verordnet wird, die die Meinung ihrer Herren als ihre eigene nachplappern.« Die »befreiende Toleranz« dagegen müsse bedeuten: Intoleranz gegenüber Bewegungen von rechts und gegen Konsumismus. Eine »wahre Befriedung« der nachfaschistischen Ära erfordere, dass »rückschrittlichen Bewegungen« die Toleranz entzogen werde.

Zweitens: Marcuse meinte, dass es für unterdrückte Minderheiten ein Naturrecht auf Widerstand gebe, also auch darauf, außergesetzliche Mittel anzuwenden, sobald die gesetzlichen sich – nach Marcuses Auffassung – als unzulänglich herausgestellt hätten. Es gehe um die »große Verweigerung« und um eine »orphisch-narzisstische Welterfahrung« statt um Leistung. Jede Leistung habe mit Zwang zu tun. Und es gehe darum, sich dem »System« zu entziehen, das die Väter geschaffen und verhängt hätten.

Drittens: Marcuse kritisierte die mangelnde Toleranz der Gesellschaft gegenüber »befreiter Sexualität«. Zugleich galten ihm alle Ansätze einer sexuellen Liberalisierung als »repressive Entsublimierung«, die nur dazu da sei, die Herrschaftsstrukturen zu stützen. Marcuse war dabei geprägt von Wilhelm Reich. Reich, ein Freund von Alexander Neill übrigens, schwärmte von einem orgasmus- und liebesfähigen Menschen. Er wollte Sigmund Freud und Karl Marx verschränken. Vor allem war Marcuse beeinflusst von Reichs 1933 erschienenem Buch *Massenpsychologie und Faschismus*: Reich hatte darin einen Zusammenhang zwischen Triebunterdrückung und Faschismus konstruiert, und er hatte dagegen die sexuelle Befreiung als Voraussetzung für gesellschaftliche Befreiung gefordert. Das erinnert an die Zeiten der russischen Oktoberrevolution von 1917 und die von ihr propagierte »Freie Liebe«. In den 68er WGs wurden zu diesem Zweck (wegen internen Zerwürfnissen allerdings bald wieder zurückgenommen) die Türen der Schlafzimmer, ja gar der Toiletten entfernt. Es galt der nicht gerade emanzipiert-frauenfreundliche Kalauer: »Wer zweimal mit derselben pennt, gehört schon zum Establishment.«

Dass Reich dabei Sigmund Freud vergewaltigte, steht auf einem anderen Blatt. Für Freud, den großen Erklärer des Triebhaften, bedeutete Enkulturation: »Wo Es war, soll Ich werden.« Das heißt: Wo das Irrationale und das Lustprinzip herrschen, müssen das Rationale und das Realitätsprinzip die Herrschaft übernehmen. In seiner Schrift *Das Unbehagen in der Kultur* (1930) artikuliert Freud zwar das Unbehagen des Menschen an der Notwendigkeit des »Triebaufschubs« in der Kultur; zugleich aber wendet er sich gegen den Glauben, »wir wären viel glücklicher, wenn wir sie (die Kultur, d. Verf.) aufgeben und in primitive Verhältnisse zurückfinden würden.« Interessant ist auch, dass die Psychoanalyse die Fähigkeit zur Sublimierung, also zur Umlenkung der Libido auf höhere Ziele, als Voraussetzung für jede kulturelle Leistung ansieht. Marcuse sah das umgekehrt: Wo Ich ist, soll Es werden. Das heißt: Das Lustprinzip soll das Realitätsprinzip dominieren. Marcuse wollte, in Anlehnung an Freuds Schrift *Jenseits des Lustprinzips*, ein »Jenseits des Realitätsprinzips«. Er wollte, wie Reich, eine Selbstverwirklichung mittels »polymorpher« Sexualität sowie durch totale Libertinage. Eine »natürliche Sexualität«, so Reich, praktiziere nur die Unterschicht; das Kleinbürgertum sei verklemmt und unfrei. Umgekehrt war, nach Marcuses Einschätzung, mit den Industriearbeitern nicht zu rechnen, weil diese von »repressiver Toleranz« umnebelt seien. Und deshalb, so Marcuse, hätten die Studenten die führende Rolle innerhalb der »revolutionären Intelligenz« zu übernehmen.

In Deutschland fiel dies in bestimmten Kreisen auf fruchtbaren Boden. Zudem hatten hier die Kinsey-Reporte *Sexual Behavior in the Human Male* und *Sexual Behavior in the Human Female* allmählich Interesse gefunden. 1967 gab es den von Bundesgesundheitsministerin Käte Strobel (SPD) initiierten Aufklärungsfilm *Helga*, und Oswald

Kolle startete 1968 seine Aufklärungsfilm-Reihe *Das Wunder der Liebe*. Seit 1961 gab es die »Pille« – ohne die ein aufkeimender Feminismus nicht denkbar gewesen wäre. Parallel dazu begann die Debatte um Abtreibungen; sie erreichte einen ersten Höhepunkt, als sich im *Stern* vom 2. Juni 1971, auf Initiative von Alice Schwarzer, 374 Frauen selbst bezichtigten, abgetrieben zu haben. Im April 1974 folgte eine teilweise Legalisierung der Abtreibung als sogenannte 12-Wochen-Fristenregelung. Der Frauen-Slogan »Mein Bauch gehört mir!« hatte sich teilweise durchgesetzt. Aufgrund eines – heute vermutlich anders ausfallenden – Urteils des Bundesverfassungsgerichts von 1974 scheiterte allerdings die Fristenregelung; 1976 wurde sie durch ein Indikationsmodell ersetzt.

NEUGRÜNDUNG DER BRD DURCH KLASSENKAMPF?

Federführend bei der vermeintlich notwendigen intellektuellen Neugründung der BRD war die ab 1923 aufgebaute, 1933 geschlossene und 1951 wiedereröffnete »Frankfurter Schule«. Für sie hat sich der Begriff »Kritische Theorie« eingebürgert, aufgreifend einen Aufsatz Horkheimers von 1937 mit dem Titel »Traditionelle und kritische Theorie«. Zu den von der Studentenbewegung angehimmelten Visionären der »Frankfurter Schule« gehörte neben Horkheimer, Adorno und Marcuse in der zweiten Generation auch Jürgen Habermas.[44] Ursprünglich war die »Schule« als Forschungsstätte für Marxismus, Sozialismus und die Probleme der Arbeiterbewegung begründet worden. Zwischen 1960 und 1971 organisierte man denn auch 22 Studienreisen von Lehrern, Professoren, Schulbuchexperten und anderen Multiplikatoren in die USA, wo die Exponenten der Frankfurter Schule im Exil gewesen waren.

Mit Hilfe der Sozialwissenschaften sollten die gesellschaftlichen Verhältnisse einer eingehenden Kritik unterzogen werden. Als wichtigste Kritikpunkte galten die Phänomene der »Entfremdung« und »Verdinglichung« des Menschen. Überhaupt wurde der modernen Industriegesellschaft der Charakter des Repressiven vorgehalten – in Analogie zur Unterdrückung natürlicher Triebe bei Marcuse und Reich.

Zu den wirkungsvollsten Schriften der »Frankfurter Schule« gehörten, neben denjenigen Marcuses, die Schriften bzw. Vorträge Adornos:

»Aufarbeitung der Vergangenheit« (1959), die Aphorismensammlung *Minima Moralia* (1951), vor allem der darin enthaltene Kernsatz »Es gibt kein richtiges Leben im falschen«, und *Erziehung nach Auschwitz* (1966 im Hessischen Rundfunk gesendet, 1971 posthum im Druck erschienen). Es ging Adorno darum, einen »Wärmestrom« zu erzeugen, der Auschwitz nicht mehr möglich machen solle.

Die Autoren Clemens Albrecht, Günter C. Behrmann, Michael Bock, Harald Homann und Friedrich H. Tenbruck haben sich intensiv mit der Frage der intellektuellen Gründung der Bundesrepublik befasst.[45] Sie kommen zu dem Ergebnis, dass die Kritische Theorie zur Quasi-Staatsideologie inszeniert werden sollte. Die politische Pädagogik habe darin bestanden, dass man alle Institutionen unter »Ideologieverdacht« gestellt habe – auch die Familie. Bereits im Kommunistischen Manifest wurden die »Aufhebung der Familie« und die »öffentliche und unentgeltliche Erziehung aller Kinder« gefordert. Die Familie galt den Linken als »Zelle des Faschismus«, die es zu atomisieren galt. Um eine »wirklich menschenwürdige Existenz« zu finden, sei ein »Ekel vor der existierenden Gesellschaft« mit ihrer »Entmenschung«, »Dehumanisierung« und »Unterdrückung« notwendig. Es gehe um »Befreiung«, auch von dem »Fossil« Familie – einem »Hort des Reaktionären« –, und von Ehe und Zwangsfamilie als »autoritärem Mikrokosmos«. Dagegen sei eine Gruppenfamilie zu etablieren, und es sei ein antiautoritäres Klima zu erzeugen. Die Bezugspersonen sollten jederzeit austauschbar sein. Impulsgeber für ein kaputtes Bild von Familie war auch der Psychoanalytiker Horst-Eberhard Richter. In seinen Büchern *Eltern, Kind und Neurose* (1962) und *Patient Familie* (1970) befasste er sich mit Fehlentwicklungen innerhalb einzelner Familien; von seinen Rezipienten wurden diese Bücher aber als Diagnosen für Familie insgesamt gesehen.[46]

Hinter dem Klassenkampf der 1960er Jahre steckte durchaus die Enttäuschung der Linken darüber, dass nach 1945 das Ziel der Errichtung des Sozialismus in den westlichen Besatzungszonen gescheitert war. Hinzu kam ihre Enttäuschung über die SPD, die sich bereits in der Gründungsphase der Bundesrepublik unter der Führung von Kurt Schumacher radikal von der SED der DDR abgesetzt und 1959 mit dem »Godesberger Programm« vom Klassenkampf verabschiedet hatte. Alles, was kein Glück qua Sozialismus versprach, wurde einem Exorzismus unterworfen, so Helmut Schelsky in seinem Buch *Die Arbeit tun die anderen* (1975)[47]. Schelsky diagnostizierte auf dem Höhepunkt der 68er Phase gar einen Ersatz der Erlösungsreligionen durch eine Sozialreligion, der Jenseitigkeit durch Diesseitigkeit, und er kommt zu dem Urteil: »Die Reprimitivisierung des Erkenntnisvermögens ist ein sicheres Zeichen des Entstehens einer neuen missionarischen Religiosität und Glaubensverfolgung.« Dem Menschen werde weisgemacht, man sei nicht einem göttlichen Plan oder dem Schicksal unterworfen, sondern der Gesellschaft ausgeliefert. Die Linken seien dabei die Wissenden und die Sinnproduzenten, welche die beherrschte Klasse der Güterproduzenten befreien müsse. Diesen Klassenkampf sollten vor allem die Kritischen Sozialwissenschaften initiieren, ferner eine Kritische Psychologie und eine Materialistische Pädagogik. Selbst der Frontalunterricht gilt den Linken bis heute als faschistisch: »Man kann nicht über den Faschismus in einem autoritären Klima unterrichten, das heißt im Frontalunterricht und entlang operationalisierter Lernziele, ohne Schüler latent zu faschisieren,« schrieb ein 68er Soziologe.[48]

JOHN DEWEY UND DIE ANNAHME EINES GENETISCH ANGELEGTEN DEUTSCHEN IRRATIONALISMUS

Schon kurz vor Ende des Ersten Weltkrieges gab es in England Überlegungen zu einem »Changing of Germany«. Mit Ende des Zweiten Weltkrieges nahm die (Um-)Erziehung der Deutschen dann Fahrt auf – durch die Westalliierten, vor allem durch die USA. Man sah die Deutschen als Störfaktor der Weltgeschichte; schon 378 seien die Germanen mit ihrem Aggressions- und Expansionstrieb Zerstörer der lateinischen Zivilisation gewesen.

Als markantester Identitätsfaktor der Deutschen galt deren historische Schuld. 68er waren schnell bereit, diese Sichtweise zu übernehmen. Auschwitz wurde zum quasi alleinigen Gründungsmythos der Bundesrepublik erklärt. Bei dieser Betrachtung sollte der US-amerikanische Philosoph und Pädagoge John Dewey (1859–1952) mit seiner zwischen 1914 und 1942 verfassten Schrift *Deutsche Philosophie und deutsche Politik* eine nachhaltige Rolle spielen. Darin schlug er einen Bogen von Kant bis zum Ersten Weltkrieg, in einer erweiterten Neuausgabe von 1942 bis Hitler.

Dewey sieht eine tiefe Ähnlichkeit zwischen der Philosophie, die Hitler an die Macht gebracht habe, und großen deutschen Philosophen. Vor allem die deutsche Philosophie des 19. Jahrhunderts macht er dafür verantwortlich, dass sie die Ideen für Hitlers Rassenhass, seinen Wahn von der Auserwähltheit des deutschen Volkes und seine »Blut-und-Boden«-Ideologie geliefert hätte. Dewey unterstellt eine genetisch angelegte Neigung der Deutschen zum Nationalsozialismus. Was die philosophischen Vorläufer betrifft, so spannt er den Bogen – mit Luther beginnend – über Kant und Herder bis zu Hegel, Schelling und Fichte, also über den gesamten philosophischen Deutschen Idealismus. Dessen Gemeinsamkeit sei der »Glaube an die wesenhafte Überlegenheit des deutschen Volkes (…) und an dessen vorbestimmtes Recht, über das Schicksal anderer Völker zu entscheiden.« Weiter schreibt Dewey: »Hitler könnte mit gutem Recht in Anspruch nehmen, der Vollstrecker der von Hegel vorweggenommenen Mission zu sein.« Aber nicht nur den Staatsbegriff Hegels, sondern auch den Vitalismus Nietzsches machte Dewey verantwortlich für die Schuld Deutschlands.

Dewey spielte eine große Rolle bei der Entstehung Konzepts zur »Reeducation« der Deutschen nach dem Krieg, entwickelt ab 1943 in den USA. Wahrscheinlich wäre ihm ein Morgenthau-Plan zum Umbau Deutschlands in einen de-industrialisierten Agrarstaat lieber gewesen als der dann realisierte Marshall-Plan zum wirtschaftlichen Wiederaufbau Europas. Dewey meinte ferner, Entwicklungen wie in Nazideutschland wären in der amerikanischen Kultur nicht möglich gewesen, weshalb er einen Umbau des deutschen Bildungswesens nach dem US-Vorbild des »sozial-integrativen« Unterrichts haben wollte.

Auch Kurt Lewin (1890–1947) spielte bei der Umsetzung der Dewey-Theorie eine Rolle. Als deutscher Jude war Lewin 1933 in die USA emigriert. Dort hatte er sich mit Studien zum Führungsstil einen Namen gemacht. Daraus leitete er die Vorstellung ab, dass die Deutschen vom autokratischen Führungsstil entwöhnt und qua »auto-/self-reeducation« zu einem demokratischen Führungsstil erzogen werden müssten. Deutsche Erziehungspsychologen schlossen sich dem an, zum Beispiel Reinhard und Annemarie Tausch ab 1963 mit ihrer *Erziehungspsychologie*.[49] Denn schließlich, so deren Diagnose, würden 80 Prozent der deutschen Lehrer, aber nur 20 Prozent der US-Lehrer einen autokratischen Unterrichtsstil pflegen.

Helmuth Plessner (1892–1985) liegt nicht weit abseits von Dewey. Sein 1934/35 im Schweizer Exil erstmals erschienenes und in Deutschland 1959 breiter bekannt gewordenes Buch *Die verspätete Nation*[50] enthält als Kernaussagen: Deutschland sei 1871 zu einer »Großmacht ohne Staatsidee« und »ohne humanistisches Rechtfertigungsbedürfnis« geworden. Es habe dies wegen des Dreißigjährigen Krieges »versäumt« und darum kein Verhältnis zur Frühaufklärung hervorgebracht. Der politische Liberalismus Englands sei Deutschland ebenso fremd geblieben wie der demokratische Rationalismus Frankreichs. Deshalb sei Deutschland der Ideologie eines »deutschen Volkstums« anheimgefallen, die über den Untergang des Nationalsozialismus hinaus als Modernisierungsresistenz wirksam geblieben sei.

Als hätte er von Dewey abgeschrieben, kommt auch Georg Lukács 1966 zu dem Urteil, dass die Hitlerzeit die Konsequenz einer spätestens 1848 einsetzenden deutschen Entwicklung hin zu einem unheilvollen Irrationalismus sei. Als Belege für diese These bemüht er Nietzsches These vom Übermenschen. Wörtlich: »Hitler und Himmler, Goebbels und Göring haben in ihren Taten objektiv in Nietzsches ›alles ist erlaubt‹ einen geistig-moralischen Verbündeten gefunden«. Wegbereiter seien zudem Hegel, Schopenhauer, Scheler, Spengler, Heidegger, Klages gewesen, Wilhelm II. und Hitler nur das zwangsläufige Ergebnis[51]. Selbst Norbert Elias schloss sich dieser Betrachtung an. 1992 schrieb er von einer alternativlosen Gewaltgeschichte. Das Dritte Reich sei kein Zivilisationsbruch gewesen, sondern das Ergebnis eines weit zurückreichenden Scheiterns des Zivilisationsprozesses.[52]

Es war also, wie auch in Japan, »Reeducation« angesagt. Das geistige und kulturelle Leben Deutschlands sollte mit Hilfe des amerikanischen »Office of Strategic Services« (OSS) umgestaltet werden. Ziele waren vier »D«: Denazifizierung, Demilitarisierung, Dekartellisierung, Demokratisierung. Es dauerte nicht lange, und »Reeducation« wurde von deutschen Intellektuellen übernommen – von Horkheimer, Adorno, Abendroth, Kogon, zudem von evangelischen Christen wie Niemöller und Gollwitzer. Caspar von Schrenck-Notzing (1927–2009) nannte dies »Charakterwäsche«.[53] Ihr Ergebnis war aus seiner Sicht, dass die Medien und die politische Klasse »in die Schuhe der Umerzieher und der Rest der Bevölkerung in die der Umzuerziehenden« schlüpften.

V. IDEOLOGISCHE UND REALE HINTERLASSENSCHAFTEN

POLITISCHE UND ANDERE KORREKTHEITEN ALS UMERZIEHUNGSERBE

Am wirksamsten im Sinne von Umerziehung sind die Sprach- und Gesinnungsdiktate der »Political Correctness« (PC). Sie ist das Erbe von 68, auch wenn »PC« als Begriff erst Ende der 1980er Jahre geprägt wurde. Diese Art von Umerziehung ist deshalb so nachhaltig, weil der gesellschaftliche Umbau unterschwellig stattfindet. Man darf annehmen, dass die Geburtsstunde des Begriffs »PC« mit dem Zusammenbruch des real existierenden Sozialismus zu tun hat. Wahrscheinlich ist »PC« die Rache der Linken für diesen Zusammenbruch oder zumindest der Versuch, Definitionshoheit wiederzugewinnen. Frank Böckelmann schreibt: »Der Jargon der Achtundsechziger scheint heute so widerspruchslos zu dominieren, dass er als Resultat einer Machtergreifung gar nicht mehr erkennbar ist.«[54] Ein ganz simples Beispiel aus dem Heute: Was für ein guter Mensch man ist, das zeigt man anderen nicht mehr dadurch, dass man etwas tut, sondern dadurch, dass man etwas sagt, etwa: »Rechts ist pfui«, »Ich bin für Willkommenskultur«. Damit ist man zwar nichts anderes als spießig, aber weil man habituell links ist, wird man zum »Querdenker« geadelt. Man gibt sich mittels konformer, korrekter Sprache betont nonkonformistisch – und ist mit seinem Anti-Konformismus doch nichts anderes als pure Konformität.[55]

Weil die wenigsten Menschen zu Helden geboren sind und die meisten ungern anecken, lassen sie sich Denkweisen vorgeben. Oder sie rationalisieren, das heißt: sie nehmen Zuflucht zu Scheinbegründungen für eigenes Urteilen und Handeln – quasi-rationale Begründungen, die im »Mainstream« akzeptabel sind und gegen die Notwendigkeit eigenen Umdenkens immunisieren. Man kann mit diesem Narkotikum fürs Gewissen ruhig schlafen, man braucht die Realität nicht mehr zur Kenntnis zu nehmen, allenfalls als semantisch geschönte Realität. Nicht die Realität zählt, sondern die magische Wirkung von Vokabeln. Aber an der Wirklichkeit ändert sich nichts. Denn: »Eine Verschönerung der Sprache verschönert nicht die Welt, sondern nur die Sprache.«[56] Aber Hauptsache, der gute Wille ist sprachlich demonstriert! Und Hauptsache, mittels »Korrektomania« (*FOCUS*) ist alles wieder im Lot.

Daher gilt: Wo Sprache qua »PC« verödet, da verödet die Wahrnehmung. »Denken schadet der Illusion,« hat Hildegard Knef einmal gesungen. Realiter wird aus Wahr-Nehmung oft »Falsch«-Nehmung. Aber das spielt keine Rolle, denn den »PC«-lern geht es um das »richtige« Denken, Fühlen, Erinnern und Sprechen. »PC« durchdringt den politischen und privaten Alltag als »moralischer Totalitätsanspruch.«[57]

Damit hat jeder, der einen Wortschatz bzw. eine bestimmte Semantik vorgibt, die Macht eines »Wahrheits«-Kartells. Wahrheit definiert sich dann nicht mehr empirisch, sondern normativ a priori. Die Kategorien wahr/unwahr werden nach den Regeln von »PC« ersetzt durch gut/böse. Getreu der lateinischen Redensart: *Obsequium amicus, veritas odium parit* – Willfährigkeit macht Freunde, Wahrheit schafft Hass. Wer dann die Sprache kontrolliert oder diktiert, der kontrolliert und diktiert die Gedanken. Denn, so Ludwig Wittgenstein: »Die Grenzen meiner Sprache bedeuten die Grenzen meiner Welt.« Für Helmut Schelsky ist die Sprache überhaupt das entscheidende Produktionsmittel der sogenannten Intellektuellen. Wörtlich: »Ihre Monopolisierung verbürgt die Klassenherrschaft.«[58]

Das erinnert an Orwells »Big Brother«-Regime. Die Menschen in Orwells *1984*-Romanwelt müssen stets ein »Zwiedenken« praktizieren: Sie sehen die Realität und müssen das Gegenteil glauben. Sie werden manipuliert durch ein stets aktualisiertes Wörterbuch der »Neusprache«. An diesem Verzeichnis bastelt der Sprachwissenschaftler Syme. Er sagt zur Hauptfigur des Romans, Winston Smith: »Wir geben der Neusprache ihren letzten Schliff (...) Wir merzen jeden Tag Worte aus (...) Siehst du denn nicht, dass die Neusprache kein anderes Ziel hat, als die Reichweite der Gedanken zu verkürzen? (...) Es ist lediglich eine Frage der Wirklichkeitskontrolle (...) Die Revolution ist vollzogen, wenn die Sprache geschaffen ist (...) Es wird überhaupt kein Denken mehr geben (...) Strenggläubigkeit bedeutet: nicht mehr denken – nicht mehr zu denken brauchen. Strenggläubigkeit ist Unkenntnis.« An anderer Stelle wird

Winston Smith beschrieben, wie er in der Nähe des allgegenwärtigen »Big Brother-Televisors« steht: »Er hatte die ruhige optimistische Miene aufgesetzt, die zur Schau zu tragen ratsam war.« Sogar »PC«-Mimik!

Die Folge ist in *1984*, aber auch hier und heute: Wer nicht politisch korrekt denkt und spricht, wer im Orwellschen Sinn ein »Gedankenverbrecher« ist, wird zur Zielscheibe der »Gedankenpolizei«, er wird der »Herrschaft des Verdachts« (Hegel), vor allem des Faschismusverdachts unterstellt, oder er wird im Sinne des »Big Brother« »vaporisiert«, verdampft, das heißt, er findet in der Meinungsbildung nicht mehr statt. Deswegen hat der Archivar Winston Smith in Orwells *1984* die Aufgabe, Geschichte ständig umzuschreiben, damit sie sich den jeweils aktuellen politischen Wünschen fügt. Geschichtspolitik nennt man so etwas – in *1984* mit einem »Ministerium für Wahrheit«, das schön zweideutig »MINIWAHR« abgekürzt wird.

Wie bei so vielem, so waren und sind die USA auch in Sachen »PC« federführend. Die »PC«-Bewegung, und vor allem deren Egalitätswahn, kommt also keineswegs aus den vormals kommunistisch-sozialistisch regierten Ländern. Die »affirmative action« der US-Bürgerrechtskommission war in den 1970er Jahren mit dem Ziel angetreten, »positive Diskriminierungen« zu inszenieren, zum Beispiel zugunsten von Menschen anderer Ethnien, anderer sexueller Identität oder mit Behinderungen. Es sollten gezielt Vorteile geschaffen werden für diese Gruppen – zum Beispiel durch Quotierung. Und zwar ohne Rücksicht darauf, dass »positive Diskriminierung« Privilegierung heißt, und dass andere Gruppen (weiß, männlich) dadurch negativ diskriminiert werden. An bestimmten US-Universitäten etwa bekommen Bewerber Pluspunkte, wenn sie Minderheiten angehören.

Die »PC«-Beispiele, die über den Großen Teich nach Europa gelangen, sind Legion: Im Sinne eines »Ableismus« (von »able« = fähig) heißen Behinderte »differently abled«, Nichtbehinderte »temporarily abled«, Blinde »other-visioned«, Kurzsichtige »optically inconvenienced«, Geisteskranke »emotionally different«, Zwergwüchsige »vertically challenged«, Hässliche »cosmetically different« und Kahlköpfige »hair disadvantaged«. Man nimmt es achselzuckend hin, dass der gewaltsame Tod die häufigste Todesursache unter US-Jugendlichen geworden ist, aber der College-Student, der seine Freundin umarmt, fliegt als »Sexist« vom College.

Robert Hughes sah in solchem Verhalten bereits 1994 ein neues »Mainstream-Curriculum«, und er meinte damit: Die »PC«-Amerikaner sind »voller Misstrauen gegen jegliche Art von Autorität, dafür um so anfälliger für Aberglauben, mit einer politischen Sprache, die zerfressen ist von geheucheltem Mitleid und Schönfärberei.«[59] Die schärfsten Kritiker der »PC« sprechen von einem linken »McCarthyismus«, von »PC« als »moralischem Reinigungsmittel.«[60] Umgekehrt verhält es sich mit denen, die ständig mit Sexismus-, Rassismus-, Faschismus-, Kapitalismus-, Militarismus-, Bellizismus- und anderen Vorwürfen um sich werfen: »Wer rasch und oft genug diese Vokabeln verwendet, kann kein schlechter Mensch sein, muss einfach recht haben und ist befugt, jeden Kritiker unter Ismus-Sperrfeuer zu nehmen und als zynischen, rassistischen etc. Sexisten und Bösewicht darzustellen.«[61] Dabei funktioniert »PC« ganz einfach: Man muss nur »Sachverhalte dramatisieren, hysterisieren, skandalisieren und dann die Skandale personalisieren.« Auf diesen Nenner bringt es der Historiker Egon Flaig.[62]

Der politische Zweck der »Political Correctness« mit ihren Kult-, Prunk-, Kampf-, Imponier-, Fahnen-, Gesinnungs- und Tabubegriffen, mit ihren Euphemismen und Kakophemismen und mit ihrer repressiven Toleranz ist klar: Es geht um die Eliminierung »rechter« Vorstellungen, wobei als »rechts« alles definiert wird, was nicht der eigenen Vorstellung entspricht. Es geht also um die Normierung, Kanonisierung und Monopolisierung der Moral. Gemeinsam ist all den Wortgauklern, dass sie Bewusstseinslagen schaffen wollen, denen die Wirklichkeit dann folgen soll.

Die Schweigespirale tut ein übriges: Man neigt dazu, nichts zu sagen, wenn man annimmt, dass man sich damit außerhalb des »Mainstreams« stellt. Man artikuliert sich also zunächst nicht, sondern schielt erst nach dem Meinungsklima und nach den »PC«-Sprachregelungen. Ist die eigene Meinung damit konform, artikuliert man sich; passt sie nicht, so schweigt man, oder man sagt es in »PC«-Sprache. Die Folge ist, dass sich »veröffentlichte« Meinung qua »Schweigespirale« durchsetzt.[63] Nach Auffassung von Norbert Bolz wird damit, und zwar von Minderheiten,

Wahrheit als »Meinung von der Stange« lanciert. Und am Ende täuscht sich die Bevölkerung über die Bevölkerung.[64]

Für den britischen Historiker Timothy Garton Ash, Träger des Karlspreises 2017, bedeutet »PC« einen »drastischen Verlust an Freiheit«. Norbert Bolz sieht »PC« als »Religionsersatz der Akademiker«, mit welchem den Menschen das Unterscheiden ausgetrieben und die Identitätsbildung erschwert werde.[65] Manche sprechen von »PC« als »Kulturmarxismus«. In der DDR gab es Sanktionen, wenn man keinen festen Klassenstandpunkt, also kein bedingungsloses Vertrauen in die Richtigkeit der SED-Politik hatte. Die Bestätigung des Klassenstandpunkts durften in keiner Beurteilung und bei keinem »Reisekader« fehlen. Heute ist man »dran«, wenn man keinen »PC«-Standpunkt hat.

Tagtäglich erlebt man in der Öffentlichkeit, im Beruf, häufig auch im Bekanntenkreis die Verwendung von »PC«-Hui-Begriffen, mit denen Unterschiede nivelliert werden und die Welt verschönert erscheint. Aus Migranten werden Flüchtlinge, Geflüchtete, Zuziehende, Zugezogene, Schutzsuchende, Schutzbefohlene. Alle miteinander haben als Bereicherung zu gelten. Willkommenskultur ist angesagt – »Refugees Welcome«. Und: »Es ist normal, anders zu sein«. »Borders« werden apostrophiert als »racism« und mit dem Diktum belegt: »fuck your racist borders«. Soziale Brennpunktgegenden werden zu »Gebieten mit erhöhtem Aufmerksamkeitsbedarf«. Im Hamburger Verkehrsverbund werden, da sonst angeblich rassistisch, Schwarzfahrer zu »Fahrgästen ohne gültigen Fahrausweis«.

Es sind dies alles »Wortfladen«. Plattitüden und Fladen haben die gleichen Wurzeln. Oft sind diese »Fladen« nichts als kitschig, weil sie ein Zuviel an Pathos, Süße, Schwulst sind, und weil Kitsch im Sinne Adornos Ausdruck des Unwahren und der Selbsttäuschung ist. Begriffe werden zur Zaubermacht. Mit Hilfe verbaler Narkotika kann man sich erhaben gut fühlen und ruhig schlafen, man braucht die Realität nicht mehr zur Kenntnis zu nehmen, weil man ja die semantisch geschönte Realität hat. Bestimmte »trigger« (Auslöserbegriffe) werden vermieden, weil sie unangenehme Gefühle reaktivieren könnten. Damit ist man beim Phänomen des kindlichen Animismus angelangt: Nicht die Realität zählt, sondern die halluzinatorische Wunscherfüllung und der Glaube an die magische Wirkung von Vokabeln.

Angesagt ist zudem: »Zeichen setzen«, »Haltung zeigen«, »Gesicht zeigen«. (Man könnte polemisch anfügen: Gesicht zeigen für Gesichter, die von Burka oder Niqab umhüllt sind.) Angesagt sind in tausend Varianten »Empathie« und »virtue signalling«: Seht her, ich bin tugendhaft! Pfui- und Tabu-Wörter sind tunlichst zu meiden: Flüchtlingsflut, Flüchtlingsströme, Flüchtlingskrise, Flüchtlingschaos, Nafri. Die Deutschen sind – wie einst in der DDR – zu einem »Volk von Flüsterern« geworden.

Politische Korrektheit ist nicht zuletzt Entintellektualisierung. Man redet und denkt in eng gesteckten Bereichen. Das ist gerade für die Wissenschaft ein riesiger Schaden. Der Kölner Völkerrechtler Bernhard Kempen, Präsident des Deutschen Hochschulverbandes, hatte sich am 10. November 2017 in einem Interview mit der Tageszeitung *Die Welt* darüber beklagt, das Klima der »Political Correctness« an den Hochschulen sei »bedenklich«, weil dadurch der universitäre Diskurs »viel an geistiger Substanz verloren« habe.

WOHIN MAN SCHAUT: REPRESSIVE LINKE TOLERANZ

Die Kritiker der »repressiven Toleranz« reklamierten Freiheit für ihre Positionen, praktizieren dabei aber selbst eine höchst parteiliche »Toleranz«. Sie sahen sich in der Tradition »ihrer« Rosa Luxemburg und von deren Satz »Freiheit, ist immer die Freiheit des Andersdenkenden.« Man suggeriert damit, dass Rosa sehr tolerant gewesen sei. Dabei meinte sie mit »Andersdenkenden« nur die »Abweichler von der kommunistischen Linie«, die im engen Rahmen einer »kommunistischen Demokratie« wieder auf den »rechten Weg kommunistischer Denkart« geführt werden sollten. Ansonsten galt für Rosa Luxemburg: »Auf, Proletarier! Zum Kampf! In diesem letzten Klassenkampf der Weltgeschichte um die höchsten Ziele der Menschheit gilt dem Feinde das Wort: Daumen aufs Auge und Knie auf die Brust.« Das hinderte Berlin nicht daran, elf Gedenkstätten für Rosa Luxemburg zu führen.

Heute nun wird im Stile der damals kritisierten repressiven Toleranz eine Toleranz für fast alles und alle eingefordert. Auch Hypertoleranz gegenüber Intoleranz. Aber es ist eine selektive Toleranz. Hauptsache, es geht – millionenschwer alimentiert – gegen »Rechts« oder gegen das, was man sich als rechts ausdenkt. Geregelt wird dies staatlicherseits zum Beispiel durch ein sogenanntes »Netzwerkdurchsetzungsgesetz«, vulgo: Zensur-Gesetz, das der vormalige Justizminister Heiko Maas (SPD) entwarf. Das »NetzDG« wurde am schwarzen Freitag des deutschen Parlamentarismus, am 30. Juni 2017, durchgepeitscht. »Schwarzer Freitag« nennt Wolfgang Ockenfels diesen Tag (im Heft 4/2017 von *Die Neue Ordnung*) deshalb, weil mit den Stimmen unter anderem fast aller Mitglieder der CDU/CSU/SPD-Fraktionen zwei Gesetze verabschiedet wurden: »NetzDG« und zuvor »Ehe für alle«. Bei der Verabschiedung des »NetzDG« waren allenfalls 40 bis 60 Abgeordnete im Plenum anwesend. Das Gesetz »Ehe für alle« wurde überstürzt auf die Tagesordnung gesetzt und dann ohne parlamentarische Auseinandersetzung, ohne weitere verfassungsrechtliche Anhörungen verabschiedet.

Ex-Justizminister Heiko Maas (SPD) und George Orwells »Big Brother« – zwischen den beiden tun sich jedenfalls Schnittmengen auf. Da möchte man nicht einmal daran denken, dass der Besitz oder das Verleihen von Orwells *1984* in der DDR der 1970er Jahre zwei Jahre Freiheitsentzug bedeuten konnte. »NetzDG« – dabei ist auch Bertelsmann mit im Spiel. Dessen »Tochter« Arvato baut den Personalstock laufend um Beschäftige aus, deren Job im Löschen von Postings bei Facebook und Co. besteht. Bertelsmann also Arm in Arm mit der »Amadeu Antonio Stiftung« und deren Kopf Anetta Kahane! Letztere lässt sich »Menschenrechtsaktivistin« nennen; ihre zur Zensorin befähigende »Ausbildung« hat sie wohl ihrer Tätigkeit für die »Stasi« zu verdanken. Mit ihrer Stiftung soll sie nun beim Aufspüren von »Hass«-Botschaften im Internet behilflich sein. Wie sich manchmal die Kreise schließen! Aber was zählt schon Reputation, wenn es um die richtige, das heißt linke Gesinnung geht? Jeder darf sich am »Kampf gegen rechts« beteiligen, auch die extreme, ja sogar die gewaltbereite Linke. 2010 gab es immerhin einmal eine »Extremismusklausel« der damaligen Bundesministerin Kristina Schröder (CDU). Danach sollten Organisationen nur dann Gelder bekommen, wenn sie ein Bekenntnis zur freiheitlich-demokratischen Grundordnung ablegten. 2014 wurde diese Klausel klammheimlich entsorgt. Linksextreme Organisationen werden wieder alimentiert.

Toleranz, gepaart mit grenzenloser Empathie, scheint vor allem gegenüber bestimmten Tätern Pflicht zu sein. Im Täter/Opfer-Ranking gibt es Täter erster Klasse und Opfer erster Klasse, dementsprechend auch Täter zweiter und Opfer zweiter Klasse. Die einzigen Nie-Opfer – und damit nahezu ausschließlich Täter – sind die DWEM (»dead white european men«) oder PPPP (»pale patriarchal penis people«)[66]. In den USA wurde dafür der Begriff »white guilt« und der Kampf gegen »white privilege« erfunden. Das geht bis hin zum Bildersturm. New Yorks Bürgermeister Bill de Blasio erwägt, die im Jahr 1892 zum 400. Jahrestag der Entdeckung Amerikas errichtete, zwanzig Meter hohe Columbus-Statue aus Manhattan entfernen zu lassen. Warum? Weil Columbus ein DWEM war.

Ganz oben im Opfer-Ranking stehen ethnische Minderheiten und Menschen anderer sexueller Orientierung. Es scheint zu gelten: »Die Taten einer Personengruppe, die laut politisch korrekter Ideologie nicht Täter sein darf, müssen relativiert werden.« Gemeint sind damit im Fall der Kölner Domplatte Täter vor allem nordafrikanischer Herkunft, die mehr als tausend Frauen sexuell belästigt haben, oder im Fall des 1400-fachen Kindesmissbrauchs im mittelenglischen Rotherham zumeist pakistanische Zuwanderer. Deshalb wird auch ein »racial profiling« als unstatthaft angesehen.[67] Und wenn denn einmal ein südländisch aussehender Täter bekannt wird, dann ist er Täter zweiter Klasse, der zum Opfer der Umstände umdefiniert wird und beinahe ein Generalpardon bekommt. Die »grüne« Claudia Roth beherrscht solche Definitionen. In einer ZDF-Talkshow bei Maybrit Illner meinte sie, als Frau wolle sie von niemandem, egal ob aus Dresden oder Damaskus, angemacht werden. Aber die Menschen, »die aus oft patriarchalisch strukturierten Gesellschaften kommen, woher sollen sie das wissen?«

Apropos DWEM und mildernde Umstände: Die DWEM sind an allem Unglück der Welt schuld! Um das zu beweisen, hat sich in den USA eine »Critical Whiteness«-Forschung etabliert. Für Rochelle Gutierrez, Professorin an der Universität Illinois, ist sogar die Mathematik rassistisch, weil sie von den toten weißen antiken Griechen abstamme. Dies sei der Grund, warum Menschen mit Migrationshintergrund schwach in Mathematik seien. Solches Denken ist längst über den Atlantik herübergeschwappt. An der Universität Bayreuth gibt es eine Afrikawissenschaftlerin namens Susan Arndt, die meint, Kant habe »eine Rassenhierarchie konstruiert und den weißen Mann zum Zentrum und zur Norm erhoben.«[68] Ansonsten ist es dem deutschen Mainstream am liebsten, wenn die Täter »Nazis« sind – oder zumindest sein könnten. Dann geht ein Aufatmen durch die Lande. Nachfolgend fünf von unzähligen Beispielen, bei denen politisch korrekt gelogen wurde:

Beispiel 1: Eine Apothekerin, Ehefrau eines im Irak geborenen Apothekers, hatte ihren sechsjährigen Sohn Joseph verloren. Er war im sächsischen Sebnitz ertrunken. Schlimm genug, doch die Mutter behauptete, Neo-Nazis hätten ihren Sohn am 13. Juni 1997 im Freibad vor den Augen von 300 Badegästen durch Verabreichung von Beruhigungsmitteln und Elektroschocks sowie durch Herumtrampeln ertränkt – und die 10 000 Einwohner der Stadt hätten den »Mord« drei Jahre totgeschwiegen. Deutschland stand kopf. Der Kriminologe Christian Pfeiffer, vormaliger SPD-Justizminister von Niedersachsen, bestätigte die Glaubwürdigkeit der Mutter. Bundeskanzler Schröder empfing Josephs Eltern. Der Gerichtsmediziner Günter Weil berichtete unterdessen, Joseph habe an einer Entzündung des Herzmuskels gelitten und sei ohne Fremdeinwirkung gestorben. Die Eltern hatten diesen Teil des Obduktionsberichts verschwiegen. Dennoch folgte in der *Bild* vom 23. November 2000 die Überschrift: »Neonazis ertränken Kind.«

Beispiel Nummer 2: Am 2. Oktober 2000 hatte es einen Brandanschlag auf die Düsseldorfer Synagoge gegeben. Bundeskanzler Gerhard Schröder (SPD) kündigte unmittelbar danach einen »Aufstand der Anständigen« an. Nachfolgend gab es quer durch die Republik Lichterketten, Aktionspläne gegen Rechtsextremismus, Fremdenfeindlichkeit usw. Man war sich absolut sicher, dass die Brandstifter deutsche Rechtsextremisten waren. Aber der Wunsch entpuppte sich als Vater des Gedankens. Im Dezember 2000 stellte sich heraus, dass arabischstämmige Jugendliche und ein aus Jordanien stammender Palästinenser die Täter waren.

Nummer 3: In Mittweida wurde eine 18-Jährige angeblich Opfer von Neonazis; man habe ihr ein Hakenkreuz in die Hüfte geritzt. Tatsächlich hatte sie es selbst getan. Das kam später heraus. Selbst als bereits Zweifel an der Story der jungen Dame aufgekommen waren, wurde ihr Anfang 2008 der »Ehrenpreis für Zivilcourage« ausgehändigt. Die Laudatio hielt Cornelie Sonntag-Wolgast (SPD), 1998 bis 2002 Staatssekretärin in der Schröder-Regierung.

Nummer 4 und 5: Im Landkreis Kassel wurden im Juni 2016 Mädchen von Flüchtlingen sexuell belästigt. Weil sie nicht wollten, »dass Flüchtlinge diskriminiert werden«, beschrieben sie die Täter lange Zeit nicht. Oder: Die Bundessprecherin der »Linksjugend Solid«, Selin Gören, war im Januar 2016 von drei Männern mit arabischem Hintergrund vergewaltigt worden. Gegenüber der Polizei machte sie zunächst bewusst falsche Angaben zu den Tätern. Am Ende entschuldigte sie sich bei den Tätern mit der Anrede »Lieber männlicher Geflüchteter …«. Der Brief endete mit dem Satz: »Danke, dass es dich gibt – und schön, dass du da bist.«[69]

INDOKTRINATION MIT »POLITISCH KORREKTEN« FEINDBILDERN

»PC« arbeitet mit Feindbildern. Gegen diese darf im Kampf der »Guten« geholzt werden. Wenn die Argumente ausgehen, wird moralisiert und denunziert. Entsprechende Etikettierungen helfen dabei: Rechter, Populist, Nazi, Antifeminist, homophob, xenophob, islamophob, Sexist, Pack, grölender Mob, Wutbürger, Brandstifter, Dunkeldeutscher, Rassist. Politische Mitte zu sein genügt offenbar nicht mehr, wurde doch schon der »Extremismus der Mitte« erfunden. Das ist Moral auf einem hohen Ross, hinter Demutshaltung schön maskiert.

Die ehemalige DDR-Bürgerrechtlerin Freya Klier hat wie alle von der SED-Diktatur Verfolgten ein waches Sensorium für »PC«. Sie fühle sich nicht wohl, wenn plump etikettiert werde: links ist gut, rechts ist böse. Im Jahr 2004 schrieb sie: »Während Rechts das politische Todesurteil bedeutet, ist Links das Sesam-öffne-dich ins Reich des Guten, weshalb besonders Unsichere das Wörtchen wie eine Grubenlampe vor sich hertragen (…) Wer links ist, braucht kein Schamgefühl, keinen menschlichen Anstand, kein Geschichtswissen: Er befindet sich a priori auf der Seite der Guten.«[70]

Der Chemnitzer Politologe Eckhard Jesse hatte 1999 etwas festgestellt, das auch angesichts der Entstehung der Partei »Alternative für Deutschland« unvermindert gilt: »Die Tatsache, dass so stark vor einer Rechtsverschiebung gewarnt wird, ist ein Beleg für die Linksverschiebung.«[71] Tatsächlich ist die Abgrenzung zwischen linken Demokraten und Linksextremisten mehr und mehr erodiert – unter dem Deckmantel antifaschistischer, antinationaler Staatsräson.

Mittelalterlich-Inquisitorisches wie beim »Hexenhammer« (*Malleus maleficarum*, ein mehrere hundert Seiten starker Band zur Rechtfertigung der Hexenjagd, 1486 erstmals erschienen) spielt sich immer wieder ab, weil »PC« eine Art ersatzreligiöse Bekehrung ist. Wer diese Bekehrung nicht mitmacht, erfährt nicht nur ein mediales Chorheulen und ein kollektives Echauffieren, sondern ein mediales Autodafé, zumindest einen öffentlichen Pranger. Daniel Ullrich und Sarah Diefenbach haben diesen ersatzreligiösen Charakter von »PC« genauer ausgeführt.[72]

Ferdinand Kirchhof, Vizepräsident des Bundesverfassungsgerichts, sieht mit »PC« die Demokratie überhaupt gefährdet. Die Moralisierung und Degradierung des politischen Gegners nehme überhand, schreibt er in der *FAZ* vom 21. Dezember 2017 unter dem Titel »Demo-crazy?«. Der politische Gegner werde »zum ethischen Feind, den man nicht achten, nicht einmal mehr überzeugen, sondern nur bekämpfen muss«. »PC« laufe auf eine Einschränkung der verfassungsrechtlich verbürgten Meinungsfreiheit hinaus.

Ingo von Münch, Staatsrechtler und Herausgeber eines renommierten Kommentars zum Grundgesetz, langjähriger Senator für Kultur und Wissenschaft in Hamburg (FDP), setzt *Meinungsfreiheit gegen Political Correctness* – so der Titel seines Buches.[73] Von Münch weist darin anhand zahlreicher Beispiele auf die Auswüchse der Political Correctness hin, etwa auf das »Beschweigen« der Silvesternacht 2015/2016 auf der Kölner Domplatte, die über eintausend Anzeigen wegen sexueller Belästigung nach sich zog – worüber aber der WDR, nur fünf Fußminuten vom Dom entfernt, erst vier Tage später eine Meldung brachte, und wozu ein Jakob Augstein über »ein paar grapschende Ausländer« schrieb. Der »Pressekodex, Richtlinie 12.1 – Berichterstattung über Straftaten« – wurde hier als Schweigegebot gesehen. Wörtlich heißt es darin: »In der Berichterstattung über Straftaten ist darauf zu achten, dass die Erwähnung der Zugehörigkeit der Verdächtigen oder Täter zu ethnischen, religiösen oder anderen Minderheiten nicht zu einer diskriminierenden Verallgemeinerung individuellen Fehlverhaltens führt. Die Zugehörigkeit soll in der Regel nicht erwähnt werden, es sei denn, es besteht ein begründetes öffentliches Interesse. Besonders ist zu beachten, dass die Erwähnung Vorurteile gegenüber Minderheiten schüren könnte.« Ähnliches scheint üblich zu sein, wenn es um die Statistik der Straftaten von Migranten geht. »Korrekte« Statistiken eben.

REPRESSIVE LINKE TOLERANZ ALS »DEMOKRATUR«?

Der Begriff »Demokratur« ist ein beliebtes Wortspiel. Man will damit deutlich machen, dass man sich einem System gegenübersieht, in dem es zugleich Elemente von Demokratie und Elemente von Diktatur gibt. Man sieht sich einer gewissen Diktatur ausgesetzt, aber sie soll nach Demokratie aussehen. Ohne Zweifel war die Deutsche »Demokratische« Republik ein solches System. Den Honeckers und Co. wurde der Spruch nachgesagt: »Es muss nur nach Demokratie aussehen.«

Aufgrund von »PC« hat mittlerweile auch die Bundesrepublik Deutschland Züge von »Demokratur« angenommen. Große Teile der veröffentlichten Meinung sind zu einem volkspädagogischen Gesinnungs- und Toleranzzwang geworden. Der polnische Philosoph Ryszard Legutko hat dazu 2012 ein hochinteressantes Buch mit dem bezeichnenden Titel *Der Dämon der Demokratie* und dem Untertitel *Totalitäre Strömungen in liberalen Gesellschaften* geschrieben. Legutko muss es wissen; er hat das kommunistische Polen erlebt und dort im Untergrund gegen das System gekämpft. Heute kommt er zu dem Ergebnis, dass beide Systeme, das kommunistische und – unter dem Schleier der Toleranz – das demokratische viele gemeinsame Züge aufweisen. Im Kommunismus sei der Klassenkampf die treibende Idee gewesen, in der liberalen Demokratie die Triade von Klasse, Rasse und Geschlecht. Vor allem stellt Legutko fest, dass das demokratische System immer weniger bereit sei, Abweichungen zu dulden. Hegels »Herrschaft des Verdachts« aufgreifend, schreibt er: »Die Meister des Verdachts haben die Debatte – verstanden als ein Austausch von Ideen – praktisch ausgelöscht.«[74]

HISTORISCHE KORREKTHEITEN

Ein markantes Beispiel historischer Korrektheit lieferte Jürgen Habermas als Anlass zum »Historikerstreit«. In der *FAZ* vom 6. Juni 1986 hatte Ernst Nolte einen Aufsatz mit dem Titel veröffentlicht: »Vergangenheit, die nicht vergehen will«. Nolte stellte darin die Frage nach einem »kausalen Nexus« zwischen Archipel Gulag und Auschwitz. Er vermutete hinter der Shoa einen überschießenden antibolschewistischen Angstreflex: Auf die vom Bolschewismus ausgehende Vernichtungsdrohung (den »Klassenmord«) hätten Hitler und das deutsche Bürgertum mit einer spiegelbildlichen Gegenreaktion (dem »Rassenmord«) reagiert, die der eigenen Vernichtung durch den Gegner zuvorkommen sollte. Habermas reagierte am 11. Juli 1986 in der Wochenzeitung *Die Zeit*. Der Beitrag war überschrieben mit »Eine Art Schadensabwicklung – Die apologetischen Tendenzen in der deutschen Zeitgeschichtsschreibung«. Habermas warf Nolte sowie Michael Stürmer, Andreas Hillgruber und Klaus Hildebrand vor, die Judenvernichtung mit dem stalinistischen Terror verglichen und damit relativiert zu haben. Zugleich bezichtigte er die Historiker eines »revisionistischen« Geschichtsbildes. Den Mord an Millionen ukrainischer Bauern hatte er selbst im Jahr 1987 als »Vertreibung der Kulaken« relativiert. Am Rande: Auch Bundespräsident Richard von Weizsäcker bediente sich der Floskeln historischer Korrektheit. In seiner Rede zum 8. Mai 1985 sprach er von der »Befreiung Deutschlands« 40 Jahre zuvor. Die SBZ bzw. die DDR, die alles andere als befreit waren, hatte er vergessen. Ebenso die millionenfache brutale Vertreibung, die für Weizsäcker eine »erzwungene Wanderschaft« war.

So wurde einige Jahre nach dem Nobelpreis für Alexander Solschenizyn und sein monumentales Werk *Der Archipel Gulag* argumentiert. Der Historiker Imanuel Geiss[75] hielt Habermas denn auch vor, eine Kampagne historisch-politischer Desinformation und Denunziation zur Durchsetzung und Verteidigung einer kulturellen «Hegemonie« zu betreiben. Im Lichte des Zusammenbruchs des Kommunismus im Ostblock warf er

Habermas eine öffentliche Hinrichtung von Nolte, Stürmer, Hillgruber und Hildebrand vor. Die vier renommierten Professoren (sie wurden von linken Historikern und Sozialwissenschaftlern mittlerweile als revisionistische »Vierer-Bande« verunglimpft) hatten die NS-Verbrechen streng objektiv und ohne jede Relativierungsabsicht zu den kommunistischen Gulag-Verbrechen in Beziehung gesetzt.

Es wäre gut gewesen, hätte es *Das Schwarzbuch des Kommunismus. Unterdrückung, Verbrechen und Terror*[76] nicht erst fast dreißig Jahre nach 1968 gegeben. Auf annähernd 1000 Seiten wird darin der »rote Holocaust« dargestellt, der 100 Millionen Menschen das Leben kostete. Reflexartig wurde allerdings auch hier, aus der linken Ecke heraus, vor einer Gleichstellung der nationalsozialistischen mit kommunistischen Massenverbrechen gewarnt. Die angeblich emanzipatorische Idee des Kommunismus wurde gegen ihre Perversion durch Stalin verteidigt. Der Terror des Stalinismus schien halbwegs gerechtfertigt, weil er ja antifaschistisch war. Jeder kritische Anti-Kommunismus aber galt als faschistisch und demokratiefeindlich.

Auch der vormalige 68er-Sympathisant Martin Walser wandte sich vehement gegen eine »Instrumentalisierung« von Auschwitz, gegen eine »Ritualisierung« und »Monumentalisierung der Schande« etwa in der Holocaust-Mahnmal-Debatte. Auschwitz, so Walser, eigne sich nicht dafür, »Drohroutine zu werden, jederzeit einsetzbares Einschüchterungsmittel oder Moralkeule oder auch nur Pflichtübung«. Walser sagte das in jener Rede, mit der er sich für die Verleihung des Friedenpreises des Deutschen Buchhandels am 11. Oktober 1998 bedankte. Er hatte für sie den Titel »Die Banalität des Guten« gewählt – in Anspielung auf Hannah Arendts *Die Banalität des Bösen*, Untertitel ihres Buches *Eichmann in Jerusalem* von 1963. Oder das Beispiel Ingo von Münchs: Dieser hatte 2009 das Buch *Frau, komm! Die Massenvergewaltigungen deutscher Frauen und Mädchen 1944/45* geschrieben. Kein deutscher Verlag war bereit, das Buch zu drucken, so dass sich der Autor in Österreich einen Verlag suchen musste (Ares in Graz). Es ging um das Schicksal von rund zwei Millionen Frauen und Mädchen. Deutsche Opfer sind eben Opfer zweiter Klasse.

Politisch und historisch besonders korrekt geht es schließlich in der Bundeswehr zu, seit Ursula von der Leyen Verteidigungsministerin ist.

Da wird dann schon mal in vorauseilendem Gehorsam ein Bild von Helmut Schmidt in Wehrmachtsuniform entfernt – in der Hamburger Bundeswehr-Universität, die seinen Namen trägt. Unangekündigt werden Stubendurchgänge veranlasst; es könnte ja irgendein Soldat das Minimodell eines Wehrmachtspanzers im Schrank haben. Und wenn eine politische Stiftung eine Studienreise mit Jugendoffizieren nach Polen und Litauen arrangiert, dann müssen im Programm die Ortsnamen »Wolfsschanze – Führerhauptquartier« und »Adlerhorst« gestrichen werden.

»GENDER«

Ist den Linken der Klassenkampf abhandengekommen? Jedenfalls hat sich der Klassenkampf seit den 1990er Jahren zum Geschlechterkampf gewandelt. Die Neomarxisten der 1968er Generation hatten die Vorstellung zum Glaubenssatz erhoben, die »bürgerlich-kapitalistische« Gesellschaft würde den Menschen im Interesse des Erhalts dieser Gesellschaft permanent unterdrücken. Daran seien die »Strukturen« schuld – weshalb man gerne von der »strukturellen Gewalt« sprach, die zerstört werden müsse. Eine dieser »Strukturen« war für die 68er die monogame, bürgerliche Ehe. Sie galt es zu zertrümmern. Mit der »Gender«-Ideologie wird die Ehe zwischen Mann und Frau generell in Frage gestellt, ja es wird postuliert, dass jeder/jede/jedes seine geschlechtliche Identität selbst bestimmen könne. Die Einteilung nach Mann/Frau sei willkürlich und mit Gewalt erzwungen, der sogenannten »heteronormativen Gewalt«. Udo di Fabio sah hierin – zu einem Zeitpunkt, als »Gender« noch nicht total »in« war – eine »androgyne Fahlheit entdifferenzierter und politisch korrekt verformter Geschlechterbeziehungen.«[77]

Man darf den anschwellenden Rummel um »Gender Mainstreaming« freilich nicht als Zwangs- und Profilierungsneurose seiner Protagonisten abtun. Hier geht es um ein anderes Menschen- und Familienbild. Hier wird etwas aufgelegt, was den vormals an vielen Universitäten etablierten Marxismus durch den Genderismus ersetzen soll – einen »rosa Marxismus« sozusagen.

Was steckt dahinter? »Gender« ist das »soziale Geschlecht« im Gegensatz zum biologischen Geschlecht (»Sex«). Während letzteres genetisch angelegt bzw. allenfalls chirurgisch bzw. künstlich-hormonell veränderbar ist, muss man/frau sich »Gender« als soziales Produkt vorstellen. In der Sprache des Konstruktivismus respektive Dekonstruktivismus ist Gender ein »soziales Konstrukt«, das aufgebaut oder eben gesprengt werden kann. Ja, mehr noch: Nach der Gender-Theorie gibt es keinen kausalen Zusammenhang zwischen biologischem und sozialem Geschlecht. Die Heterosexualität sei ohnehin ein Repressionssystem. Daher sprechen Gender-Theoretiker auch von »Zwangsheterosexualität«.

Das Gender-Frauenbild ist sehr ursprünglich mitgeprägt von Simone de Beauvoir und ihrem feministischen Klassiker *Das andere Geschlecht* (1949, deutsch 1951). Dort beklagt sich de Beauvoir einerseits darüber, dass die Frau Opfer ihrer biologischen Funktion sei. Andererseits erklärt sie: »Man kommt nicht als Frau zur Welt, man wird es«. Das Gender-Männerbild scheint dagegen von einer biologistischen Betrachtungsweise beeinflusst: Männer hätten einfach ein falsches Chromosom, das für die Produktion von Testosteron verantwortlich sei. Testosteron aber bedeute Terror, Tyrannei, Tod und Teufel. An US-Universitäten ist von linken Gruppen mittlerweile sogar ein Kampf gegen »toxic masculinity« angesagt.

Die zentrale Figur in der »wissenschaftlichen« Gender-Szene nach Simone de Beauvoir (1908–1986) ist die US-Feministin Judith Butler (*1965). Ihre Grundthese: Männer und Frauen gebe es nicht; das Geschlecht werde durch Sprache und Erziehung erzeugt, nicht durch die Natur. Das Geschlecht werde auch nicht durch ein X- oder Y-Chromosom erzeugt, schon gar nicht durch einen Schöpfergott. Butlers Bücher werden in einschlägigen Kreisen wie Katechismen behandelt, zum Beispiel sehr früh schon ihr Buch *Das Unbehagen der Geschlechter* von 1991.[78]

Seit der Pekinger »Weltfrauenkonferenz« von 1995 ist »Gender« Teil der Arbeit der UNO, seit dem »Amsterdamer Vertrag« von 1999 auch Teil der Arbeit der EU. Die EU möchte zum Beispiel gerne die Bezeichnungen »Parent 1/Elter 1« und »Parent 2/Elter 2« haben – statt »Mutter« und

»Vater«. In manchen Kommunen Englands gibt es einen Leitfaden für Lehrer: Man darf nicht mehr von »Mum and Dad« sprechen. Es könnte ja Kinder geben, die statt »Mum and Dad« eben »Dad and Dad« oder »Mum and Mum« haben. In Spanien sollte es laut einem Gesetz einer sozialistischen Regierung nicht mehr Vater und Mutter heißen, sondern »progenitor A« und »progenitor B«.

Apropos »Mutter«: Manche Leute stören sich sehr an diesem Begriff. Eine Stefanie Lohaus hat am 13. November 2015 bei einer Podiumsdiskussion der Heinrich-Böll-Stiftung zum Besten gegeben: »Wir brauchen eine Abschaffung des Verbots und statt dessen ein Arbeitsrecht für Eizellenarbeiter_innen und Leihmütter.«[79] Da fehlt nur noch – auch das bereits in Vorschlag – , dass Neugeborene geschlechtsneutrale Namen bekommen, damit sie später ihr Geschlecht selbst auswählen können. Und noch einmal England: Bei BBC verschwanden im Dezember 2017 die beliebten Serien *Bob der Baumeister* und *Feuerwehrmann Sam* aus dem Kinderprogramm. Beide waren der BBC zu männlich. Von wegen Gender-Dysbalance!

Die Schaffung eines neuen Gender-Menschen ist inzwischen auch in Deutschland Politik nicht nur der Linken. Manche nennen das einen »rosa Sozialismus«, manche einen staatlich und medial oktroyierten Feminismus. Die Bundesregierung steht da nicht zurück. Einen hohen zweistelligen Millionen-Betrag hat sie bereits »vergendert«.

»GENDER«-LINGUISTIK

Das Bundesamt für Familie, Senioren, Frauen und Jugend fördert an der Humboldt-Universität zu Berlin ein »GenderKompetenzZentrum« als »anwendungsorientiertes Forschungsinstitut« – samt Arbeitsgruppe »Feministisch Sprachhandeln«. Ein Produkt dieser Arbeitsgruppe ist eine Broschüre mit »antidiskriminierenden« Sprachempfehlungen. Darin werden Sätze wie der folgende empfohlen: »Unsa Lautsprecha ist permanent auf Demos unterwegs. Ea erfreut sich hoher Beliebtheit.«

Eine kleine Auswahl an weiteren Geniestreichen: »Der« Mensch darf nicht mehr sein, selbst wenn es »die« Menschheit gibt. »Man«, »jemand«, »niemand« dürfen ebenfalls nicht mehr sein, weil diese Wörter männlichen Ursprungs und Ausdruck eines »patriarchalischen Androzentrismus« seien, den es zu »entpatrifizieren« gelte. Auch diese Spinnerei fing in den USA an: Statt »mankind« hat es »humankind« zu heißen, statt »chairman« »chairperson/chairs«, statt »heroes« »heroes/sheroes«. Das deutsche Frage- bzw. Relativpronomen »wer« soll in »wex« umgewandelt werden. Ganz vorne dran ist der/die/das Professx (sic!) Lann Hornscheidt – eine reale Person, die ihr/sein Geschlecht (eigentlicher Vorname: Antje) nicht verraten will. Hornscheidt betreibt »Gender Studies« und Sprachanalyse (bis Ende 2016 am »Zentrum für Transdisziplinäre Geschlechterstudien« der HU Berlin), und er/sie/es wünscht als Anrede: »Sehr geehrtx Profx Lann Hornscheidt«. Um wie viel witziger und kreativer sind da doch die Namen Asterix, Obelix, Idefix, Miraculix, Majestix und Troubadix!

Die De-Konstruktion klassischer Geschlechterbilder findet also sprachlich statt. George Orwell lässt erneut grüßen. In der Folge werden Maskulina durch Feminina ersetzt: BürgerInnen, FußgängerInnen. Und zwar ohne Rücksicht darauf, dass in allen indogermanischen Sprachen mit dem generischen (männlichen) Plural als dem »genus collectivum« alle Menschen – ob Männlein oder Weiblein – mitgemeint sind.[80] Außerdem gibt es eine Flut an Partizipialkonstruktionen: Das Bäckerhandwerk wird zum Backenden-Handwerk, die Fußgängerbrücke zur Fußgehenden-Brücke. An den Hochschulen werden Studentenwerke zu »Studierendenwerken«. Der Bund der Steuerzahler hat moniert, dass allein diese Umbenennungen -zigtausende von Euro kosteten. Oder man nehme das 32-seitige Papier der Gleichstellungsbeauftragten der Universität zu Köln »ÜberzeuGENDERe Sprache«, das folgende Varianten vorschlägt: »Mitarbeitendengespräche, MitarbeiterInnengespräche, Mitarbeiter/innengespräche, Mitarbeiter_innengespräche, Mitarbeiter*innengespräche.« Wieder woanders werden Zuhörer mit »Mitglieder und Mitgliederinnen« angeredet, unter anderem von Ministern, Ministerinnen, prominenten Moderator(innen) wie Anne Will im Januar 2018. Der »grüne« Anton Hofreiter will es besonders korrekt machen und spricht von »weiblichen Freundinnen«. Und gar nicht gern hört man Reinhard Meys Chanson »Annabelle«. Es sei Hexenjagd, wenn es in einem Vers heißt:

»Und zum Zeichen deiner Emanzipation beginnt bei dir der Bartwuchs schon.«

Dann kam Ende 2017 der Duden mit dem Titel: *Richtig gendern. Wie Sie angemessen und verständlich schreiben.* Die 120 Seiten (Preis: 12 Euro) verfasst haben Anja Steinhauer (»Autor«, sic!) und Gabriele Diewald (ebenfalls »Autor«). Eingeführt wird der Nutzer mit dem Versprechen, dass sich jetzt eine gendergerechte Sprache etabliere, »wie sie die moderne Gesellschaft im Sinne einer Realisierung von Gleichstellung einfordert.« Außerdem will der Band Hilfestellung leisten, damit ein Text durch die vielen Binnen-I, Sternchen und Unterstriche in und zwischen den Wörtern nicht »zu sperrig wird«. Der Bürger »Normalo« reagiert denn auch zutreffend. Zum Beispiel in Rezensionen, die bei »amazon« eingestellt wurden: »DER Käse hat genauso wenig Männliches an sich wie DIE Wurst Weibliches an sich hat.«

Ferner: Es gibt in Deutschland (Stand 2017) etwa 120 Professuren für alte Sprachen (unsere sprachlichen und kulturellen Wurzeln), aber über 200 Professuren für Genderforschung. Nachfolgend Beispiele von Professuren oder »Dominationen« (man sagt wirklich so) und ein paar Titel von Dissertationen und Habilitationsschriften. Beispiel Humboldt-Universität Berlin: Dort hat man eine Professur für »Gender und Globalisierung« an der Landwirtschaftlich-Gärtnerischen Fakultät; eine Juniorprofessur für »Wissensgeschichte und Gender Studies« am Institut für Kulturwissenschaft; eine Professur für »Gender und Science/Naturwissenschafts- und Geschlechterforschung« am Institut für Geschichtswissenschaften. An der Technischen Universität München haben wir eine Professur für »Gender Studies in den Ingenieurwissenschaften«. Die Universität Bremen hat ein »Zentrum für feministische Studien – Gender Studies«, Hildesheim ein »Zentrum für Interdisziplinäre Frauen- und Geschlechterforschung«, die Universität Marburg ein »Zentrum für Gender Studies und feministische Zukunftsforschung«.

Machen wir weiter mit Themen von Gender-Dissertationen, und begnügen wir uns mit vier von ein paar hundert Themen: »Auserwähltes Wissen zum Verhältnis von feministischer Theorie und Praxis bei Gender Mainstreaming in Kommunen«, oder: »Doing Gender im Chemieunterricht. Zum Problem der Konstruktion von

Geschlechterdifferenz – Analyse, Reflexion und mögliche Konsequenzen für die Lehre von Chemie«, oder: »Comic – Film – Gender. Zur (Re-) Medialisierung von Geschlecht im Comicfilm«, oder: »Klimawandel und Gender: Untersuchung der Bedeutung von Geschlecht für die soziale Vulnerablität in überflutungsgefährdeten Gebieten«. Übrigens: Hier wird ordentlich Zwang ausgeübt. An manchen Universitäten bekommt man Punktabzüge in Examensarbeiten, wenn man keine gendergerechte Sprache verwendet. Wir toppen das Ganze mit Themen von Habilitationsschriften: »Pink. En/Gendering a Color«, oder: »The Gendered Body: Female Sanctity, Gender Hybridity and the Body in Women's Hagiography«, oder: »Queer G(r)ifts? Development Politics, LGBTIQ Rights an the Trajectories of Transnational Queer Solidarity« (jeweils an einer deutschen Universität). Warum man hierfür nicht die deutsche Sprache benutzt, weiß keiner. Vielleicht schämt man sich doch ein wenig.

Wenn es nach der Partei bzw. Fraktion DIE LINKE geht, dann ist jede Kritik an »Gender« faschistisch. In einer »Kleinen Anfrage« im Bundestag vom 31. Juli 2017 mit der Überschrift »Wissenschaftsfreiheit und Angriffe gegen die Gleichstellungs- und Geschlechterforschung (Gender Studies)« will DIE LINKE einiges wissen. Die Anfrage beginnt mit dem wackeligen Satz: »Am 6. Mai 1933 wurde das Institut für Sexualwissenschaft in Berlin von Studierenden gestürmt und die über 10 000 Bücher umfassende Bibliothek geplündert (...) 84 Jahre später erleben wir erneut eine Welle der Anfeindung von Wissenschaftlerinnen und Wissenschaftlern, die sich mit Fragen von geschlechtsspezifischer Diskriminierung beschäftigen.« Wohin der Hase laufen soll, erkennt man dann an den Fragen. Frage 6 zum Beispiel: »Welche Personen des öffentlichen Lebens, Publikationen, Organisationen und Parteien fordern nach Kenntnis der Bundesregierung derzeit die Kürzung oder vollständige Streichung von öffentlichen Geldern für die Gleichstellungs- und Geschlechterforschung (Gender Studies)?«

Wer glaubt, all dies sei Sektiererei, der sieht sich getäuscht. Für so etwas gibt es Forschungsgelder, notfalls von der EU. Und die Universitätsoberen sehen es gerne, wenn sich ihre Hochschule auf diese Weise profiliert. Die Universität Leipzig zum Beispiel hat aus der Genderei sogar die Konsequenz gezogen, dass es dort – sprachlich – nur noch

Professorinnen gibt. Dort ist seit 2013 als Anrede auch für männliche Professoren »Herr Professorin« möglich. Wörtlich heißt es im Beschluss des Universitätssenats: »In dieser Ordnung gelten grammatisch feminine Personenbezeichnungen gleichermaßen für Personen männlichen und weiblichen Geschlechts. Männer können die Amts- und Funktionsbezeichnungen dieser Ordnung in grammatisch maskuliner Form führen.« Die Idee für diese «Ordnung« soll übrigens ein Mann gehabt haben!

Auch andernorts wird kräftig nachgeholfen. Notfalls mit »positiver Diskriminierung«. Ein Beispiel: Die Gemeinsame Wissenschaftskonferenz von Bund und Ländern hat am 10. November 2017 ein Sonderprogramm für Professorinnen beschlossen; es soll bis 2022 mit 200 Millionen Euro dotiert sein. Ziel ist es, die Erstberufungen von Frauen auf Professuren finanziell anzuschieben. Das heißt: Wenn auf eine Professur eine Frau berufen wird, wird diese Professur besser ausgestattet, als wenn ein Mann berufen würde. Dafür gibt es spezielle Mittel, auf die die Hochschulen ungern verzichten werden. Quote statt Qualität, Privilegierung statt rechtlicher Gleichbehandlung sind angesagt. Da kann man nur hoffen, dass sich Kläger gegen die 200 Millionen Euro finden und dass »Karlsruhe« einen lichten Tag hat. Und man kann nur hoffen, dass es genug qualifizierte und selbstbewusste Frauen gibt, die keine Privilegierung brauchen.

Und andere Länder in Europa? Schweden ist Frontstaat des Genderismus. Dort wurde einem Dozenten an der zweitgrößten Universität des Landes, der Universität Lund, eine Literaturliste für ein Seminar um die Ohren gehauen – von der Institutsleitung. Der Dozent hatte in einem Seminar zur Kritik der Ideale der bürgerlichen Gesellschaft »nur« Namen wie Gustave Le Bon und T. S. Eliot aufgeboten. Die Institutsleitung verpasste ihm daraufhin den Namen der US-Feministin Judith Butler. Überhaupt gilt in Schweden jetzt die Regel, dass mindestens vierzig Prozent der Seminarliteratur von Frauen verfasst sein sollen. Um dies zu überwachen, gibt es in Schweden den »zertifizierten Normingenieur«.[81] Man darf gespannt sein, wann es Quoten für Autoren unterschiedlicher sexueller Orientierungen, unterschiedlicher Hautfarbe usw. gibt.

LICHTBLICKE FRANKREICH UND NORWEGEN

Aber es gibt Lichtblicke: Norwegen hat Schluss gemacht mit der Genderei. Was war geschehen? Harald Eia, Norwegens bekanntester Komiker, kam zur Überzeugung, dass die Gendertheorie nicht mit den etablierten Wissenschaften von Biologie, Anthropologie etc. übereinstimmt. Er organisierte ein Kamerateam, stellte bekannten norwegischen Gender-Forschern kritische Fragen zur Gendertheorie und konfrontierte sie mit Erkenntnissen von anerkannten Wissenschaftlern anderer Disziplinen. Zum Beispiel dass das Blickverhalten bereits nach der Geburt unterschiedlich ausgeprägt ist, indem Jungen mehr auf Gegenstände, Mädchen mehr in Gesichter schauen. Solche Fragen waren die Gender-»Wissenschaftler« nicht gewohnt. Dennoch sprachen sie ihre Gender-Versatzstücke in die Kamera. Die Interviews gingen dann beim staatlichen TV-Sender NRK in der Sendereihe »Gehirnwäsche« auf Sendung. Die Öffentlichkeit war schockiert. Politische Folge im Jahr 2012: Das Ende für die Genderforschung in Norwegen mit ihrem Jahresbudget von 56 Millionen Euro.

Dann Frankreich: Es macht Schluss mit der »gendersensiblen« Sprache. Seit 2018 stemmen sich die Franzosen regierungsamtlich gegen eine gegenderte Sprache, die Schulbücher und Universitäten besetzt hatte. Premierminister Édouard Philippe hat für alle Behörden verfügt, dass sie »gendersensible« Schreibweisen nicht mehr benutzen dürfen. Angesagt war zuletzt der gendergerechte »point médian« – also ein Punkt zwischen dem Wortstamm und der männlichen bzw. weiblichen Form. Zum Beispiel sollte für Abgeordnete »les deputé·e·s« geschrieben werden; aus Wählern wurden »les électeur·rice·s«. Mit dem neuen Erlass will die französische Regierung den gendersensiblen Wildwuchs an Schreibweisen wenigstens in den Amtsblättern einfangen. Im Erlass heißt es: »Die männliche Form ist eine neutrale (›neutre‹) Form, die sowohl für Männer als auch Frauen angewendet werden kann.«

Dergleichen wäre auch in Deutschland angebracht. Vielleicht sollte man Alice Schwarzer schätzen lernen, wenn sie in *Emma* schreiben lässt, die »Gender Studies« seien die Sargnägel des Feminismus. Wer übrigens eine Art messerscharfen Anti-Gender-Duden lesen möchte, der besorge sich Tomas Kubeliks Buch *Genug gegendert! Eine Kritik der feministischen Sprache.*[82] Der Autor dieses Bändchens hat anlässlich der Leipziger Buchmesse 2017 den mit 2 500 Euro dotierten Jürgen-Moll-Preis für verständliche Wissenschaft und Anfang 2018 den mit 5 000 Euro dotierten Deutschen Schulbuchpreis erhalten.

»GENDER«-ERZIEHUNG

Bei so viel Gesinnungsregelung kann die Pädagogik nicht abseits stehen. »Gendersensible Bildung« heißt das. An der TU Berlin schlossen sich bereits 1989 Pädagogen aus einer Männergruppe zusammen und gründeten »Dissens« – als Verein für »aktive Patriarchatskritik«. Hauptanliegen war es, Jungen schon früh zu Kritikern des eigenen Geschlechts zu erziehen. Rollenspiele für Jungen gehörten dazu, etwa »Ich habe eine Scheide und tue nur so, als sei ich ein Junge«. Das heißt dann »nicht-identitäre Jungenarbeit«, in Österreich »nicht-identitäre Burschenarbeit«. Amtlicherseits ging es wie folgt weiter: 2011 präsentierte Berlins Schulsenat einen »Medienkoffer« als Teil der Initiative »Selbstbestimmung und Akzeptanz sexueller Vielfalt«. Diese Initiative war 2009 einstimmig von allen Fraktionen des Abgeordnetenhauses beschlossen worden. Zusammengestellt wurde der Koffer von »Queerformat«, einem Verbund von Vereinen, die über »lesbische, schwule, bisexuelle und Transgender-Lebensweisen« aufklären wollen. In einer Handreichung für Lehrer finden sich Unterrichtsbeispiele, in denen Heranwachsende pantomimisch »Orgasmus«, »Porno« oder »Sado-Maso« darstellen sollen. Und in Rollenspielen sollen sie ein Coming-out üben, zum Beispiel, um der Familie ihre Homosexualität zu beichten.

Maßgeblichen Einfluss von »wissenschaftlicher« Seite hat hier die Kasseler Soziologin Elisabeth Tuider. Sie hatte 2008 zusammen mit Stefan Timmermanns den Band herausgegeben: *Sexualpädagogik der Vielfalt. Praxismethoden zu Identitäten, Beziehungen, Körper und Prävention für Schule und Jugendarbeit.* Dort finden sich Unterrichtsprojekte wie die folgenden: Zehnjährige Schüler sollen ihre Lieblingssexualpraktik mitteilen, während sie sich zu dynamischer Musik bewegen; Dreizehnjährige sollen vor der Klasse berichten, wann sie das erste Mal

Analverkehr hatten; als »Unterrichtsmaterial« sollen Dildo, Vaginalkugel, Vibrator und Taschenmuschi zum Einsatz kommen.

Seit 2017 gibt es für Berlins Kitas eine 140 Seiten starke, amtliche Handreichung mit dem Titel: »Murat spielt Prinzessin, Alex hat zwei Mütter und Sophie heißt jetzt Ben«. Der Untertitel verrät, wohin die Reise geht: »Sexuelle und geschlechtliche Vielfalt als Themen frühkindlicher Inklusionspädagogik – Handreichung für pädagogische Fachkräfte der Kindertagesbetreuung.« Verantwortlich zeichnet dafür, neben der Schulsenatorin, unter anderem »QUEERFORMAT«. Es folgen die Kapitel »Geschlechtervielfalt: Von der Zweigeschlechtlichkeit zur Vervielfältigung von Geschlecht«; »Papi, Papa und ich! Zur Situation von Kindern aus Regenbogenfamilien«; »Ich bin nicht Emil, ich bin Charlotte«. Im Vorwort zur Handreichung heißt es: »In vielen Kitas gibt es einen Murat, der gerne Prinzessin spielt, eine Alex, die bei lesbischen, schwulen oder transgeschlechtlichen Eltern zu Hause ist, oder einen Ben, der nicht länger Sophie heißen möchte. Bei aller Verunsicherung, die Transgeschlechtlichkeit oder Intergeschlechtlichkeit auslösen können, registrieren wir den starken Wunsch der Kolleg_innen, mehr Wissen zu erlangen und das jeweilige Kind pädagogisch bestmöglich zu unterstützen. Mit dieser Handreichung wollen wir dazu beitragen, Sie als Fachkräfte der frühen Bildung umfassend sachlich zu informieren und Ihnen Empfehlungen für ein inklusives pädagogisches Handeln im Umgang mit Geschlechtervielfalt und Familienvielfalt an die Hand zu geben.« Apropos »Murat«: Was wohl seine türkischen Eltern davon halten?

Und zuvor schon Baden-Württemberg: Dort machte 2013 ein ministerielles »Arbeitspapier« Furore. Baden-Württembergs damalige grün-rote Landesregierung wollte die »Bildungsplanreform 2015/16« einleiten, und zwar mit dem durchgängigen Ziel, dass stets der »Gesichtspunkt der Akzeptanz sexueller Vielfalt« zu berücksichtigen sei. Mit »Vielfalt« waren »LSBTTI-Menschen« gemeint, also »die Gruppe von lesbischen, schwulen, bisexuellen, transsexuellen, transgender und intersexuellen Menschen«. Bei »Bildung für nachhaltige Entwicklung« lauteten die Ziele wie folgt: »Schülerinnen und Schüler kennen die verschiedenen Formen des Zusammenlebens von/mit LSBTTI-Menschen

(…)«. Im Rahmen der »Medienbildung« sollten sich Schüler »in digitalen Medien über Lebenssituationen von LSBTTI-Menschen« informieren. So ging es dahin – quer durch alle (!) Schulstufen inkl. Grundschule und »spiralcurricular« durch alle (!) Unterrichtsfächer. Aussagen zu Ehe und Familie suchte man in dem Papier vergebens. Gegen all das regte sich massiver Widerstand. Der Realschullehrer Gabriel Stängle hatte via Internet-Petition über 190 000 Unterschriften sammeln können. Das ministerielle Papier, so Stängle, ziele auf eine Umerziehung. Diese Petition war kaum öffentlich geworden, da brach eine medial eifrig begleitete Entrüstung aus. Große Teile der Presse schrieben, dass die Petenten mit ihrer »Homo- und Transphobie« eine »Hetze« gegen Homosexuelle inszeniert hätten. Nach der Landtagswahl und der grün-schwarzen Regierungsbildung Mitte Mai 2016 gab es das Leitprinzip »Akzeptanz sexueller Vielfalt« nicht mehr. Dieses Prinzip geht jetzt in der Leitperspektive »Akzeptanz und Toleranz von Vielfalt« auf. Thomas Strobl (CDU) reklamierte für sich und seine Partei: Es komme kein einziges Mal das Wort »Gender« im Koalitionsvertrag vor. »Dabei wollten die Grünen es am liebsten drei Mal auf jede Seite schreiben.«

Beispiel Hessen: Im Koalitionsvertrag von CDU/GRÜNEN vom Dezember 2013 steht: »Auf der Grundlage des bisher eingeschlagenen Weges und des 2014 erfolgenden Beitritts zur ›Koalition gegen Diskriminierung' werden wir zusammen mit den Selbstvertretungsorganisationen der Lesben, Schwulen, Bisexuellen, Transgender und Intersexuellen einen ›Aktionsplan für Akzeptanz und Vielfalt‹ erarbeiten.« Basis sollen »bereits vorhandene SchLAu-Projekte« sein. »SchLAu« heißt: »SchwulLesbische Aufklärung«. Jetzt gibt es in Hessen seit 2016 den »Lehrplan Sexualerziehung für allgemeinbildende und berufliche Schulen in Hessen«. Massive Kritik kam vonseiten der Katholischen Kirche und des Landeselternbeirates, Zustimmung vonseiten der Evangelischen Kirche. Die Kritik richtet sich dagegen, dass Toleranz durch »Akzeptanz sexueller Vielfalt« ersetzt wurde und dass eine »Frühsexualisierung« stattfinde.

Beispiel Bayern: Ab 2015 wurde eine Neufassung der entsprechenden Richtlinien von 2002 vorbereitet. Erste Entwürfe wurden zum Teil heftig öffentlich diskutiert. Seit Dezember 2016 sind die neuen »Richtlinien für die Familien- und Sexualerziehung« in Kraft. Das Prinzip »Akzeptanz«

nicht-heterosexueller Orientierungen kommt nicht explizit vor. Als Ziele für die Jahrgangsstufen 9/10 werden angegeben: Schüler »zeigen Toleranz und Respekt gegenüber Menschen, ungeachtet ihrer sexuellen Identität; (…) achten die eigene sexuelle Orientierung und die sexuelle Orientierung anderer (Hetero-, Homo-, Bisexualität); achten und wissen um Trans- und Intersexualität.« Was die Familienerziehung betrifft, so wird explizit Bezug genommen auf Art. 48 des »Bayerischen Gesetzes über das Erziehungs- und Unterrichtswesen« (BayEUG). Dort steht: Familien- und Sexualerziehung ist »Teil der Gesamterziehung mit dem vorrangigen Ziel der Förderung von Ehe und Familie.«

Knackpunkt ist der Begriff »Akzeptanz«. Akzeptanz geht weiter als Toleranz: Sie ist etwas Aktives und bedeutet »anerkennen«, »einverstanden sein«. Gewiss geht es um die Akzeptanz derjenigen Menschen, die Formen nicht-heterosexueller Vielfalt leben. Aber daraus lässt sich kein Anspruch ableiten, dass man deren Tun und Lassen zu akzeptieren hat. Toleranz würde reichen – also »dulden«, »gelten lassen«. Alles andere wäre ein Verstoß gegen das Verbot jeder Indoktrinierung – wenn nämlich Heranwachsenden Hetero-, Bi-, Homo- und Transsexualität als gleichwertige Ausdrucksformen von Sexualität vorgegeben würden.

Es ist ein Kulturkampf, der sich hier abzeichnet. Dass das Grundgesetz Ehe und Familie unter den besonderen Schutz des Staates stellt und Erziehung ausdrücklich als Recht der Eltern benennt, scheint nicht mehr überall zu gelten. Und nur noch mit Einschränkungen scheint das Grundrecht auf freie Meinungsäußerung zu gelten. Jedenfalls kann derjenige nicht mit Toleranz rechnen, der sich gegen das repressive Toleranzverständnis und die Deutungshoheit der Protagonisten der Gender-Theorie stellt. Denn wehe denjenigen, die sich gegen »Gender Mainstreaming« aussprechen oder Papst Franziskus zitieren. Dieser hatte die Gender-Theorie als »Feind der Ehe« bezeichnet und gesagt: »Es gibt heute einen Weltkrieg, um die Ehe zu zerstören.« Die Ehe werde dabei nicht »mit Waffen zerstört«, sondern »man zerstört sie mit Ideen.« Der Papst sprach von einer »ideologischen Kolonisation« durch die Gender-Theorie.

Nachfolgend Beispiele, wie Gender-Kritiker diffamiert werden. Erstes Beispiel: Am 20./21. Januar 2018 fanden, organisiert vom *Münchner*

Merkur, die »Münchener Bildungstage« statt. Vorgesehen waren unter anderem zwei Veranstaltungen mit dem Erziehungswissenschaftler Albert Wunsch. Seine Themen sollten sein: »Raus aus der Verwöhnungsfalle! Für eine Erziehung zu mehr Eigenverantwortlichkeit« und »Kinder für die Zukunft befähigen«. An beidem ist nichts politisch Unkorrektes zu erkennen. Dennoch wurde Albert Wunsch wenige Tage vor den »Bildungstagen« ausgeladen. Irgendein(e) »Queer«-Beauftragte(r) hatte herausgefunden, dass er sich kritisch über den grün-roten »Bildungsplan« Baden-Württembergs geäußert hatte. Irgendwie schaffte es diese »Queer«-Beauftragtenperson, das Ohr des Münchner Oberbürgermeisters Dieter Reiter (SPD) zu gewinnen, und damit des Schirmherrn der »Bildungstage«. Das Ergebnis: Reiter drohte dem *Münchner Merkur*, die Schirmherrschaft zurückzuziehen, wenn der »umstrittene« Albert Wunsch nicht ausgeladen werde. Wunsch war draußen.

Zweites Beispiel: Am gleichen Wochenende setzte sich ein anderer SPD-Oberbürgermeister ebenfalls gender-gerecht in Szene. Die Gruppe »Demo für alle« hatte bei Frankfurt eine Konferenz mit 400 Teilnehmern zu »Öffnung der Ehe – Folgen für alle« veranstaltet. Eine Gegendemonstration der LGBTIQ-Community (»Lesbisch, Schwul, Bisexuell, Trans- und Intersexuell, Queer«) mochte das nicht. Mit Frankfurts Oberbürgermeister Peter Feldmann (SPD) fand man einen Hauptredner der Gegen-Demo. Feldmann meinte: »Wir haben keinen Platz und kein Verständnis für homophobe Gruppen, Diskriminierung und Ausgrenzung.« Der Kongress selbst musste unter dem Schutz von gut 60 Polizisten plus Reiterstaffel stattfinden.

Drittes Beispiel: Am 3. Februar 2018 veranstaltete die Konrad-Adenauer-Stiftung (KAS) in Mainz die Tagung »Gender, Instrument der Umerziehung?« Kurz zuvor begann ein Treiben dagegen. »Queer.de« mobilisierte wie folgt: Es handle sich hier um »neurechte und christlich-fundamentalistische Kreise«, die »in bester AfD-Manier« agierten. Der »Schwulenrat« der Universität Mainz rief zur »Demo gegen salonfähigen Rechtsextremismus« auf. Der Fraktionsvorsitzende der »Grünen« im Mainzer Landtag twitterte: »Der Einladungstext wirkt, als hätte ein AfD-naher Gender-Gegner seinen Hass in eine Veranstaltung gegossen.« Übrigens: Die Gegen-Demo brachte maximal 15 LSBTTIQ-Aktivist*innen am Mainzer Dom zustande. Weil auch Karnevalisten unterwegs waren, sind die Widerstandskämpfer wohl für ebensolche gehalten worden. Und wie reagierten die – vormals – Bürgerlichen? Mit betretenem, feigem Schweigen. Kein Wort der Verteidigung der Tagung seitens der CDU- und KAS-Spitzen auf Bundes- und Landesebene. Kuschen war angesagt. Und bloß keine Tagung mehr ohne Gender-Protagonisten!

METHODE GEHIRNWÄSCHE 2.0 UND »NUDGE«

Es geht um »Nudge«. Die US-amerikanischen Professoren Richard Thaler und Cass Sunstein haben den Begriff 2008 geprägt, nämlich mit ihrem Buch *Nudge. Improving Decisions About Health, Wealth, and Happiness.*[83] »Nudge« bedeutet: Schubs, Stupsen. »Nudge« ist zu verstehen als ein permanent multiplizierter Anstoß oder als eine permanente suggestive Warnung an die Menschen, sich so oder so zu verhalten, zum Beispiel umweltbewusst zu leben, sich gesund zu ernähren, einen Organspendeausweis mit sich zu tragen oder bestimmte Impfungen vorzunehmen. Mit dieser Methode werden die »Menschen draußen« von den Regierenden oder anderen meinungsbildenden Mächten als irrational handelnde angesehen. Sie sollen am Ende glauben, was ihnen als »nudge« vorgesetzt wird. Für Karl Popper wäre das »Pseudorationalismus«, also der »unbescheidene Glaube« der Nudge-Protagonisten »an die Überlegenheit der eigenen intellektuellen Gaben; er erhebt den Anspruch, eingeweiht zu sein und mit Sicherheit und mit Autorität zu wissen.«[84] Thaler und Sunstein schafften es mit ihrer Theorie 2010 in britische Regierungskreise hinein, 2014 in eine »*Nudge*«-Unit der Regierung Barack Obama sowie ins deutsche Kanzleramt. In letzterem wurden dafür 2014 drei »Verhaltensökonomen« eingestellt. »Behavioral Economics Teams« nennt man diese Leute. Damit wird der Weg zur Meinungsbildung mittels Propaganda mehr und mehr frei.

Der geradezu missionarisch tätige Marktführer in Sachen »nudge« ist die Bertelsmann Stiftung. »Wir brauchen Sendboten überall, die unsere Gedanken verbreiten. Es wäre schön, wenn einer vorangehen könnte wie einst Christus. Der hatte ja in relativ kurzer Zeit einen enormen Reformerfolg. Aber die Propheten haben es heute nicht mehr so leicht.«

Mit dieser Botschaft wird der Bertelsmann-Patriarch Reinhard Mohn in der Wochenzeitung *Die Zeit* vom 15. April 1999 zitiert. Damit ist im Kern schon alles gesagt über den missionarischen Eifer der schon sektenmäßig aufgestellten »Bertelsmänner«. Es gibt mittlerweile auch kaum einen Politikbereich, zu dem die »Bertelsmänner« nicht nahezu wöchentlich ihren Senf beitragen. Insofern sagt man der Bertelsmann Stiftung nicht zu Unrecht nach, sie sei eine »Krake«, eine »Macht ohne Mandat«, die »Nebenregierung in Gütersloh«. Dabei baut die Stiftung stets auf einer Skandalisierung vermeintlicher Missstände auf. Es werden (Pseudo-) Diagnosen unters Volk gebracht, dann startet man eine »Studie«, um den Leuten zu bestätigen, dass sie alles genau so sehen wie vorgegeben.

Ohne es so zu nennen, betreibt Bertelsmann damit »nudge«. Bezeichnend für diese Methode ist ein Strategieentwurf aus dem Hause Bertelsmann aus dem Jahr 2009. Der Titel lautet: »Die Kunst des Reformierens: Konzeptionelle Überlegungen zu einer erfolgreichen Regierungsstrategie«.[85] Es ist ein verräterischer Text. Er ist ein Vademecum für die Durchsetzung von Reformen gegen den Willen der Bürger und zur Ausschaltung von »Vetospielern«. Um diese auszuschalten, seien Reformziele »unter Reduktion der Beteiligten von Interessengruppen« zu empfehlen. Diese seien zwar anzuhören, doch nicht, um die Pläne zu diskutieren, sondern um »Widerstände« zu mindern. Dafür bedürfe es einer Schwächung des »Widerstandspotentials« mittels eines »geschickten Partizipationsstils.« Wörtlich: »Durch eine selektive Partizipation während der Entscheidungsphase können Vetospieler in ihrer Kohärenz geschwächt, sozusagen ›gesplittet‹, und die Protestfähigkeit bestimmter Interessengruppen gemindert werden.« Wie man Widerstände ausschaltet, beschreiben die beiden 2014 von der Stiftung konzipierten Broschüren »ReformKompass I« und »ReformKompass II«.

Damit geraten Bertelsmann-Papiere in die Nähe der Geheimdienst-Richtlinie 1/76 der »Stasi« der DDR. Dort heißt es: »Maßnahmen der Zersetzung sind auf das Hervorrufen sowie die Ausnutzung und Verstärkung solcher Widersprüche und Differenzen zwischen feindlich-negativen Kräften zu richten, durch die sie zersplittert, gelähmt, desorganisiert und isoliert und ihre feindlich-negativen Handlungen einschließlich deren Auswirkungen vorbeugend verhindert, wesentlich eingeschränkt oder gänzlich unterbunden werden.« In anderen Ländern der Welt heißt die Bertelsmann-Methode »gelenkte Demokratie«. Und in Deutschland lässt die Bertelsmann Stiftung die Drehtüren zwischen sich und der Politik rotieren.[86]

ENTMÜNDIGUNG DURCH SAKRALISIERUNG DES STAATES

Die Trennung von Staat und Religion war eine der großen Errungenschaften der Moderne. Diese Säkularisierung des Staates droht mittlerweile in eine neuerliche Sakralisierung einzumünden. Mehr und mehr nämlich werden an den Staat Wünsche herangetragen (bzw. von ihm angenommen oder gar als Versprechungen angeboten), die wie Glücks- und Heilserwartungen anmuten. Ein solcher Staat, der zudem als Opfergabe immer mehr Steuern einfordert, beginnt Züge eines Religionsersatzes anzunehmen.

In den Worten Emile Durkheims ist diese Omnipotenzerwartung an den Staat eine »Religion ohne Religion«, durchsetzt mit einer Menge Adventismus als säkularisierte Version der theologischen Vorstellung totaler Gerechtigkeit. Der Schöpfer hat den Individuen zwar unterschiedliche Gaben gegeben. Die Gesellschaft aber – als neue Gottheit – soll mit Hilfe des Staates diese ursprünglichen Ungerechtigkeiten der Verteilung korrigieren. Einer der Ideengeber der Sozialen Marktwirtschaft, Wilhelm Röpke, sieht darin eine »Vergottung der Gesellschaft« und die Gefahr einer »sozialen Besessenheit«. Schon erheblich früher hatte Friedrich von Schlegel 1928 in seiner *Philosophie der Geschichte in achtzehn Vorlesungen* einige »fromm erleuchtete Geistliche« sagen lassen: »Wenn man den Deutschen keine Religion gibt, so machen sie sich eine.«

Womit hat das zu tun? Wahrscheinlich mit der »Daseinsgefräßigkeit« einer verbreiteten »masseneudaimonistischen Gesinnungsmoral«[87] (Arnold Gehlen), also mit einem Beglückungswettbewerb, wonach alles Glück machbar und die Vollendung der Welt und des Menschen realisierbar sei. Mittlerweile ist daraus, von der Presse eifrig begrüßt, an manchen Schulen Deutschlands gar ein Schulfach »Glück« geworden.

Zugleich greift der Staat immer häufiger in jene Bereiche ein, die früher den Familien vorbehalten waren – zum Beispiel in die Erziehung. Indem Ganztagsbetreuung und Kinderkrippen angeboten, ja geradezu verordnet werden, hat der Staat seine Fangarme ins Höchstprivate ausgestreckt. Erzieherische Verantwortung wird qua »outsourcing« delegiert. Die Vereinbarkeit von Familie und Beruf mag gewiss eine große Herausforderung sein, und auch die hochqualifizierte Ausbildung vieler Frauen spielt hier eine Rolle. Aber die Grenzziehung zwischen Staat und Familie verschwimmt – siehe etwa den Spruch von der »Lufthoheit über den Kinderbetten«, den der damalige SPD-Generalsekretär Olaf Scholz 2002 geprägt hatte.

Im Grundsatz geht es hier um unterschiedliche Menschenbilder. Das eine traut dem Individuum zu, sein Leben in Eigenverantwortung zu meistern. Ein anderes kollektiviert Verantwortung, es glaubt nicht an die Vernunftfähigkeit des Individuums und möchte die Menschen leiten wie eine Herde von Schafen. Das Vorbild des letztgenannten Verständnisses lieferte 1651 Thomas Hobbes mit seinem *Leviathan*. Den Namen »Leviathan« hat Hobbes aus der jüdisch-christlichen Mythologie übernommen. Dort ist Leviathan ein Seeungeheuer; in der Staatstheorie ist Leviathan eine Metapher für die Allmacht des Staates – unbezwingbar wie das biblische Ungeheuer.

Georg Wilhelm Friedrich Hegel steht dieser Staatsgläubigkeit in nichts nach. Für ihn ist der Staat die höchste Form des objektiven Geistes und die »Verwirklichung der sittlichen Idee«. Diese Staatstheorie wurde zum Vorbild des Sozialismus bis hin zu Jürgen Habermas, für den der Für- und Vorsorgestaat der Höhepunkt der Geschichte ist. In der Diktion der Linken heißt er allerdings nicht Für- und Vorsorgestaat, sondern Wohlfahrtsstaat bzw. seit 2009 »vorsorgender Sozialstaat« (siehe SPD-Programme). Es soll dies ein Staat sein, der sich liebevoll um seine Bürger sorgt, und der – das wird aber nicht gesagt – seinen Bürgern offenbar ständig misstraut.

Der Sozialismus hat das Ende seines Scheiterns also ausgesprochen unbeschadet überstanden, und er hat vergessen gemacht, dass in allen sozialistischen Regimes »Sozialismus« und »Unfreiheit« Zwillinge waren. Ein beliebtes Vehikel zur Verbreitung sozialistischer Vorstellungen ist dabei der Neid, verbrämt als Streben nach Gerechtigkeit. Gemeint ist hier nicht der »weiße« Neid, der konstruktiv ist und den Ehrgeiz anstachelt. Gemeint ist der »schwarze« Neid, die Missgunst, als möglicherweise wahlentscheidendes Motiv. Helmut Schoeck hat in seinem Klassiker *Der Neid und die Gesellschaft* (1977) dargelegt, dass schwarzer Neid – am Ende zulasten aller – zu einer Nivellierung nach unten führt, und dass der Mensch umso mehr Neid empfindet, je mehr der Staat mit dem Gießkannenprinzip arbeitet und je gleicher am Ende alle sind.

Jedes soziale und politische Gebilde lebt aber von denen, die mehr als ihre Pflicht tun, und die ihre Rolle in Gemeinwesen und Staat eben nicht als Verbraucher sehen. Der Staat kann nicht Glückslieferant sein, sondern nur subsidiärer Ermöglicher von Glück. Glück kann nicht ein an den Staat gerichteter Rechtsanspruch sein, sondern nur Angebot, »des eigenen Glückes Schmied« zu sein.

Der sozialstaatliche Eudaimonismus aber inszeniert gezielt eine Armuts- und Sozialstaatsdebatte. Denn für einen Linken gibt es nichts Schlimmeres, als in einem wohlhabenden Land zu leben. Da müssen dann schon mal fragwürdige Armutskriterien herhalten. »Relative Armut« zum Beispiel. Diese liegt angeblich vor, wenn jemand weniger als 60 Prozent des Durchschnittseinkommens hat. Wie schräg solche Definitionen sind, zeigt eine fiktive Rekonstruktion der Verhältnisse in der DDR. Die DDR hätte nach diesen Definitionen in größtem Reichtum gelebt, denn weil dort fast alle gleich arm waren, konnte man mit einer niedrigen Armenquote glänzen. Völlig daneben liegen aus dem gleichen Grund EU-Studien, die in Italien und in Spanien jeweils 20 Prozent der Bevölkerung »armutsgefährdet« sehen, in Bulgarien hingegen nur 14 Prozent.

Wilhelm von Humboldt hat 1792, als 25-Jähriger, eine großartige Schrift zu den Aufgaben des Staates verfasst: *Ideen zu einem Versuch, die Gränzen der Wirksamkeit des Staates zu bestimmen*. Erschienen sind die »Ideen« erst 1851 posthum. Sie sind von der Französischen Revolution beeinflusst. Anfangs begeisterten Humboldt die Parolen: Freiheit, Gleichheit, Brüderlichkeit. Bald jedoch überwog bei ihm eine ambivalente Haltung. Die ausufernden Gewalttätigkeiten schreckten ihn ab. Vor allem sorgte er sich um die in der Revolution schlummernde Totalität und Omnipotenz des Staates.

Beeinflusst wurde Humboldt bei seinen – nach heutigem Verständnis (ordo-)liberalen – »Ideen« zudem von Schillers Ideal des »ästhetischen Staates«, dargelegt 1792 in den Briefen *Über die ästhetische Erziehung des Menschen*. Ideelle Basis war zudem Immanuel Kants Definition von Aufklärung aus den Jahren 1783/84: »Aufklärung ist der Ausgang des Menschen aus seiner selbstverschuldeten Unmündigkeit (…) Selbstverschuldet ist diese Unmündigkeit, wenn die Ursache derselben nicht am Mangel des Verstandes, sondern der Entschließung und des Mutes liegt, sich seiner ohne Leitung eines anderen zu bedienen.« Und: »Faulheit und Feigheit sind die Ursachen, warum ein so großer Teil der Menschen gerne zeitlebens unmündig bleibt; und warum es andern so leichtfällt, sich zu deren Vormündern aufzuwerfen. Es ist so bequem, unmündig zu sein.«

Humboldt geht es um ein Menschenbild, das dem Individuum zutraut und zumutet, sein Leben in Eigenverantwortung zu meistern. Das gehört für Humboldt zur Menschenwürde. Er positioniert sich damit gegen einen paternalistischen Staatsgedanken. Eine Einmischung des Staates in Privatangelegenheit hält er für »verwerflich«. Allein für die innere und äußere Sicherheit solle der Staat zuständig sein. Ein Staatsverständnis hingegen, das das politische Gemeinwesen als Dienstleistungseinrichtung versteht, führt zu einer fürsorglichen Entmündigung, zu Bequemlichkeit, zu einer Erosion von Eigenverantwortung oder gar einer erlernten Hilflosigkeit – auf Kosten nachfolgender Generationen mit einem Drehen an der Verschuldungsschraube und einem Verzicht auf das Prinzip Subsidiarität. Der Staat wird verstanden als Sozialagentur, als Garant für die Erfüllung aller nur denkbaren Ansprüche. Er ist damit nahe am planwirtschaftlichen Perfektionismus. Der omnipotente Sozialstaat provoziert zudem eine Infantilisierung der Gesellschaft bzw. einen Zustand permanenter Adoleszenz.

Statt dass der Mensch etwas leistet, bevor er etwas von anderen verlangt, hat er sich den Verheißungen eines Wohlfahrtsstaates anvertraut. Sicherheit will er, sein tägliches Brot und ansonsten seine Ruhe. Einer der klügsten psychologischen Köpfe der Geistesgeschichte, Fjodor M. Dostojewskij, hat darauf aufmerksam gemacht im Kapitel »Der Großinquisitor« seines Romans *Die Brüder Karamasow*. Dort sagt der

Großinquisitor zu dem von ihm gefangengenommenen Jesus: »Nichts ist jemals dem Menschen und der menschlichen Gesellschaft unerträglicher gewesen als die Freiheit.« Nach seiner Auffassung lautet die Erwartung der Menschen gegenüber den Regierenden: »Knechtet uns lieber, aber macht uns satt!« Dabei darf freilich nicht übersehen werden, dass Millionen Menschen weltweit hungern und (!) zugleich geknechtet werden.

DER LINKE HUMANITARISMUS

Spätestens im Sommer 2015 hat sich Deutschland mit der einsamen und rechtlich fragwürdigen Entscheidung einer Bundeskanzlerin erneut auf einen »deutschen Sonderweg« begeben. Es gab im wahrsten Sinn des Wortes keine Grenzen mehr. Die »Selfies« mit der Kanzlerin verbreiteten sich in Sekunden rund um das Mittelmeer. Während Frankreich 2017 und 2018 gerade eben 10 000 Flüchtlinge und die USA 2018 maximal 45 000 aufnehmen wollen (die USA sind mit ihren 320 Millionen Einwohnern viermal und mit ihrer Fläche 27mal so groß wie die Bundesrepublik), kamen Hunderttausende auf »Einladung« von »Mutti« nach Deutschland. Der britische Politologe Anthony Glees traf den Nagel auf den Kopf, als er Deutschland im September 2015 als »Hippie-Staat« bezeichnete, der sich nur von Gefühlen lenken lasse. Helfersyndrom nennt man das. Auch an die Warnungen eines Peter Scholl-Latour wollte sich niemand erinnern: »Halb Kalkutta aufzunehmen wird nicht Kalkutta retten, sondern Europa in Kalkutta verwandeln.« Am deutschen Humanitarismus soll offenbar die Welt genesen. Carl Schmitt hatte recht: »Wer Menschheit sagt, will betrügen.« Bereits Kant hat solche Mitleidsmoral abgelehnt. Sie stehe im Widerspruch zum kategorischen Imperativ, der den Sinn des Lebens in der Tat, nicht im Nachgeben gegenüber weichen Stimmungen sieht. Auch für Nietzsche schien klar, dass Europa am Christentum (mit seiner Mitleidsmoral) zugrunde geht.

Das einfache Volk, qua Bundestag der eigentliche Souverän, wurde im Sommer 2015 nicht gefragt. Der politischen »Elite« fehlte es an Empathie für die Sorgen des Volkes – auch für die Tatsache, dass es seit Menschengedenken ein Urmisstrauen zwischen einander fremden

Menschengruppen gibt. Dies hat damit zu tun, dass das Verhalten von Fremden aus anderen Kulturen nicht immer vorhersehbar ist, weil prägende Konventionen nicht bekannt sind.[88]

Aber offiziell sah man Deutschland reich beschenkt und merkte nicht, dass die Aufnahme von Hunderttausenden angeblicher Fachkräfte eine Art »Kolonialismus 2.0« ist.[89] Denn wenn diese Menschen Fachkräfte wären, würden sie in ihren Herkunftsländern gebraucht. Katrin Göring-Eckardt (»Grüne«) meinte aber am 8. November 2015 vor der EKD-Synode: »Wir kriegen jetzt plötzlich Menschen geschenkt.« Plötzlich! Dank Merkel! Ohne Rücksicht auf die Kollateralfolgen? Markus Vahlefeld nennt diese Blauäugigkeit »moralische Generalmobilmachung«. Außerdem schreibt er: »Endlich konnten die Deutschen beweisen, dass sie den Nationalsozialismus restlos überwunden hatten.« Und weiter: »Die Hinnahme von religiösem Fanatismus, Antisemitismus, Frauenfeindlichkeit, Clan-Strukturen, hoher Gewaltbereitschaft und edukativer Indifferenz hat dieses Deutschland als Bereicherung zu empfinden.«[90]

Kölner Domplatte, Breitscheidplatz, die Morde Asylsuchender in Freiburg, Kandel und, und, und … Aus »Datenschutzgründen« wurde sogar auf die Überprüfung der Handydaten von Tätern verzichtet. Es gab Opfer, die nicht ins Konzept des linken Humanitarismus passten. Und eine neue Unfähigkeit zu trauern? Bei den Opfern vom Breitscheidplatz brauchte man regierungsamtlich ein ganzes Jahr, um sich zum Trauern aufzuraffen. Stattdessen schiefe Vergleiche: Deutschland habe doch ab 1945 ebenfalls Millionen von Flüchtlingen aufgenommen. Und die Heilige Familie habe auf der Flucht ja auch einen Stall gefunden!

Wie das enden kann, beschreibt Jean Raspail (*1925) recht anschaulich in seinem Roman *Das Heerlager der Heiligen* (*Le Camp Des Saints*), erstmals 1973 erschienen, in deutscher Übersetzung 1985 und 2015. Im Vorwort zur französischen Neuausgabe 2011 fasst Raspail unter dem Begriff »Big Other« die »korrekt angepassten Medien« und die »Vertreter der sogenannten Intelligenz« zusammen, die Tag für Tag die Selbstnegation des Landes und Europas vorantreiben. Als hätte man die Ereignisse von 2015 antizipieren können, geht es in dem Roman um die Invasion Europas durch eine Million verelendeter Inder, die auf 100 Schiffen nach Frankreich kommen. Bereits während der Überfahrt der Schiffe führen

Kirchen und Hippie-Kultur eine Barmherzigkeitsdebatte. Franzosen, die es sich leisten können, verlassen allerdings Südfrankreich, wo die Anlandung erwartet wird, und flüchten nach Nordfrankreich. In Südfrankreich herrscht bald Anarchie. In Paris bilden sich multikulturelle Komitees; die Politik arrangiert sich schnell damit.

Und realiter in Deutschland? Was versprach man sich nicht alles von der »Willkommenskultur«! Durch Flüchtlinge sollten die Renten gesichert und die Krankenkassen stabilisiert werden. Der demographische Knick sollte ausgebügelt, der Fachkräftemangel beseitigt werden. Nur einmal am Rande gefragt: In den südeuropäischen Ländern gibt es 40 und mehr Prozent arbeitslose Jugendliche. Warum holt man sich diese nicht? Sie sprechen eine europäische Sprache und sind kulturell europäisch geprägt, also erheblich leichter integrierbar als Migranten muslimischer Prägung.

Die Linken ficht all das nicht an. Auch nicht die Linken unter den Lehrern. Offiziell machen sie auf »Willkommensklassen«. Aber wenn man unter sich ist, jammert man über ein »Schülermaterial«, mit dem man nicht mehr klarkomme. Theorie und Praxis eben, auch bei Deutschlands linker Lehrergewerkschaft. Gemeinsam mit dem Flüchtlingsrat verbreitete zum Beispiel die »Gewerkschaft Erziehung und Wissenschaft« Baden-Württembergs (GEW) 2017 eine »Handlungsanleitung« für Lehrer, wie Abschiebungen von abgelehnten Asylbewerbern verhindert werden können. Titel der Anleitung: »Akute Abschiebung – Die Polizei steht vor der Tür!« Der Text liest sich wie folgt: »Holen Sie die Presse (…) Schalten Sie so früh wie möglich einen erfahrenen Anwalt ein (…) Adressen von Anwälten in der Nähe finden Sie auf der Website des Landesflüchtlingsrates (…) Sammeln Sie Geld für die rechtsanwaltliche Unterstützung (…) Erörtern Sie, ob Kirchenasyl eine Option ist (…) Die Schulleitung muss bei der Vorbereitung der Abschiebung nicht kooperieren.« Unter »Öffentlichkeit herstellen« werden folgende Maßnahmen empfohlen: »Resolution der SMW und der Schulkonferenz (…) Kreative Protestaktionen (Lichterkette, Straßentheater, Fußgängerzonenaktionen, Demonstrationen vor dem Landtag usw.)«. Das Stuttgarter Innenministerium sieht darin, völlig nachvollziehbar, einen Aufruf zum Rechtsbruch.

Und wer soll diesen Humanitarismus in der Praxis umsetzen? Die Schulen? Nein, sie kommen mit der naiven Zuwanderungspolitik nicht klar. Siehe etwa die Ende 2017 veröffentlichte »Internationale Grundschul-Lese-Untersuchung« (IGLU). Hier wurden das Leseverständnis der Schüler und ihre Lesegewohnheiten am Ende der Grundschulzeit erfasst. Wieder erbrachte die »Studie« nichts, was man nicht längst wusste, nämlich dass das Leseniveau der Schüler aufgrund ihrer »Heterogenität« leidet. Das heißt: Die Gesamtleistung wird durch die schwachen Leseleistungen von Kindern mit Migrationshintergrund nach unten gezogen. O Wunder! Hat man etwa vergessen, dass die Zuwanderung gerade nach Deutschland, zumal nach 2015, eine völlig andere ist als in anderen Ländern, nämlich eine völlig voraussetzungslose? Mutige Soziologen sprechen es aus: Durch die Zuwanderung habe Deutschland in weiten Teilen eine zusätzliche «Unterschichtung« erfahren. »Nun sind sie halt da«, würde Merkel sagen. Im Raumschiff namens Kanzleramt werden solche Fakten jedenfalls nicht zur Kenntnis genommen werden.

LINKE ENTGRENZUNGEN

»Entgrenzung« ist ein genuin »linkes« Prinzip. Besonders die Deutschen lieben Entgrenzungen, wiewohl der Begriff »Grenze« gar nicht ihrem Wortschatz entstammt. Aber vielleicht wollen sie gerade deshalb immer grenzenlos sein. Markus Weilandt hat recht schön nachgewiesen, dass das deutsche Wort »Grenze« aus dem Slawischen kommt: polnisch als »granica«, tschechisch als »hranica«.[91] Entgrenzung als »linkes« Prinzip: Das hat mit dem Egalitarismus, dem Machbarkeitswahn, der Systemkritik, dem Hedonismus und dem Humanitarismus der Linken zu tun. Es ist sozusagen ihr transzendentaler, Grenzen überschreitender Glaube. Zu diesem Zweck sind die Linken gerne bereit, Definitionen vorzugeben: »definitio« (vom lateinischen »finis« = Grenze, Ende) als Grenzziehung, oder eben bevorzugt als Grenzerweiterung.

Der Wiener Philosoph Konrad Paul Liessmann weist darauf hin, dass »die Grenze überhaupt die Voraussetzung ist, etwas wahrzunehmen und zu erkennen.« Selbst Gott habe Grenzen geschaffen – zwischen Himmel und Erde, Land und Wasser, Nichts und Sein. Liessmann zitiert Spinoza:

»Omnis determinatio est negatio.«[92] Solche Grenzziehungen braucht man für individuelle und kollektive Identität. Das beginnt mit der eigenen Identität: Ohne Grenzziehung zwischen sich selbst und anderen (bzw. etwas anderem) gibt es keine Identität. Identität heißt, sich »definieren« und von anderen unterscheiden zu können. Das hat nichts mit Ausgrenzen zu tun, aber fehlende Grenzziehungen führen zu Identitätskrisen.

Gleichwohl will der Mensch Grenzen ausdehnen oder gar beseitigen. Das spiegelt sich wider im Faustischen – ganz im Sinne von Goethes »Dr. Faustus«: im rastlosen, im stets nach dem Höchsten und Tiefsten suchenden Menschen. Faustisch in diesem Sinne sind die Deutschen schon lange nicht mehr. Das einzig Faustische, was übriggeblieben ist, ist ihr schier faustisches Bemühen, sich selbst zu transzendieren. Aber der Mensch hat ein ambivalentes Verhältnis zu Grenzen. Einerseits testet er gerne Risiken und Grenzen aus, zum Beispiel im Extremsport, an der Börse, mittels Drogen und im grenzenlosen Konsumismus. Andererseits ist ihm Grenzenlosigkeit ein Albtraum. So sieht es der Psychiater Burkhard Voß[93]; nachfolgend einige Beispiele.

Territoriale Entgrenzungen: Territorialität ist für Voß eine anthropologische Konstante. Deshalb kommt der Mensch nicht mit der »One-World«-Vision klar, auch wenn sich hier ein universalistischer Kapitalismus und eine universalistische Linke die Hand reichen. Globalisierung als Entgrenzung kann ein Albtraum sein, denn Globalisierung ist »Ent-Fernung der Entfernung« (Rüdiger Safranski) – quasi eine Abschaffung der Entfernung. Distanzen und Räume, auch vertraute, werden aufgehoben, Nähe und Ferne verschwimmen. Der Mensch kommt nicht mehr hinterher, vor allem wenn er spürt, dass Freiheit und Rechtsstaat nur im Schutz von Grenzen zu finden sind, und wenn er beobachten muss, dass mit dem Verschwinden von Außengrenzen neue Grenzen im Inland entstehen – durch Parallelgesellschaften. Es ist ihm bewusst: »Der funktionierende Nationalstaat bewahrt vor dem Alptraum, einmal keine Beschwerdeinstanz mehr vorzufinden und den Menschen in eine Leere zu versetzen, die ihm als neue Freiheit in einem größeren Ganzen erscheinen soll.« Das schreibt Josef Schmid[94] ganz im Sinne von Burkhard Voß.

Entgrenzung der Sexualität und der Fortpflanzung: Mit der Liberalisierung der Sexualität ab 1960 und der »Pille« wurden Sexualität und Fortpflanzung weitgehend entkoppelt. Mit der Fortpflanzungsmedizin wird diese Entkoppelung noch auffälliger. Es kann sein, dass ein Kind gezeugt wird, dessen biologische Mutter als Eispenderin und dessen biologischer Vater als Samenspender sich im realen Leben nie begegnet sind. Und es kann sein, dass ein Kind demnächst vier und mehr Eltern hat: Nummer 1 und 2 als biologische, Nummer 3, 4, 5, 6 usw. als »soziale« Eltern. Man nennt das »multiple Abstammung«. Entgrenzung ist es ferner, wenn Pädophile/Pädosexuelle Kinder wie einen Besitz ansehen, über den man beliebig verfügen kann – siehe den massenhaften Missbrauch in der Odenwaldschule. Siehe auch die »grüne« Leitfigur Daniel Cohn-Bendit, ein Ex-Odenwald-Schüler, für den Sätze wie die folgenden Programm waren: »Die Sexualität eines Kindes ist etwas Fantastisches.« »Mein ständiger Flirt mit den Kindern nahm erotische Züge an.« »Es ist mir mehrmals passiert, dass einige Kinder meinen Hosenlatz geöffnet und angefangen haben, mich zu streicheln.« Es handelt sich hier um Sätze aus Filmaufnahmen des französischen Fernsehens von 1982 und um Textstellen aus Cohn-Bendits Buch *Le Grand Bazar* von 1975. Cohn-Bendit hatte in den 1970er Jahren in einem Kinderladen der Uni Frankfurt gearbeitet. 2013 wurde ihm der Theodor-Heuß-Preis verliehen. Der als Laudator vorgesehene Andreas Voßkuhle, Präsident des Bundesverfassungsgerichts, sagte kurzfristig ab.

Entgrenzungen zwischen den Lebensphasen: Die Grenzen zwischen den Lebensphasen verschwinden. Das hat mit der säkularen »Akzeleration« zu tun: Kinder wachsen schneller, werden früher geschlechtsreif – aber sie nabeln sich nicht früher ab. Sie bleiben als Erwachsene »Postadoleszente« bzw. »Adultoleszente« und frönen auch in mittlerem Alter dem Prinzip »forever young«, weil in ihnen wohl der 68er Kalauer steckt: »Trau keinem über 30!« Zugleich findet eine regressive Entgrenzung der Erwachsenen nach unten statt. Man könnte sie auch eine Infantilisierung der Erwachsenenwelt nennen. In der Folge gibt es junge Alte und alte Junge.

Entgrenzungen zwischen Privatem und Öffentlichem: Für die 68er galt, dass das Private politisch ist. »My home is my castle« galt nicht mehr. Es kam zu einer »Tyrannei der Intimität«, wie Richard Sennett sie beschrieben hat.[95] Vergleichbare Entgrenzungen finden durch das Internet und die »sozialen« Medien statt. Freundschaft wird entgrenzt durch Tausende von Facebook-»Freunden«.

Entgrenzung von Arbeit und Freizeit: Der alltägliche Zeittakt hat sich verschoben, die Arbeit reicht qua »home office« weit ins Private hinein, qua Mobiltelefon ist man ständig erreichbar. Der »Multitasking« treibende »Simultant« (sic!) ist gefragt.

Entgrenzung im Verhältnis Erwachsene – Kinder: Moderne Eltern und Lehrer möchten sich und ihre Kinder bzw. Schüler auf Augenhöhe sehen, ohne jedes Gefälle, ohne jede Autorität – wie es sich die 68er Pädagogik vorgestellt hat. Dazu passt die Vergottung des Kindes. Die Vorstellung vom Kind als Majestät sowie dessen Sentimentalisierung begann spätestens mit Rousseau. Solches Denken setzte sich fort in Ellen Keys Schrift *Das Jahrhundert des Kindes* (1902). Key sprach von der »Majestät des Kindes«, angesichts derer die Eltern ihr Haupt in den Staub zu beugen hätten. Die Meister seien demnach die Kinder, die Erwachsenen die Lehrlinge. Ja, so erlebt man es in manchen Familien, beginnend schon damit, dass Kinder ihre Eltern mit Vornamen ansprechen.

Entgrenzungen der Bildungspolitik und der Schulpädagogik: Hier verschwimmen die Grenzen zwischen Familie und Staat – bzw. zwischen Freizeit und Schule – qua Ganztagsschule. Das aber ist Entschulung von Schule und Verschulung von Freizeit. Und es verschwimmen die Profile verschiedener Schulformen. Das Abitur wird beinahe zum Standardabschluss. Es soll keine Unterscheidung mehr geben zwischen Universität und Fachhochschule. Die Fachhochschulen heißen »Universities of Applied Sciences«. Schulfächer werden aufgelöst und zu Sammelsuriumfächern zusammengelegt (»Gesellschaftskunde«, »Naturphänomene«). Es soll keine Unterscheidung mehr geben zwischen wichtigen und unwichtigen Lernstoffen. Denn Inhalte sind angeblich totes Kapital. »Kompetenzen« sind angesagt, Leerpläne statt Lehrpläne. Die Unterscheidung zwischen Begabten und weniger Begabten, Klugen und weniger Klugen soll aufgehoben werden. Es soll keine Unterscheidung mehr geben zwischen Nicht-Behinderten und Behinderten, auch keine mehr nach bestimmten Behinderungsarten, denn qua »Inklusion« sind alle gleich. Die Rollen von Lehrern und Schülern sollen sich vermengen. Lehrer sollen Lernende und Schüler sollen Lehrende (»learning by teaching«) sein. Eine Differenzierung nach Noten soll verschwinden. Alle sollen die Note 1 oder wenigstens 2 bekommen. Oder aber die Notengrenzen sollen ganz verschwinden, indem Noten abgeschafft werden.

Was aber sind die Folgen all dieser Entgrenzungen? Ist Entgrenzung Fortschritt? Nein – auch wenn Selbstbeschränkung und Selbstbegrenzung »out« zu sein scheinen. Denn Grenzenlosigkeit bedeutet Orientierungslosigkeit; Grenzenlosigkeit ist »Anomie« im Sinne von Émile Durckheim. Das wird vorübergehend kaschiert durch einen entgrenzten Hyperindividualismus, der schon wieder zur Konformität neigt. Ein geradezu heiliges Selbst ist angesagt – durch Selbstbestimmung, Selbstentfaltung, Selbsterfahrung, Selbstevaluation, Selbstvergewisserung, Selbstverwirklichung, Selbstwerdung, Selbstwirksamkeit, Selbstzentrierung. Was leider begrenzend fehlt, sind Selbstbeherrschung, Selbstbesinnung, Selbstdisziplin, Selbstironie, Selbstkritik, Selbstlosigkeit. Die Folgen werden sein: Selbstbetrug, Selbstgefälligkeit, Selbstherrlichkeit, Selbstsucht, Selbsttäuschung, Selbstüberschätzung und dergleichen mehr.

Das hat jede Menge mit »68« zu tun – und mit einem Wandel der Werteprioritäten. Der US-amerikanische Soziologe Ronald Inglehart nannte dies 1977 *The Silent Revolution*. In den Worten von Helmut Klages: Die »Pflicht- und Akzeptanzwerte« (z.B. Disziplin, Gehorsam, Pflichterfüllung, Treue) wurden mehr und mehr durch »Selbstentfaltungswerte« zurückgedrängt (z.B. Emanzipation, Partizipation, Autonomie).[96] Propagiert wurde ein radikaler Anspruch auf eine individuelle, nicht rechenschaftspflichtige Lebensgestaltung. Ergebnis ist unter anderem ein zunehmender Verfall von Arbeitsdisziplin und Leistungsbereitschaft. Diese Entwicklung wohl erahnend, hat Eric Voegelin sie 1938 in seinem Buch *Die politischen Religionen*[97] als »Egophanie« bezeichnet – eine Vergöttlichung des Selbst. Hintergrund ist wahrscheinlich die Unfähigkeit, Grenzen und Kontingenzen auszuhalten.

VI. PÄDAGOGISCHE HINTERLASSENSCHAFTEN

BILDUNG ALS TRANSMISSIONSRIEMEN LINKER UTOPIEN

Gewiss sind Schulen in Deutschland seit 1968 lebendiger, freier, sozial offener, unkomplizierter geworden. Das Verhältnis zwischen Lehrern, Eltern und Schülern hat sich entspannt; es ist nicht mehr geprägt von irgendeinem Gefälle. Per saldo aber hat linke Pädagogik mehr Schaden angerichtet als Nutzen gebracht. Linke, angeblich »moderne« Pädagogik ist nämlich über Rousseau, Pawlow, Skinner, die »Frankfurter Schule« und den megalomanischen Versuch, eine »irrende« und Unterschiede produzierende Natur zu korrigieren, kaum hinausgekommen. In Zeiten von »Pisa« und schulischen Digitalisierungseuphorien mutet sie an wie Aldous Huxleys *Brave New World* (1932) und die Vision eines »betriebssicheren Systems der Eugenik, darauf berechnet, das Menschenmaterial zu normen« (so Huxley im Vorwort). In der »Schönen neuen Welt« werden »Alphas« mittels Eugenik, mechanischer und chemischer Konditionierung, Suggestionstechniken und Hypnopädie gezüchtet. Ob sich die echten und die epigonalen 68er bei ihren pädagogischen Überlegungen der Nähe zu dieser Dystopie bewusst sind? Wohl kaum. Denn was die echten und die späten 68er ihren Eltern vorwarfen, haben sie nie selbst praktiziert: ihre Ideologien aufzuarbeiten, vor allem ihre »pädagogischen«.

Der erste Kritiker, der sich mutig mit der 68er Pädagogik auseinandergesetzt hat, war Wolfgang Brezinka mit seinem 1971 erschienenen Band *Die Pädagogik der Neuen Linken.*[98] Das Buch erfuhr zahlreiche Auflagen sowie Übersetzungen ins Italienische, Japanische und Norwegische. Brezinka belegte eindrucksvoll, wie die offizielle Pädagogik links unterwandert wurde, zum Beispiel durch die führende deutsche Fachzeitschrift *Zeitschrift für Pädagogik*, deren am häufigsten zitierte Namen Habermas und Marx waren. Brezinka spricht von einer »rosa Revolution unter der Maske einer höheren Moral.« Der Lüneburger Pädagoge und Anthropologe Dieter Neumann hat die 68er Pädagogik zu deren 40. Jubiläumstag analysiert.[99] Neumann sieht einen Zusammenhang zwischen der in den 1960er Jahren vorherrschenden Technik-Euphorie (Kernenergie, Raumfahrttechnik) und der Vision, Gesellschaft ähnlich umkrempeln zu können. Er spricht vom »messianischen Charakter« der 68er. Man habe Bildung als Transmissionsriemen für die Umsetzung linker Utopien gesehen.

Zentrale Elemente der 68er Vorstellungen von Bildung und Erziehung haben sich bis heute konserviert, zumal mehr als eine ganze Lehrergeneration von »68« geprägt wurde. Was Kurt Sontheimer 1976 mit Blick auf das Bildungssystem schrieb, könnte er heute wieder schreiben: »Es gibt kaum einen Wissenschaftsbereich, der in den letzten Jahren so stark umorientiert worden ist wie die Pädagogik, und in dem die Übergänge von einem allgemein aufklärerischen zu einem stärker dogmatisierten Theoriebewusstsein so fließend sind.« Der Grund: Die Pädagogik ist »vorwiegend Normwissenschaft, und sie hat einen eminent praktischen Bezug.« Sontheimer meinte auch: »Eine so gezielte Attacke (der linken Intelligenz, d. Verf.) gegen die Grundlagen unseres Welt- und Wissenschaftsverständnisses lässt sich nicht mehr dadurch beantworten, dass man in der dem Liberalen sonst eigenen Manier die vorgebrachten Argumente rechts und links wendet und am Ende vor lauter Toleranz keine entscheidende Stellung mehr bezieht, sondern unmissverständlich deutlich macht, was die Herrschaft linker Theorie für Geist und Kultur sowie für die Institutionen einer sich als frei verstehenden Gesellschaft bedeuten würde.«[100]

ZWISCHEN BILDUNGSEXPANSION UND BILDUNGSABBAU

Entgegen dem Willen der USA hat sich Deutschland ab den 1950er Jahren bildungspolitisch teilweise freigeschwommen. Der Alliierte Kontrollrat hatte Deutschland 1947 ein Gesamtschulsystem nach US-Vorbild verordnen wollen. Die Alliierten sahen im gegliederten Schulwesen einen Grund der Anfälligkeit der Deutschen für den Nationalsozialismus, denn ein gegliedertes Schulsystem fördere Gefühle der Überlegenheit. Die Linken übernahmen dieses Ziel. Ihre Begründung war, ganz und gar unamerikanisch, Gesamtschule könne Teil einer »antikapitalistischen Strukturreform« sein.

Von 1953 bis 1965 erarbeitete der »Deutsche Ausschuss für das Erziehungs- und Bildungswesen« dreißig Gutachten. 1959 sprach er sich für eine Orientierungs- bzw. Förderstufe in den Klassen 5 und 6 aus; diese wurde aber nur in SPD-geführten Ländern, z.B. Hessen und Niedersachsen, eingeführt. Der »Deutsche Ausschuss« wurde 1965 durch den bis 1975 tätigen »Deutschen Bildungsrat« ersetzt. Dieser brachte 1970 den »Strukturplan für das Bildungswesen« heraus. Ziel war eine Vereinheitlichung des Schulwesens. Es sollten Gesamtschulen als Schulversuche möglich sein. Am 29. März 1968 beschloss die Westdeutsche Rektorenkonferenz (WRK) Zulassungsbeschränkungen für einige Studienfächer an den Universitäten. Am 10. April 1968 einigten sich die Kultusminister auf eine Hochschulverfassung, die Studenten eine Mitsprache einräumte. Nicht ganz uninteressant auch: Am 7. Juli 1968 fand in Bayern ein Volksentscheid statt; die bislang konfessionell getrennte Volksschule wurde abgeschafft.

Die Universitätslandschaft war bereits in den 1950er Jahren vorangekommen. Viele angesehene Gelehrte, die Deutschland in der NS-Zeit verlassen hatten oder hatten verlassen müssen, kehrten zurück. In Anlehnung an das »Wirtschaftswunder« sprach man von einem »deutschen Universitätswunder«.[101] In den 1960er Jahren setzte dann eine gewaltige Expansion des Bildungswesens ein – nicht erst mit 1968. Die Zahl der Gymnasien erhöhte sich von 1 823 im Jahr 1960 auf 2 311 (1970) und 2 477 (1980). Entsprechend wuchs die Zahl der Gymnasiasten mit: von 853 000 im Jahr 1960 auf 1,38 Millionen (1970) und auf 2,12 Millionen (1980). Hochschulen hatte es im Jahr 1950 insgesamt 74 gegeben, später 126 (1960), 213 (1975), 325 (1995, also inkl. neue Länder) und schließlich 428 (2016). Die Zahl der Studierenden entwickelte sich entsprechend dynamisch: Im Jahr 1960 waren es 291 000, 1970 dann 422 000; im Jahr 1980 wurde mit 1,03 Millionen erstmals die Millionengrenze überschritten; 2000 (also zehn Jahre nach der Wiedervereinigung) waren es 1,798 Millionen; 2017 sind es 2,84 Millionen.

Die Gründe dieser expansiven Entwicklung waren die Öffnung des Gymnasiums, die Eröffnung »zweiter« Bildungswege sowie der Beschluss der Ministerpräsidenten vom 5. Juli 1968, mit dem die Fachhochschulen ab 1969 in den Hochschulbereich integriert wurden. Die Expansion war 1964 von Georg Picht unterstützt worden. In einer Artikelserie in »Christ und Welt« und im gleichnamigen Buch »Die deutsche Bildungskatastrophe« kritisierte er die geringe Quote an Abiturienten, ferner die großen Unterschiede zwischen Stadt und Land; hier wurde gern mit der Kunstfigur des katholischen Bauernmädchens aus dem Bayerischen Wald argumentiert. In Heinrich Roth fand Picht 1965 einen Mitstreiter – mit dessen Aussage: »Wir brauchen mehr Abiturienten, auch wenn wir sie nicht brauchen sollten.« Als zur selben Zeit Ralf Dahrendorf mit seiner Forderung »Bildung ist Bürgerrecht« hinzukam, meinte man, es gebe ein Bürgerrecht auf Abitur. Die Aufforderung »Schickt eure Kinder länger auf bessere Schulen!« wurde brav befolgt, ohne dass über das »bessere« nachgedacht worden wäre. Bald wurde daran geglaubt, dass jeder Mensch das Abitur brauche. Die 68er Pädagogik sprang auf diesen Zug auf, der bereits – in die falsche Richtung – abgefahren war. Übrigens kam in den Büchern von Picht, Dahrendorf und Co. die berufliche Bildung schlechterdings nicht vor.[102]

BILDUNGSABBAU: NEUN VON HUNDERT MÖGLICHEN BEISPIELEN

Vor lauter Modernisierungs- und Machbarkeitseifer ließ man ohne Rücksicht auf Verluste alles durchgehen, was als emanzipierte Pädagogik galt. Vor allem, wenn solche Pädagogik auf »Elendspropaganda« (Norbert Bolz) aufbaute. Ach, wie ungerecht sei das deutsche Schulwesen, so das Lamento. Auf die Elendspropaganda setzte man dann Heilsversprechungen: Gymnasium und Abitur für alle! Lernen mit Spaß und ohne Anstrengung! Keine Kränkungen durch Noten und Zeugnisse! Kein Stress mit Hausaufgaben und Auswendiglernen! Ausschließlich selbstgesteuertes, intrinsisches, hirnbasiertes Lernen! Kein Frontalunterricht! Keine »Selektion«! Und am Ende angeblich hochkompetente junge Leute, fit für das globale Haifischbecken! Das ist eine ganze Menge ewig-morgige Gesinnungsethik. Eine Art ewige Wiederkehr des Ewig-Morgigen.

Hier ist »Bildung« bzw. Bildungspolitik offenbar nicht mehr Erkenntnis, sondern geradezu Religionsersatz. Wenn es früher mit der Jugend nicht so recht klappen wollte, richteten unsere Großeltern und Urgroßeltern den Blick flehend gen Himmel und meinten: Jetzt hilft nur noch beten! Heute heißt es: Jetzt hilft nur noch eine Bildungsreform – und noch eine Bildungsreform, und noch eine Reform der Reform. In der Bildungspolitik missionieren dementsprechend seit geraumer Zeit zwei Glaubensgemeinschaften. Die eine ist die Konfession gewisser »Pisa«-Exegeten. Hier feiern Hohepriester der Einheitsschule – neben diversen Linken auch OECD, Bertelsmann und nicht wenige Bildungswissenschaftler – fröhlich Auferstehung. Ihr apokalyptisches Hosianna lautet: Mit dem deutschen »Pisa«-Ergebnis sei zugunsten eines »gerechten« Schulsystems endlich der Jüngste Tag für das gegliederte, leistungsorientierte Schulwesen angebrochen. Die andere ist die BOLOGNA-Konfession. An frohen Botschaften fehlt es auch hier nicht: BOLOGNA samt »Bachelor«, »Master«, »Workloads« und »Credit Points« schaffe Mobilität, Modularisierung, »Employability« und eine Steigerung der Akademikerquote.

Und die Folgen? Hierfür neun x-beliebige, aber symptomatische Beispiele von hundert und mehr möglichen. Zahlreiche weitere Beispiele finden sich in meinem 2017 erschienenen Buch *Wie man eine Bildungsnation an die Wand fährt.*[103]

1. Eine von 1972 bis heute angelegte Längsschnittstudie von Wolfgang Steinig (Universität Siegen) hat ergeben: In ein und demselben Diktattext machten Schüler der 4. Klasse im Jahr 1972 durchschnittlich 6,9 Fehler; heute sind es 12,2 Fehler. Das ist ein «Plus« von 77 Prozent, also nicht weit weg von einer Verdoppelung.[104]

2. Der amtlich vorgegebene Wort-»Schatz« eines Zehnjährigen wurde nach und nach abgebaut. Dies ist der in den meisten deutschen Ländern qua Lehrplan ausgewiesene Grundwortschatz, den Schüler am Ende der vierten Grundschulklasse aktiv beherrschen sollen. Er wurde von 1100 Wörter zu Beginn der 1990er Jahre auf mittlerweile nur noch 700 Wörter heruntergefahren – wobei man zugleich ein, wie sich herausgestellt hat, völlig nutzloses Früh-Englisch eingeführt hat. 700 Wörter – dazu fällt einem nur noch ein: Wo Sprache verarmt, da verarmt schließlich das Denken.

3. Über das Berliner Mathematik-Abitur 2016 urteilten Fachleute, es sei von einem Anspruch gewesen, den Schüler der Mittelstufe – also drei bis vier Schuljahre vorher – bewältigen müssten. Oder nehmen wir die Berliner Abschlussprüfungen zum Erwerb des Mittleren Schulabschlusses nach der 10. Klasse. Hier lautete eine Mathematikaufgabe: »Drei Ziffern sind gegeben: 2, 3, 6. Welche ist die größte dreistellige Zahl, die aus diesen Ziffern gebildet werden kann?« Das ist Grundschulniveau auf dem Weg zur sogenannten Oberstufenreife!

4. Laut Studien des »Forschungsverbundes SED-Staat« der Freien Universität Berlin ist das Wissen deutscher Schüler um die jüngste Zeitgeschichte höchst defizitär. Es herrscht ein um sich greifender historischer Analphabetismus vor: Mehr als die Hälfte der Schüler kennt das Jahr des Mauerbaus nicht. Nur jeder Dritte weiß, dass die DDR die Mauer gebaut hat. Dieses defizitäre Wissen schlägt sich auch im Urteilen nieder. Fast die Hälfte der Schüler kann nicht zwischen den Merkmalen von demokratischen und diktatorischen Systemen unterscheiden. Die Autoren der Studie stellen deshalb nicht zu Unrecht die Frage: »Später Sieg der Diktaturen?«

5. Die Zahl der Studierberechtigten steigt ungebremst. Im Jahr 1996 gab es in Deutschland 267 000 Studienanfänger, 2016 waren es fast doppelt so viele, nämlich 506 000. Seit 2014 gibt es mehr Studienanfänger als junge Leute, die eine berufliche Bildung anfangen. Und ebenso bezeichnend für die Schieflage: Es gibt in Deutschland 330 Berufsbildungsordnungen und 17 000 Studienordnungen.

6. Die Noten werden immer besser: In allen deutschen Ländern hat sich die Zahl der Einser-Zeugnisse verdoppelt. Aus Berlin wissen wir, dass sich die Zahl der 1,0-Abiturzeugnisse von 17 im Jahr 2002 auf 234 im Jahr 2012 erhöht hat – das ist das Vierzehnfache.

7. In der *FAZ* vom 14. Oktober 2010 berichtet Hans Peter Klein, Professor für Didaktik der Naturwissenschaften an der Universität Frankfurt, unter dem Titel »Nivellierung der Ansprüche« von einem kleinen Experiment: Neuntklässler (!) können ohne Probleme zentrale NRW-Abiturarbeiten in Biologie bewältigen, wenn diese Aufgaben an »Kompetenzen« orientiert sind. Bis auf vier von 27 Schülern der 9. Klasse haben alle die Abituraufgaben erfolgreich bewältigt,

fünf mit Note drei, drei mit Note zwei und einer mit Note eins.

8. Immer mehr Hochschulen richten »Liftkurse« für Studienanfänger ein, weil ihre Studienanfänger (»Studierberechtigten«) keine Studierfähigen sind und ihnen die Hochschulen erst einmal »Basics«, zum Beispiel in Mathematik, vermitteln müssen, die frühere Studentengenerationen aus der Schule mitbrachten.

9. Man kann ein vergleichsweise intaktes Schulsystem sogar binnen fünf Jahren an die Wand fahren. Beispiel: Baden-Württemberg! Dort wurde vorexerziert, wie man mit einer »Gemeinschaftsschule« und mit kuriosen Lehrplanreformen ein Schulwesen innerhalb einer einzigen Legislaturperiode zerlegen kann. Die grün-rote Regierung hat dies von 2011 bis 2016 bewerkstelligt. Das »Ländle«, das sonst bei Leistungsstudien immer zu den vier besten in Deutschland gehört hatte, ist in kürzester Zeit »vom Musterschüler zum Problemfall« geworden (*Stuttgarter Zeitung*, 28.10.2016). Ob bei Fünfzehnjährigen oder Zehnjährigen: Das frühere Vorzeigeland liegt nur noch knapp vor dem Schlusslicht Bremen.

PÄDAGOGISCHER EGALITARISMUS UND EGALISIERUNGSFLOP EINHEITSSCHULE

Eine der maßgeblichen Ursachen dieser Defizite ist der »pädagogische« Egalitarismus. Es soll offenbar keine verschiedenen Schulformen und keine verschiedenen Begabungen geben. Es scheint zu gelten: Was nicht alle können, darf keiner können. Was nicht alle haben, darf keiner haben. Was nicht alle sind, darf keiner sein. Regelrecht jakobinisch geht es um die »heilige« Gleichheit.

Egalisierende Schulpolitik aber ebnet Individualität ein. Sie tauscht Einmaligkeit gegen Gleichheit. Doch die »conditio humana« kennt keine Gleichheit. Deshalb kann Schule keine Institution zur Herstellung von Gleichheit sein, sondern sie hat die Aufgabe der Förderung von Verschiedenheit und Individualität. Man macht die Schwachen nicht stärker, indem man die Starken bremst. Jede Gleichheitspädagogik steht der Natur des Menschen im Wege. Egalisierende Pädagogik ist ein Bett des Prokrustes. Den Menschen geht es nicht besser, wenn alle gleich sind. Das gilt auch für die aberwitzige Idee, alle Schulen in Gymnasien umzubenennen, denn dann könne jeder sagen: »Ich gehe aufs Gymnasium«.

Ungleichheit ist kein Skandal. Die Unterschiedlichkeit von Menschen kann und darf kein Bildungssystem einebnen. Zudem ist es das Dilemma des pädagogischen Egalitarismus, dass er vermeintliche Gleichheit allenfalls durch Absenkung des Anspruchsniveaus erzielt. Wer aber die Ansprüche senkt, der bindet gerade junge Menschen aus schwierigeren Milieus in ihren »restringierten Codes« fest. Bei Kindern aus »gutem« Hause werden die Verirrungen der Schulpolitik immerhin durch elterliches Zutun kompensiert.

Nichts ist so ungerecht wie die gleiche pädagogische Behandlung Ungleicher. Mit »Selektion« hat dies nichts zu tun. Überhaupt ist »Selektion« zum Kampfbegriff geworden: Er soll offenbar gezielt dunkle Kapitel deutscher Geschichte assoziieren lassen. Das ist schäbig, denn hier wird millionenfaches Leid der Opfer des NS-Terrors für billige bildungspolitische Zwecke missbraucht.

Das Prinzip Leistung und das Prinzip Auslese sind die beiden Seiten ein und derselben Medaille. Zudem ist differenzierende Auslese eine notwendige Voraussetzung für individuelle Förderung von Kindern. Die antithetische Formel »Fördern statt Auslese« ist grundfalsch. Es muss heißen: »Fördern durch Differenzierung!«. Gleichmacherei würde auch jede Anstrengungsbereitschaft gefährden, sie würde Eigenverantwortung und Eigeninitiative bremsen.

Trotzdem sollte die Gesamtschule zur Speerspitze »moderner« Schulpolitik werden. Bereits 1963 hatte der West-Berliner Schulsenator Carl-Heinz Evers den Begriff »Gesamtschule« geprägt. Der schulpolitische Großversuch wurde dann ab den 1970er Jahren mit der »Integrierten Gesamtschule« (IGS) veranstaltet. Sie trat mit der Zielsetzung an, die Anteile der Schüler mit »höheren« Bildungsabschlüssen zu erhöhen und das »soziale Lernen« der Schüler zu fördern.

Diese Ansprüche wurden allerdings nie eingelöst. Vielmehr erwies sich die IGS, und zwar in sämtlichen wissenschaftlichen Systemvergleichen schon der 1970er und 1980er Jahre, dem gegliederten Schulsystem als weit unterlegen (nämlich in puncto fachliche Leistungen der Schüler) oder zumindest als nicht gleichrangig (in den übrigen

Bereichen). Dass wir heute mehr sogenannte »Arbeiterkinder« unter den Abiturienten haben und dass sich die Abiturientenquote in 50 Jahren verachtfacht hat, ist nicht Ergebnis der Gesamtschulen, sondern des gegliederten Schulsystems.[105]

Die Befunde, dass Gesamtschüler bei weitem nicht das leisten, was Realschüler und Gymnasiasten leisten, setzen sich Ende der 1990er Jahre fort. Besonders markant war die Studie »Bildungsverläufe und psychosoziale Entwicklung im Jugendalter« (BIJU) des Max-Planck-Instituts für Bildungsforschung. Für Nordrhein-Westfalen wurde als Ergebnis festgehalten: In Fach Mathematik liegen Gesamtschüler am Ende der 10. Klasse im Vergleich mit Realschülern um zwei Jahre zurück, im Vergleich mit Gymnasiasten um mehr als zwei Jahre. Zugleich wurde festgestellt, dass die Gesamtschüler hinsichtlich sozialen Lernens nicht mit den Schülern der anderen Schulformen mithalten können. Und nicht nur am Rande: Die durchschlagende Erfolglosigkeit der Gesamtschule war so manchen SPD-Ministerpräsidenten und SPD-Ministern wohlbekannt. Wenngleich sie sich öffentlich und politisch für die Gesamtschule ins Zeug legten, musste es für die eigenen Kinder ein Gymnasium sein, möglichst in kirchlicher Trägerschaft. Wasser predigen und Wein trinken eben!

Die Bilanz des Scheiterns der Gesamtschule wird von den Gesamtschulpropheten einfach weggewischt. Die Ausreden lauten immer noch: Nicht die Idee Gesamtschule, sondern ihre reale Existenz sei gescheitert, weil Gesamtschule nur »halbherzig« umgesetzt worden sei. Ausreden über Ausreden. »Wenn die Tatsachen nicht mit der Theorie übereinstimmen – umso schlimmer für die Tatsachen«, soll Hegel gesagt haben. Das Bewährte wird auch nicht am Nicht-Bewährten gemessen, sondern am Glanz einer Vision. Auf die Idee aber, dass die Vision nichts taugt, kommt man nicht. Dabei kostet Gesamtschule um bis zu 30 Prozent mehr – materiell und personell. Bezeichnend auch: Dafür hat man die Hauptschule geopfert, weil sie zu diesem Zeitpunkt »nur« noch einen Schüleranteil von rund 30 Prozent hatte. Manche deutsche Partei, die sich als Volkspartei versteht, rangiert bei Wahlen unter 30 Prozent, ohne »Restpartei« sein zu wollen.

Gesamtschule wurde für immun gegen Kritik erklärt, weil sie das Hätschelkind linker Politik ist. Weil für die Gesamtschule sogar »Pisa«-Ergebnisse brisant werden könnten (und wurden), intervenierten die Gegner eines innerdeutschen »Pisa«-Schulvergleichs im August 1999, ein Dreivierteljahr vor der »Pisa«-Testung, schon einmal prophylaktisch gegen »Pisa«. In einem Protestbrief an die SPD-Schulminister wetterte die »SPD-Arbeitsgemeinschaft für Bildung« (AfB) gegen die SPD-Schulminister, die es zuließen, mit innerdeutschen »Pisa«-Vergleichen »für ihre Schulpolitik an den Pranger gestellt zu werden«. Und weiter: »Es ist ohne Test vorher zu sagen, dass Länder mit selektiven Schulsystemen, die den Schulstrukturreformen der letzten dreißig Jahre widerstanden haben, bessere Schülerleistungen in allen Schulformen haben werden.« Die Gewerkschaft Erziehung und Wissenschaft (GEW) glaubte in einem Brief an die SPD-Schulminister zu wissen: Solche innerdeutschen Vergleiche seien »unseriös und tendenziös«, weil »Bundesländer mit hochselektiven Schulsystemen auf der Basis eines Schulformvergleichs besser abschneiden müssen«. AfB und GEW wussten also, dass dann den »reformorientierten Bundesländern die Revision ihrer bisherigen Schulpolitik nahegelegt würde«, und dass »alles andere eine Sensation wäre«. Reife Einsichten, von AfB und GEW aber öffentlich verdrängt. Da kann man es, frei nach Kurt Tucholsky, nur noch mit dem Marxismus halten: Dessen Aufgabe ist es, zu sagen, wie etwas kommen muss – und wenn es nicht so kommt, zu zeigen, warum es nicht so kommen konnte. Oder in den Worten Morgensterns bzw. seines Palmström: »... und sie kommt zu dem Ergebnis, nur ein Traum war das Erlebnis, weil, so schließt sie messerscharf, nicht sein kann, was nicht sein darf.«

DER ERZIEHUNGSSTAAT

Ein freiheitlicher Rechtsstaat kann kein Erziehungsstaat sein. Der Staat hat das zu leisten, was Eltern und Gemeinschaft allein nicht leisten können, insbesondere eine anspruchsvolle Bildung. In puncto Erziehung indes muss auf die Verantwortung der Eltern gebaut werden. Das steht vollkommen im Einklang mit der Verfassung: »Ehe und Familie stehen unter dem besonderen Schutze der staatlichen Ordnung. Pflege und

Erziehung der Kinder sind das natürliche Recht der Eltern und die zuvörderst ihnen obliegende Pflicht« (Grundgesetz, Artikel 6). Der Staat kann es in Fragen der Erziehung nicht besser als die Familie.

Das gilt auch für die maßlos überschätzte Ganztagsschule, deren Hauptmerkmal die Entschulung von Schule und die Verschulung von Freizeit ist. Ganztagsangebote drohen zu einem Funktionsverlust des elterlichen Erziehungssouveräns zu führen. Damit würde Bildungspolitik noch mehr zu einer Filiale der Sozialpolitik. Hat man etwa vergessen, dass entscheidende Prägungen zu Hause stattfinden? Will man »Erziehung total«, so wie man sie in totalitären Systemen hat? Nein, der totale Staat ist das Gegenteil des guten Staates. Er unterscheidet nicht zwischen privat und öffentlich. Auch ein stets erweiterter Katalog an immer neuen Komposita-, Segment- und Bindestrich-Erziehungen, der den Schulen aufs Auge gedrückt wird, ist ein Irrweg – etwa eine Konsum-Erziehung, Freizeit-Erziehung, Medien-Erziehung, Umwelt-Erziehung, Gesundheits-Erziehung, Ernährungs-Erziehung.

Schule ist als gesellschaftlicher Reparaturbetrieb und als Ersatzelternhaus überfordert. Es wäre Hybris anzunehmen, Schule könne alle Jugend- und Gesellschaftsprobleme auffangen. Das wäre ein »pädagogischer Allmachtswahn« (Theodor Litt). Noch härter urteilt Karl Jaspers. Er schreibt 1960 von Erziehung als »begrenzt planbarem Geschehen« und warnt vor einer »unheilvollen Totalplanung«. Vor allem erinnert er an Karl Marx: »Weil Marx das Totalwissen vom Geschichtsprozess zu besitzen glaubte, konnte er die Totalplanung für sinnvoll halten … Durch falsche Weise des Planens, durch Vergessen des alles tragenden Grundes kann man unmerklich auf den Weg geraten, der im Totalitären endet.«[106] Zudem gibt es ein Leben außerhalb der Schule. »Was das Leben ohnehin bietet, muss Schule jedenfalls nicht wiederholen«, schreibt Hermann Giesecke.[107] Die große Gefahr ist ferner, dass die fortschreitende Verstaatlichung von Erziehung Bequemlichkeiten nährt. Nach dem Motto: Lass die Schule mal machen, dann muss ich mich als Vater/Mutter nicht mit bestimmten Dingen herumschlagen.

NO-EDUCATION UND SPASSPÄDAGOGIK

Der Rousseauismus mit seinem pädagogischen »laissez-faire« wirkt bis heute nach. In reiner Form hat man ihn mit der 1921 gegründeten antiautoritären »Summerhill«-Schule umgesetzt. Dafür stand Alexander Sutherland Neill (1883–1973), den man in den 1970er Jahren in Deutschland zum Künder »progressiver« Pädagogik erklärt hat. In dieser Anti-Schule hatte ein Kind nur Dinge zu tun, »die es selbst angehen«: Die Kinder konnten den Unterricht besuchen oder nicht. Es gab keine Hausaufgaben, Zensuren und Prüfungen. Die »Schüler« konnten am Ende lesen und schreiben oder nicht. Als Devise galt nur das »Recht aufs Spielen, Spielen und abermals Spielen«, schrieb Neill in seinem Buch *Theorie und Praxis der antiautoritären Erziehung* (1960), das mit seinen 600 000 verkauften Exemplaren auch für deutsche 68er zum pädagogischen Katechismus wurde.

Die Folgen von »Summerhill« waren nicht nur in Summerhill zu besichtigen. Das »laissez-faire« wurde von deutschen »Anti-Pädagogen« nachgebetet. Es häuften sich Buchtitel wie: *Die Kolonialisierung des Kindes*, *Die Zerstörung der primären Erfahrungswelt*, *Die Liquidierung von Kindheit*. Für einen Ekkehard von Braunmühl war Erziehung »Versklavung des Kindes« und »Gehirnwäsche« (Ekkehard von Braunmühl: *Antipädagogik. Studien zur Abschaffung der Pädagogik*, 1975). Für einen Hubertus von Schoenebeck (1982) war die Schulpflicht »nur wohlwollende Maske einer diktatorischen und chauvinistischen Grundeinstellung jungen Menschen gegenüber«. Für Alice Miller (1979) war Erziehung eine narzisstische Kränkung für das Kind und ein Fühlenlassen von Erwachsenenmacht (Alice Miller: *Das Drama des begabten Kindes und die Suche nach dem wahren Selbst*, 1979). Noch im Oktober 1991, als Summerhill schon die Schließung drohte, geriet *Die Zeit* in ihrem Magazin zehn Seiten lang ins Schwärmen: »Summerhill – Die Legende lebt«, »Ausgebildet ohne Zwang«, »Präpariert für das Leben«, »Geübt in Gemeinsamkeit« – so lauteten die Zwischenüberschriften einer zehnseitigen Bild- und Textreportage.

Das anti-pädagogische Motto, wie es sich in dem Pop-Titel »We don't need no education« (Pink Floyd, 1979) niederschlug, fand seine

Realisierung. »Happiness« ohne Anstrengung war angesagt. Eine solche Anti-Pädagogik freilich übersieht, dass sie trotzdem erzieherisch prägt. Man kann nicht nicht erziehen. Denn wer nicht erzieht, der vermittelt einem Kind: »Von mir kannst du nichts erwarten. Tue, was du willst!« Wer nicht erzieht, der »erzieht« ein Kind schließlich zu einem bindungslosen, mit seiner Pseudo-Autonomie überforderten Individuum. Bis zum heutigen Tag aber tut »moderne« Pädagogik – paradoxerweise reichlich angestrengt – so, als ob Schule immer nur »cool« sein müsse, damit sich Kinder ja nicht langweilen. Schule solle »Spaß machen«. Das nennt sich dann »Kindgemäßheit«. Man könnte es auch Infantilisierung über den Kindergarten hinaus nennen.

Bildung aber geht nur mit Anstrengung, Disziplin, Sorgfalt, Wissensdurst. Eine Gute-Laune-Pädagogik schadet unseren Kindern. Wir müssen Kindern wieder mehr zutrauen und mehr zumuten. Dass pseudopädagogische Erleichterungsattitüden falsch sind, wussten Generationen von Eltern und Lehrern seit der Antike. Selbst Sigmund Freud, der bekanntlich vieles auf das Luststreben des Menschen zurückführte, war überzeugt: Leistung und Erfolg, ja das Erleben von Glück, setzen Bedürfnis- und Triebaufschub voraus.

Dass ein »Sofortismus« Kindern nichts bringt, ist empirisch belegt. Die »Marshmallow-Studie« aus den Jahren um 1970 hat es gezeigt. Hier hatte der US-Psychologe Walter Mischel vierjährige Kinder vor die Alternative gestellt, entweder sofort ein »Marshmallow« (ein Zuckerwattegebäck) zu bekommen – oder, nach einer Wartezeit von rund 15 Minuten, zwei Stück davon. Ergebnis war, noch Jahrzehnte später: Je länger diese Kinder gewartet hatten, also Selbstdisziplin praktiziert hatten, desto erfolgreicher waren sie als Erwachsene, und desto leichter wurden sie mit Frustrationen fertig. Moderne Pädagogik tut genau das Gegenteil davon. Wenn etwas schwierig erscheint, denkt sie nicht darüber nach, wie man den Kindern das Schwierige beibringen und sie zu Geduld erziehen könnte, sondern sie senkt die Ansprüche – statt eine Portion Durchhaltevermögen und Sitzfleisch zu fördern.

Leistung und Anstrengung aber wurden zu Missgunst-Vokabeln. Nach wie vor ist im Zusammenhang mit Schule die Rede von »Leistungsstress«, »Leistungsdruck«, »Leistungsterror«. Doch wer Leistung zur

Missgunst-Vokabel macht, wer das Leistungsprinzip bereits in der Schule untergräbt, der setzt eines der revolutionärsten demokratischen Prinzipien außer Kraft. In unfreien Gesellschaften sind Geldbeutel, Geburtsadel, Gesinnung und Geschlecht Kriterien zur Positionierung eines Menschen. Freie Gesellschaften haben an deren Stelle das Kriterium »Leistung« vor Erfolg und Aufstieg gesetzt. Das ist die große Chance zur Emanzipation für jeden einzelnen. Mit »Ellenbogengesellschaft« hat das nichts zu tun. Vielmehr ist auch der Sozialstaat zugunsten Benachteiligter, Kranker und Alter nur realisierbar mit der millionenfachen Leistung und Anstrengung der Leistungsfähigen.

Den Prinzipien Verzicht, Disziplin, Ordnung, Sauberkeit, Gehorsam und Leistung war und ist der Kampf angesagt. »Antiautoritär« sollte alles sein. Man sprach, um ein Wort Wolf Biermanns aufzugreifen, »in Marx- und Engelszungen«. Auch fünfzig Jahre nach 1968 geht es um das angebliche »Nationallaster« der Deutschen: den Fleiß. Es hat sich damit durchgesetzt, was Otto R. Roegele bereits 1971 feststellte: »Die systematische Verleumdung des Fleißes als eines Nationallasters der Deutschen tut allmählich ihre Wirkung, zumal durch die politische Ethik der Neuen Linken jetzt auch moralisch untermauert wird: Nur wer den ›Leistungsdruck der kapitalistischen Gesellschaft‹ für seine Person abschüttelt und für die Allgemeinheit verneint – so wird gesagt –, kann emanzipatorisch kritisch genannt werden.«[108]

Ein Zusätzliches tut die gerne geschwungene Faschismus-Keule[109]. Die Pädagogik blieb davon nicht verschont. In einer »Vorlage für den Parteivorstand« entwarf die SPD-Kommission für Bildungspolitik im März 1986 ein Papier mit dem Titel »Bildung in Freiheit, Gleichheit und Solidarität – Das sozialdemokratische Verständnis von Bildung«. Darin heißt es: »Wer Leistung fordert, muss ›nach Auschwitz‹ sagen, was er damit meint.« Diese Passage wurde zwar später gestrichen, aber erst einmal stand sie da. Leiter der SPD-Grundsatzkommission war zu dieser Zeit Oskar Lafontaine. So, wie er sich in dieser Funktion geäußert hatte, dürfte die zitierte Passage original von ihm stammen. Am 15. Juli 1982 hatte er in einem Interview mit dem *Stern* gesagt (gemünzt auf die Diskussion um den NATO-Doppelbeschluss): »Helmut Schmidt spricht weiter von Pflichtgefühl, Berechenbarkeit, Machbarkeit,

Standhaftigkeit ... Das sind Sekundärtugenden. Ganz präzis gesagt: Damit kann man auch ein KZ betreiben.«

Lafontaine fand Nachahmer. Eine Landtagsabgeordnete der »Grünen« hielt im Wahlkampf zu den NRW-Landtagswahlen 1995 dem für ein gegliedertes Schulwesen eintretenden CDU-Spitzenkandidaten vor, dieses Eintreten erinnere sie an die »Auschwitzrampe«. Ein Gewerkschaftsfunktionär namens Otto Herz rief 1995 in seinem Grußwort zum Bundeskongress der »Gemeinnützigen Gesellschaft Gesamtschule« zur »Diffamierung« des gegliederten Schulsystems auf. Dies zu tun sei eine »Grammatik der Menschlichkeit.« Unter Berufung auf den Holocaust meinte er, leistungsorientierte Schule habe mit »ausgebildeten Psychopathen« und »Eichmanns« zu tun (*Die Welt* vom 6. Juni 1995). Selbst Bundespräsident Roman Herzog blieb von den Herz'schen Attacken nicht verschont. Herzogs Plädoyer gegen schulische Kuschelecken und gegen eine Verbannung der Noten aus den Schulen (vgl. Herzogs Rede »Aufbruch in der Bildungspolitik« vom 5. November 1997) wusste Herz mit folgender »Replik« zu kommentieren: Dieser Satz gehöre zu den »Entgleisungen« des Bundespräsidenten. Und weiter: »Am Ende des blutigsten Jahrhunderts der Menschheitsgeschichte dürfen wir im Übergang in das nächste Jahrtausend auch mit keinem Hauch den Gedanken wieder nähren: ›Hart wie Kruppstahl, flink wie Windhunde ...‹. Wir kennen diese Lektion« (*Frankfurter Rundschau*, 22. November 1997).

Heute wird der Kreuzzug gegen das Leistungsprinzip weitergeführt – mit anderen verbalen Waffen. Heute wird ständig über einen »Schulstress« gejammert, dem unsere jungen Leute angeblich ausgesetzt seien. Es vergeht kein Halbjahr ohne eine »Studie« über den Schulstress von angeblich der Hälfte bis zu Zweidritteln der Schüler. Aber es ist ein eingeredeter Stress. Die politische Folge solcher »Studien« freilich ist, dass Schule noch mehr zur Spielwiese verkommt und Schüler noch mehr »gepampert« werden. Doch Bildung geht nun einmal nur mit Anstrengung und Leistung. Vielleicht schafft es »moderne« Pädagogik aber doch einmal, zwischen zwei Formen von Stress zu unterscheiden: dem guten »Eu-Stress«, der mobilisierend und vitalisierend wirkt, und dem schlechten »Dys-Stress«, der belastet. Das Problem ist nur, dass »moderne« Pädagogik Kindern und Eltern suggeriert, alles an Schule sei Stress. Jedenfalls muten wir unseren Kindern zu wenig zu, weil wir ihnen zu wenig zutrauen. Viele unserer Kinder sind nicht ausgelastet oder falsch ausgelastet. Sind Kinder aber nicht ausgelastet, so langweilen sie sich. Und Langeweile macht oft aggressiv.

MACHBARKEITSWAHN UND QUOTENRAUSCH

Mitte des 18. Jahrhunderts hatte sich ein französischer Materialismus etabliert, der mit seinen mechanistischen Vorstellungen vom Menschen die Pädagogik bis zum heutigen Tag nicht mehr losgelassen hat. Maßgeblicher Vertreter war Julien de Lamettrie (1709–1751), der in seinem Hauptwerk *L'homme machine* (1748) die Sicht eines maschinenähnlichen Menschen entwarf, dessen psychische und geistige Verfassungen angeblich vollkommen von den Umständen abhängen. In die gleiche Richtung tendierte Claude Adrien Helvétius (1715–1771) mit seiner posthum erschienenen Schrift *Vom Menschen, von dessen geistigen Kräften und von der Erziehung derselben* (1772). Darin beschreibt er den Menschen als »eine Maschine, die, sobald sie durch die ›sensibilité physique‹ in Bewegung gesetzt wird, alles, was diese ins Werk setzt, tun muss.«

Es sollte mehr als hundert Jahre dauern, ehe sich eine »objektive« Psychologie etablierte, die die angebliche Programmierbarkeit des Menschen durch die so oder so zu gestaltenden Umstände aufgreift. 1904 erhielt Iwan Petrowitsch Pawlow (1849–1936) für seine »Reflexologie« den Nobelpreis für Physiologie. Im Kern besagt seine auf der Basis von Experimenten mit Hunden entwickelte Theorie, dass nicht nur Reflexe, sondern auch bewusste Reaktionen »konditioniert« werden könnten. Die US- Behavioristen, allen voran John Watson (1878–1958), Edward Thorndike (1874–1949) und Burrhus Frederic Skinner (1904–1994) folgten Pawlow. Mit Experimenten an Ratten, Tauben und Katzen wollten sie darlegen, dass jedes Verhalten und Erleben eine abhängige Variable der unabhängigen Variablen »Umwelt« sei.

Pawlow wurde von der sowjetischen Pädagogik begierig aufgenommen. Denn die Vorstellung von einem Lernen als »materielle« Tatsache kommt dem Marxismus-Leninismus entgegen (»Der neue

Mensch wird gemacht!«). Mit Pawlows Nachweis der Manipulierbarkeit eines Versuchstiers waren Psychologie und Pädagogik aber im wahrsten Sinn des Wortes »auf den Hund« gekommen. Es hatte die Geburtsstunde eines grenzenlosen pädagogischen Optimismus geschlagen, demzufolge der Mensch endlos programmierbar sei. Mehr noch: Man glaubte, via »Bildung« Schöpfer spielen zu dürfen. Die heutige Hirnforschung übrigens stützt einen solchen Machbarkeitswahn. Als Neuropädagogik und Neurodidaktik ist sie zwar eher ein Witz, wenn eine ihrer Erkenntnisse etwa lautet: »Effektives Lernen setzt gute Laune voraus.« Nur, was mache ich mit dieser Erkenntnis, wenn ich als Mathematiklehrer eine pubertierende Klasse vor mir habe? Gestützt wird dieser Machbarkeitswahn zudem von einer Digitalisierungs-Euphorie, die so tut, als würde damit der neue Adam als »digital native« (Naivling?) fit für die Zukunft gemacht.

All diese Vorstellungen von »Bildung« leiten sich aus dem behavioristischen Optimismus ab, der das Neugeborene als »tabula rasa«, als »white paper« sieht, auf dem Prägungen ohne Grenzen vorgenommen werden könnten. Vor allem ein Leitspruch John Watsons wurde euphorisch aufgenommen: »Gebt mir zehn Babys, ich mache daraus einen Verbrecher, einen Politiker, einen Musiker (…)«. Skinner entwickelte daraus später Lehr- und Lernprogramme, die in den 60er Jahren als »Programmierter Unterricht« eine pädagogische Euphorie auslösten, aber bald in den Archiven verschwanden. In seinem Zukunftsroman *Walden Two* (1948) schließt sich bei Skinner auch der Kreis zu Rousseau. Nach dem Vorbild der Aufsatzsammlung *Walden* von Henry David Thoreau (1817–1862) entwirft Skinner hier das Ideal eines naturverbundenen, einfachen Lebens. Der Roman skizziert – so sein deutscher Titel – ein *Futurum Zwei* (1972), eine – so der Untertitel – »Vision einer aggressionsfreien Gesellschaft«, eine »geplante Utopie« nach dem Vorbild des »Programmierten Lernens«.[110]

Ab Mitte der 1960er Jahre meinten »Reformer«, dass es Begabung als angeborene Fähigkeiten nicht gebe. Man sprach von »vermeintlicher« Begabung, und man meinte damit, dass allenfalls körperliche Merkmale genetisch bedingt seien, nicht aber intellektuelle. Alles Verhalten einschließlich aller geistigen Fähigkeiten sei exogen, soziogen; das

Endogene, das Genetische könne, ja müsse vernachlässigt werden, weil der Glaube daran Ungerechtigkeiten fortschreibe. Es gehe um einen dynamischen Begabungsbegriff, um das »Begaben«. Der Begriff »Begabung« ist seitdem »out«. Wer von Begabung spricht, gilt als Biologist, ja Faschist, denn die genetische Intelligenz-Annahme war in dunkler deutscher Geschichte zur Rassendoktrin pervertiert worden. Entsprechend der Milieutheorie seien Intelligenz und Schulerfolg determiniert durch die Schichtzugehörigkeit – kurz: durch das Milieu. Dem Begabungsbegriff, der realistisch von der Begrenztheit der pädagogischen Einflüsse ausging, war damit der Kampf angesagt. »Begabung« und »Intelligenz« samt Intelligenzquotient (IQ) gerieten in Misskredit. Beide Instrumente bzw. Messgrößen standen im Verdacht, Schichtzugehörigkeit zu zementieren.

Dabei hätte man schon sehr früh wissen können, dass die Wahrheit in der Mitte liegt. Weder Anlage und genetische Disposition noch Umwelt und individuelle Soziogenese können für sich allein erhellend wirken, wenn es um Fragen der intellektuellen Entwicklung geht. Faktum ist: Nur wenn Anlagefaktoren und Umweltfaktoren zusammen gesehen werden, gewinnt man ein realistisches Bild von menschlicher Entwicklung. Denn Anlage und Umwelt wirken zusammen wie Boden und Klima: Der beste Boden bringt keine reiche Ernte, wenn das Klima miserabel ist, und das beste Klima lässt nicht üppig Früchte tragen, wenn der Boden es nicht hergibt. Menschen kommen nun einmal unterschiedlich auf die Welt. Wer völlige Chancengleichheit will (was etwas anderes ist als Chancengerechtigkeit!), der müsste die Menschen entmündigen. Er dürfte ausschließlich die Schwächeren fördern. Die Stärkeren müsste er den Eltern wegnehmen, sie aus der Schule verbannen, ihnen jede Möglichkeit nehmen, Zeitung zu lesen, Rundfunk zu hören, Fernsehen zu schauen, Museen zu besuchen, ins Internet zu gehen usw.

Beim Start in die Bildungslaufbahn sollten selbstverständlich alle die gleichen Chancen haben. Gleiche Zielchancen kann es aber nicht geben. So äußert sich auch der Begabungsforscher Christopher Jencks, dessen Klassiker von 1972 *Inequality* betitelt ist, und der in Deutschland 1973 im Rowohlt-Verlag auf den Markt kam – bezeichnenderweise mit dem Titel *Chancengleichheit*. Schon bei Jencks findet sich die Feststellung:

Chancengleichheit durch Bildung ist eine Illusion, denn selbst wenn Bildung am Ende gleichmäßig verteilt wäre, schlagen doch andere Unterschiede durch – familiäre Förderung, Begabung usw.

Der Machbarkeitswahn hat sich auch als veloziferischer Wahn ausgetobt. Velozifer ist nach Goethe der Gott der rasenden Beschleunigung. Es geht hier um die Vision, man könne mit einer immer noch früheren Einschulung und in immer weniger Schuljahren zu besser gebildeten jungen Leuten kommen. Typisches Beispiel für eine solchermaßen verkorkste »Reform« ist das achtjährige Gymnasium (G8). Bildung aber braucht Zeit. Man kann Reifung nicht beliebig beschleunigen. In Afrika sagt man: Das Gras wächst nicht schneller, wenn man daran zieht. Da mögen die Abiturnoten in einem verkürzten Gymnasium immer noch besser ausfallen – Tatsache ist: Die G8-Abiturienten können weniger, und sie sind um ein Jahr weniger reif.

Eine Folge des pädagogischen Egalisierungs- und Machbarkeitswahns ist auch die Quotengläubigkeit. Das ist die planwirtschaftliche Vermessenheit, es müssten möglichst alle das Abitur bekommen. Doch es wird dabei übersehen: Deutschland steht im internationalen Vergleich (noch) gut da, obwohl (oder weil) es lange Jahre auf eine künstlich nach oben geschraubte Pseudoakademisierung verzichtet hat. Man sollte nicht vergessen, dass Deutschland, Österreich und die Schweiz niedrige Akademisierungsquoten, zugleich aber beste Wirtschaftsdaten sowie die niedrigsten Quoten an Arbeitslosen und an arbeitslosen Jugendlichen haben. Diese Vorzüge haben wir nicht, weil wir gigantische Studierquoten hätten. Wir haben sie vor allem aufgrund eines »Qualified in Germany by berufliche Bildung«. Die Wachstumsbremse der Zukunft wird die Überakademisierung sein, denn diese ist ein maßgeblicher Grund für den eklatanten Fachkräftemangel, den wir haben – und dafür, dass viele Sozial- und Geisteswissenschaftler als formal Überqualifizierte unterqualifizierte Stellen annehmen müssen.

Apropos Jugendarbeitslosigkeit: Hier haben vermeintliche »Pisa«-Vorzeigeländer mit Gesamtschulsystemen und höchsten Zahlen an Studierberechtigten eine Quote, die deutlich über derjenigen Deutschlands liegt – in Schweden mit 20 Prozent, in Finnland mit 22 Prozent. Baden-Württemberg, Bayern und Hessen haben übrigens eine Quote von 2 bis 3 Prozent. Aber es dringt nicht durch. Der Mensch scheint für viele beim Abitur zu beginnen. Trotzdem sonnt sich Politik in Quoten, ohne Rücksicht auf die Qualität des Abiturs und des Studiums. Das ist populistische Politik: Sie kommt gut an, vor allem bei den vielen ehrgeizigen »Helikoptereltern«, die ihr Kind unbedingt zum Studium boxen wollen.[111] Tatsächlich aber sind sehr viele der formal höheren Zeugnisse ungedeckte Schecks. Denn es gilt: Qualität und Quote verhalten sich reziprok.

VON DER IDEOLOGISIERUNG DER INHALTE ZUR INHALTLICHEN LEERE

Die »Konflikterziehung« war Ende der 1960er Jahre angetreten, um Gesellschaft qua Schule umzubauen. 1968 wurde der Pädagoge Wolfgang Klafki mit der Leitung einer Kommission für die Ausarbeitung hessischer Rahmenrichtlinien für Deutsch und Gesellschaftslehre beauftragt. Im Jahr 1972 legte die Kommission Entwürfe vor – schulartübergreifend, also für eine spätere Monopol-Gesamtschule konzipiert. In den Richtlinien für die Gesellschaftslehre wurden Lernziele wie die folgenden definiert: »Prüfen, ob es Situationen gab/gibt, in denen geklärt werden muss, ob es zur Sicherung oder Verbesserung demokratischer Verhältnisse notwendig ist, formal-demokratische Spielregeln/Rechte vorübergehend außer Kraft zu setzen«. Oder: »So braucht also der Unterricht nicht nachzuweisen, dass Gerichte, Polizei oder Feuerwehr notwendig sind, sondern Unterricht setzt dort an, wo bestimmte Maßnahmen/Entscheidungen von Trägern öffentlicher Aufgaben Kritik auslösen.« (Siehe Wolfgang Klafki u.a.: *Erziehungswissenschaft. Eine Einführung*, Band 2, Frankfurt 1970, S. 29) Für den Pädagogen Klaus Mollenhauer sollte politische Bildung Einübung in Widerstand sein. Aber, so schrieb Kurt Sontheimer im Jahr 1976: »Pädagogik wird hier zu einer bloßen Hilfswissenschaft marxistischer oder Kritischer Theorie.« Und: »Alle nicht-politischen Erziehungsinhalte verfallen dem Verdikt, zur Stabilisierung von Bestehendem beizutragen.«[112] Kurz: Es ging um Klassenkampf qua Schule.

In den Richtlinien für den Deutschunterricht von 1972 ging es darum, Sprache als »Ausübung von Herrschaft« zu begreifen und »die emanzipatorischen Möglichkeiten eines Textes« zu diskutieren. Rechtschreibung wurde gewertet als »Herrschaftsinstrument«, als »Ausübung von Herrschaft durch zielgerichtete Verwendung von Normen.« Selbst ein poetischer Text sollte diskutiert werden hinsichtlich seiner »emanzipatorischen Möglichkeiten«. Die Literatur insgesamt rangierte unter »Text«, in einer Kategorie mit Werbetexten. Hochsprache wurde dargestellt als »Mittel zur Stabilisierung dieser Schichtung« – gemeint ist: der Gesellschaft. Ansonsten ist die »Entfremdung« nicht fern: »Mit der unreflektierten Einübung in die Normen der Hochsprache (werden) die meisten Schüler von ihren Herkunftsgruppen entfremdet.« Im Jahr 1974 gingen die Richtlinien zur Erprobung in die Schulen. Hessens Kultusminister Ludwig von Friedeburg (SPD) stolperte nach der Landtagswahl im gleichen Jahr über die Rahmenrichtlinien. Bei dieser Wahl hatte die CDU mit Alfred Dregger nicht zuletzt wegen der Rahmenrichtlinien 47,3 Prozent erreicht und war nur knapp vor der absoluten Mehrheit stehengeblieben. 1980 kamen die Richtlinien, etwas vorsichtiger formuliert, endgültig in die Schulen.

Auch Nordrhein-Westfalen fühlte sich entsprechend motiviert. In den NRW-Richtlinien des Jahres 1973 für den Politikunterricht stand: »Emanzipation als Ziel von politischem Lernen heißt, die jungen Menschen in die Lage zu versetzen, die vorgegebenen gesellschaftlichen Normen entweder frei und selbstverantwortlich anzuerkennen oder abzulehnen und sich gegebenenfalls für andere zu entscheiden. Das setzt die Fähigkeit voraus, sich von überkommenen und gegenwärtig wirksamen gesellschaftlichen Prägungen mit dem Ziel weitgehender Selbstbestimmung distanzieren zu können.« Als Ziele des Politikunterrichts wurden definiert: »Fähigkeit zur Analyse von politischen und gesellschaftlichen Institutionen, ihrer Macht und der von ihnen ausgehenden Zwänge«; »Fähigkeit zu demokratisch legitimiertem Widerstand gegen nicht akzeptierbare Unterordnung und gesellschaftliche Abhängigkeit«; »Bereitschaft, nicht akzeptierbare Gehorsamsforderungen abzulehnen«. 1976 glänzte das Fach »Sozialkunde« mit Kapitelüberschriften wie »Familie, Sexualität und Gewalt«.[113]

Laut Thomas Nipperdey wurde den Schülern Gesellschaft nur als das »große Negativum« dargestellt, das es als »Ursprung der Übel« zu entlarven gelte. Dies führe zu einem Hass auf die Verhältnisse. Nipperdey und Lübbe, beide Sozialdemokraten, erachteten die Richtlinien als »wissenschaftliche Ignoranz, Dilettantismus und Hochstapelei«, als »krudeste Halbbildung und Oberflächlichkeit«. Schule werde damit zum »Institut programmierter Dekultivierung.«[114] Selbst Ralf Dahrendorf äußerte sich 1973 kritisch: »Diese Richtlinien sind technisch und gedanklich miserabel gearbeitet«, »dieses Opus« genüge »technisch noch nicht einmal den Anforderungen an eine Seminararbeit« (*FAZ* vom 1. Dezember 1973). Henning Jäde attackierte 1975 vor allem das Verständnis der Richtlinien von Sprache und Kommunikation: So werde Schule zur »Schule der Sprachlosigkeit, zur Zuchtanstalt des Misstrauens, zum Treibhaus eines kommunikativen Hospitalismus.« An anderer Stelle stellte Jäde fest: »Die hessischen Rahmenrichtlinien Deutsch versprechen Befreiung (...) Doch sie befreien von Sprache schlechthin, indem sie diese in gesellschaftlicher Aktion politisch verzwecken.«[115]

Solchen Rahmenplänen folgten die Schulbücher. Ins Kreuzfeuer der Kritik gerieten dabei in den 1970er und 1980er Jahren neben Schulbüchern für Politik auch Fibeln, Biologie- und Liederbücher. Sie waren durchsetzt von »emanzipatorischer« Pädagogik und angelegt auf Normenkritik, auf die Konflikthaftigkeit des Verhältnisses Eltern-Kinder, auf Gehorsam als Belastung und auf das Bewusstmachen von »Herrschaftsverhältnissen«. Selbst ein 1978 erschienenes Schulbuch des Diesterweg-Verlages für den Religionsunterricht (!) trug den Titel *Zwänge*. Helmut Schoeck hat sich 1987 mit Schulbüchern befasst. Aufgrund einer Analyse von Schulbüchern aus SPD-regierten Ländern kommt er zum Ergebnis, dass mittels Schulbuch »der Keil zwischen Kind und Eltern« getrieben werde, dass das Lernziel »Arbeit ist ekelhaft« vermittelt werde und dass eine »Erziehung zur Schwermut« stattfinde.[116]

Heute hat die Ideologisierung das Kostüm gewechselt. Sie findet scheinbar nicht mehr in diesem aufdringlichen Maße statt wie noch in den 1980er und 1990er Jahren, als zum Beispiel an manchen niedersächsischen und hessischen Schulen ganz regulär eine Pädagogik gegen Castor-Transporte und eine Pädagogik unter dem Motto »Kein

Blut für Öl« stattfand. Heute ist eine andere Art von Ideologisierung angesagt: die Ideologisierung qua Gender-Ideologie, und damit qua Sexualisierung durch einen »rosa« Marxismus (siehe das eigene Kapitel in diesem Band). »Brückenbauer« bis weit über die Wiedervereinigung hinaus waren hier Leute wie der Sozialpsychologe Hans-Jochen Gamm mit seinen zwei 1970 erschienenen Büchern, die im Zusammenhang gesehen werden müssen. Das eine hat den Titel *Kritische Schule. Eine Streitschrift für die Emanzipation von Lehrern und Schülern*; darin verteidigt Gamm den DDR-Sozialismus. Das zweite ist gedacht als Handreichung für Lehrer; es trägt den Titel *Anleitung zur Handhabung der Rahmenrichtlinien zur Sexualkunde in Hessen*. Dort finden sich Sätze wie die folgenden: »Wir brauchen die sexuelle Stimulierung der Schüler, um die sozialistische Umstrukturierung der Gesellschaft durchzuführen und den Autoritätsgehorsam einschließlich der Kinderliebe zu den Eltern gründlich zu beseitigen.« Über die Wiedervereinigung hinaus verschrieb sich Gamm einem seiner Lieblingsthemen: der Liberalisierung sexualpolitischer Vorstellungen.

INHALTSLEERE AM BEISPIEL DES FACHES GESCHICHTE

Auf Inhalte kommt es angeblich überhaupt nicht mehr an. Wenn man boshaft wäre, würde man sagen: Das öffnet einer zukünftigen Ideologisierung die Tore noch weiter. »Kompetenzen«-Pädagogik ist angesagt. Rund viertausend angeblich pädagogisch relevante Kompetenzbegriffe soll es geben, wie eine Dissertation belegt haben will. Kompetenzen und nochmals Kompetenzen auf »elaborierter, intermediärer oder basaler« Ebene oder als »Vertikal-, Horizontal- oder Meta-Kompetenzen«: Methoden-Kompetenz, Medien-Kompetenz, Kritik-Kompetenz, mentale Kompetenz, Kern-Kompetenz, Frage-Kompetenz, Orientierungs-Kompetenz, Begriffs-Kompetenz, Strukturierungs-Kompetenz, Analyse-Kompetenz, Wahrnehmungs-Kompetenz, Urteils-Kompetenz, De-Konstruktions-Kompetenz, Re-Konstruktions-Kompetenz, Narrative Kompetenz. (Narrative Kompetenz hieß einmal Geschwätzigkeit.)

Das sind Begriffe aus real existierenden Curricula. Die Schulabsolventen gehen also – vermutlich ausgestattet mit Kompetenzsimulationskompetenz, die in den Katalogen wohlweislich nicht aufgelistet wird – kompetenzperfektioniert ahnungslos ins Leben. Karl Kraus hätte zu solch hyperventilierender Kompetenzen-Verbalakrobatik gesagt: »Es genügt nicht, keine Gedanken zu haben; man muss auch unfähig sein, sie auszudrücken.« Kabarettisten brauchen eigentlich gar keine eigenen Texte mehr zu schreiben. Es reicht, wenn sie pädagogische Schriften vorlesen. Sehr früh etwa hat der Kabarettist Werner Finck das sprachliche Treiben »moderner« Pädagogik aufs Korn genommen, als er einen durch pädagogische Experimente erschöpften Studenten vorstellte: »Er hat schon seinen dritten Lernprozess verloren.« Oder Gerhard Polt, der einmal sagte: »Ich brauche mir keine Texte mehr auszudenken. Ich zitiere einfach aus Lehrplänen.«

Nehmen wir das Fach Geschichte! Geschichte wird als Fessel empfunden. Das ist wohl der Grund, warum sie bei Ideologen in keinem guten Ruf steht. Geschichte ist unbequem, weil sie Skepsis gegen Utopien zu vermitteln vermag. Indes scheint zu gelten, was Aldous Huxley seinen fiktiven Henry Ford in *Brave New World* sagen lässt: »History is bunk« – Geschichte ist Quatsch. Da könnte ein solider Unterricht in Geschichte nur stören. Was dabei herauskommt, zeigen Studien zum historischen (Nicht-)Wissen. Diese Ergebnisse sind die Folge des seit den 1970er Jahren eifrigen Bemühens, das Fach Geschichte zu eliminieren bzw. zusammen mit Geographie und Sozialkunde unter einem Sammelfach »Gesellschaftslehre« zu subsumieren.

Dadurch hat das Fach Geschichte gelitten. In manchen deutschen Ländern wurde es reduziert auf Konflikt- und Klassenkampf-Geschichte. Thomas Nipperdey wusste, warum: Die »Objektivität der Historie steht unter dem Verdacht, Apologie des Bestehenden und Gewordenen zu sein. Das, was Beschäftigung mit der Geschichte auch vermitteln kann, das Eindringen in eine fremde Welt, bei dem die eigenen Wertungen gerade eingeklammert werden, die Reflexion der eigenen Herkunft, das Gewinnen der eigenen Identität in Kenntnis wie Auseinandersetzung mit der Tradition, Erfahrung von Realität und von Diskrepanz zwischen Absichten und Wirkungen, Realitätsbezogenheit des politischen

Handelns – das alles kommt nicht zum Tragen, wird abgeschafft im Namen der kritischen Selbstbestimmung, die sich am Geschichtlichen nur noch gleichsam abstößt.«[117]

Beispiele der Folgen dieser Ausdünnung? Preußen kommt de facto nicht mehr vor. Die Geschichte Brandenburg-Preußens ist curriculare *tabula rasa*. Napoleons geringschätzende Bemerkung von 1806, Preußen sei »nur eine Episode«, findet in deutschen Lehrplänen ihre Bestätigung. Und mit dem Namen Bismarck können immer weniger Schüler etwas anfangen. Völlig unterbelichtet ist auch die Repräsentanz der Geschichte Mittelost- und Osteuropas in den Lehrplänen der deutschen Länder: die Ostsiedlung im 12./14./17. Jahrhundert, die Geschichte z.B. Polens, die Vertreibung nach 1945. All diese Themen sind unterrepräsentiert. Jörg-Dieter Gauger, lange Jahre führender Bildungsexperte der Konrad-Adenauer-Stiftung, hatte dazu 2001 und 2008 Studien vorgestellt.[118] Kein Wunder, dass unsere jungen Leute »ostkundliche Analphabeten« sind. Und was gilt als Begründung für Ausdünnungen? Das Prinzip des »exemplarischen Lernens und Wissens« soll es sein. Das heißt dann: ein Weltkrieg statt zwei, eine Revolution exemplarisch für fünf. Zwei Revolutionen würden reichen, meinte ein Lehrervertreter, um im gleichen Atemzug zu monieren, dass es doch keine fünf sein sollten. Welche der Revolutionen aber lassen wir weg? 1789, 1848, 1917, 1918, 1989?

Ansonsten war im Geschichts- und Politikunterricht immer viel DDR-Glorienschein angesagt. Die DDR war in Schulbüchern vor allem SPD-regierter West-Länder mit Samthandschuhen angefasst worden. Vater Staat DDR war ja angeblich ein Staat der Geborgenheit, der Vollbeschäftigung, der emanzipierten Frauen, der optimalen Kinderbetreuung usw. Eine »commode Diktatur«, wie Günter Grass meinte. Nicht nur latent war hier das in die 1960 Jahre zurückreichende Ziel erkennbar, »die Bundesrepublik zu delegitimieren und zu destabilisieren und die DDR als den wahrhaft antifaschistischen deutschen Staat aufzuwerten.«[119]

Das scheint in der Retrospektive vieler »Bildungs«-Experten auch für die nostalgische »Wahr«-Nehmung des DDR-Schulsystems zu gelten. Die dortige einheitliche Polytechnische Oberschule (POS) war ja eigentlich so richtig nach dem Geschmack der West-Linken; man hätte sie über 1990 hinaus gerne erhalten und zur Gesamtschule umbenannt.

Aber im Ergebnis hat die Geschichte das Urteil über die DDR-Schule gesprochen. POS hieß: Durchideologisierung der literarischen, historischen, politischen Inhalte. Bildung in der DDR wollte antifaschistisch sein, und sie war zugleich vormilitärische Erziehung im Kindesalter und Agitation gegen den sogenannten Klassenfeind. Bildung in der DDR war totalitäre Erziehung, mit der man das Denken junger Menschen zu uniformieren trachtete. DDR-Schule hieß: gezieltes »Ausbremsen« von Kindern aus »bürgerlichen« Häusern; geschönte Notenbilanzen; schwache Kenntnisse der Schüler in puncto Fremdsprachen, denn das Russische wurde monopolisiert, aber nicht geliebt, weil es die Sprache der »Besatzer« war; andere Fremdsprachen führten ein Randdasein; ferner: »Dropout«-Quote von ca. 14 Prozent vor Erreichen der 10. Klasse; noch Ende der 80er Jahre eine Abiturientenquote inkl. Berufsausbildung mit Abitur (BmA) von allenfalls 12 Prozent.

»EDUCATIONAL CORRECTNESS«

Vor allem in der Pädagogik fällt »Political Correctness« auf fruchtbaren Boden: als »Educational Correctness« (EC), als »lingua paedagogica correcta«. Euphemismen, Phrasen, Plattitüden wohin man schaut. EC-Huis sind »in«: Autonomie, Betroffenheit, Chancengleichheit, Emanzipatorische Erziehung, Freiarbeit, Ganzheitlichkeit, Ganztagsschule, Gesamtschule, Gleichheit, Gerechtigkeit, Kompetenzen, Kreativität, Magnetschulen, Nein-Sager, Willkommensklassen usw. Eigentlich weniger EC-mäßig wären die gerne bemühten paramilitärischen Vokabeln wie »kognitive Operationen« und »Lernstrategien«, die die Pädagogik nach und nach besetzten. Die Frage nach den Fundstellen solcher Sprachprodukte ist jedenfalls müßig; man findet sie zuhauf auf Bildungsmessen, in Bildungsmemoranden, in der Fachliteratur, in Katalogen der Lehrerfortbildung – und in kultusministeriellen Produkten.

Zugleich wird mit Euphemismen gearbeitet, die die Wirklichkeit kaschieren und verbrämen sollen: Aus Hilfsschulen wurden Sonderschulen und dann Förderschulen, aus Schulschwänzern wurden Schuldistanzierte, aus faulen Schülern wurden demotivierte, aus verhaltensgestörten wurden sozial herausgeforderte oder gar verhaltensoriginelle und verhaltenskreative, aus dummen Schülern wurden einseitig begabte oder praktisch bildbare. Realitäten werden damit für nicht existent erklärt.

Zudem hat das Kirchentagsdeutsch ins Pädagogendeutsch Einzug gehalten. Angesagt sind: aufeinander zugehen, aufarbeiten, rüberbringen, sich einlassen, sich einbringen, mal dazwischengehen, einen anderen Ansatz haben, mit etwas ein Problem haben, ein Stück weit betroffen, entrüstet, empört sein ... Und dann die endlosen Selbstreflexionen: Was macht das mit mir? Wie geht es mir damit?

Sodann gibt es die EC-Pfui- und Gott-sei-bei-uns-Wörter, die im Verdacht des Faschistoiden stehen: Auslese, Autorität, Begabung, Dankbarkeit, Diktat, Disziplin, Ehrgeiz, Elite, Fleiß, Gehorsam, Gymnasium, Hauptschule, Hausaufgabe, Hochbegabung, Höflichkeit, Intelligenz, IQ, Leistung, Mathematik, Ordnung, Pauken, Pflicht, Rechtschreibung, Strafe, Treue, Tugenden, Vorbild, Wissen, Zeugnis, Ziffernnote. Dazu: Das »Negerlein« und der »Hottentottenhäuptling« in den Kinderbüchern von Astrid Lindgren und Otfried Preußler werden verdampft. Aus dem Vater von Pippi Langstrumpf ist der Südseekönig geworden; vorher war er der Negerkönig.

Einer der »großen« Reformpädagogen wurde für immun gegen Kritik erklärt, auch wenn er sich hanebüchen rassistisch geäußert hat: Rudolf Steiner (1861–1925), der Begründer der Waldorfschulen. Viele Schulen tragen seinen Namen. Vergessen scheint, dass Steiner die Rassen in Schwarze mit »Hinterhirn« und »Triebleben«, in Gelbe mit »Mittelhirn« und »Gefühlsleben« und in Weiße mit »Vorderhirn« und »Denkleben« katalogisiert hat. Laut Steiner sei diese Rassengliederung kosmologisch begründet und von den Atlantis-Mysterienführern ins Werk gesetzt.

UND DER BÜRGERLICHE WIDERSTAND?

Gegen die 68er Radikalinskis wollte und musste sich der Staat wehren, vor allem, wenn sie die Übernahme in Staatsstellen begehrten. Das Ergebnis war der »Extremistenbeschluss«. Am 28. Januar 1972 beschlossen Bundeskanzler Brandt und die elf Ministerpräsidenten »Grundsätze zur

Frage der verfassungsfeindlichen Kräfte im öffentlichen Dienst«, auch gültig für Lehrer. Es sollte die Beschäftigung von Verfassungsfeinden im öffentlichen Dienst verhindert werden. Schließlich wurde daraus die »Regelanfrage« bei den Verfassungsschutzämtern. Von 1972 bis 1991 wurden damit 3,5 Millionen Personen überprüft. Davon wurden 1 250 überwiegend linksorientierte Lehrer und Hochschullehrer nicht eingestellt, rund 260 Personen wurden entlassen. Öffentlich wurde der Beschluss vonseiten der Linken verfälschend als »Berufsverbot« tituliert. Der Begriff »Berufsverbot« selbst schaffte es unübersetzt ins Französische (wie übrigens auch »Angst« oder »Waldsterben«). Ende September 1995 erklärte der Europäische Gerichtshof (EuGH) die Entfernung einer DKP-Lehrerin aus dem Schuldienst für grundrechtswidrig.

Gab es im vorpolitischen Raum Widerstände gegen die 68er Bildungspolitik? Ja. Eine Gründung reicht ins Jahr 1969 zurück: Damals wurde der »Deutsche Lehrerverband« (DL) unter Führung seines ersten Präsidenten Clemens Christians aus der Taufe gehoben – als Gegenpol gegen linke Bildungsorganisationen. Der DL umfasste bürgerlich-konservativ-liberale Organisationen wie den Philologenverband, den Realschullehrerverband und zwei Berufsschullehrerorganisationen. Man trat gegen die Einheitsschule an, gegen die Ideologisierung der Schulbildung, für die Prinzipien Leistung und Begabung sowie für den Beamtenstatus und gegen ein Streikrecht für Lehrer. (Von 1987 bis 2017 führte der Autor dieses Buches den Deutschen Lehrerverband mit seinen zuletzt fünf Mitgliedsverbänden und seinen in der Summe rund 160 000 Lehrern. In dieser Zeit hat er 120 Schulminister in den 11 bzw. dann 16 deutschen Ländern kommen und gehen sehen.)

An den Hochschulen gründete sich 1970 der »Bund Freiheit der Wissenschaft« (BFW). Zu den Gründern gehörten so renommierte Leute wie Hans Joachim Geisler, Wilhelm Hennis, Gerhard Löwenthal, Richard Löwenthal, Hermann Lübbe, Hans Maier, Thomas Nipperdey, Ernst Nolte, Erwin Scheuch, Gerhard Schröder (der CDU-Bundesminister der Jahre 1953 bis 1969), Kurt Sontheimer und Friedrich Tenbruck. Im Gründungsaufruf hieß es, man wolle »die Öffentlichkeit darüber aufklären, was an den Universitäten wirklich geschieht, und inwiefern es dabei nicht nur um die Freiheit der Wissenschaft, sondern auch um den freiheitlichen Staat geht«. Vor allem ging es den BFW-Gründern darum, »ideologische Einseitigkeit« und »offene Gewalttätigkeit als Mittel zur Durchsetzung politischer Ziele« zu verhindern. In seiner Hoch-Zeit hatte der BFW 4 000 Mitglieder. Seinen politischen Einfluss sollte man nicht über-, aber auch nicht unterschätzen. Wenn die *Frankfurter Rundschau* schrieb, der BFW sei die »erfolgreichste Lobbyvereinigung nächst dem Bauernverband«, so war das sehr hoch gegriffen. Getäuscht hatte sich aber auch Peter Glotz (SPD), der meinte, der BFW werde bald wie eine Seifenblase platzen, und der Soziologe Wolf Lepenies, der im BFW eine »akademische NPD« sah.[120]

Fast ein Jahrzehnt später formierte sich eine weitere Gegenbewegung, getragen vor allem von Hermann Lübbe, Robert Spaemann, Golo Mann, Wilhelm Hahn und Nikolaus Lobkowicz. Man sammelte sich am 9./10. Januar 1978 in Bonn unter dem Titel »Mut zur Erziehung«. Grundlage waren neun Thesen. These 1 zum Beispiel lautete: »Wir wenden uns gegen den Irrtum, Mündigkeit bestehe in vollkommener Befreiung aus allen herkunftsbedingten Lebensverhältnissen.« These 3 lautete: »Wir wenden uns gegen den Irrtum, die Tugenden des Fleißes, der Disziplin und der Ordnung seien obsolet geworden, weil sie sich als politisch missbrauchbar erwiesen haben. In Wahrheit sind diese Tugenden unter allen politischen Umständen nötig. Denn ihre Nötigkeit ist nicht systemspezifisch, sondern human begründet.«

Und heute? Gibt es gegen all den oben skizzierten Bildungsabbau und gegen die dahinter stehenden Ideologien Widerstand seitens der CDU? Liegt ihr die Bildungspolitik am Herzen? Nein, und zwar schon seit Kohls Zeiten nicht mehr. Der Bildungsjournalist Kurt Reumann schrieb in der *FAZ* vom 2. April 1996 anlässlich der Abschaffung der Hauptschule im Saarland durch eine CDU-Regierung: »Die CDU ist ebenfalls gestrandet: Sie hat überhaupt keine Linie mehr.« Seitdem hat die CDU mit der SPD und den »Grünen« auf schulpolitischen Pazifismus gemacht. Es gab Zeiten, noch um die Jahre 2010 bis 2014, da war in der Konferenz der 16 deutschen Schulminister nur noch ein einziger von der Union vertreten, nämlich derjenige aus Bayern, und der gehört bekanntermaßen der CSU an. Die CDU hatte, wiewohl in einigen Ländern den Landeschef stellend und stets die Bildungshoheit als »Kernstück«,

»Herzstück« und »Filetstück« des Föderalismus bezeichnend, das Schulressort an den kleineren Koalitionspartner abgetreten: in Hamburg, in Sachsen-Anhalt, im Saarland, in Hessen usw. Die CDU zeigt kaum noch bildungspolitischen Gestaltungswillen. Anstatt die Kultusministerkonferenz einmal exemplarisch – etwa am Thema Abitur – platzen zu lassen, duldet die Union so ziemlich alles, was Schulminister von SPD und »Grünen« wollen.

VII. VOLLENDER UND QUEREINSTEIGER VON »68«

SOZIALDEMOKRATEN

Die geborenen Erben und Vollender der 68er wären eigentlich die Sozialdemokraten. Aber als Epigonen der 68er taugen sie kaum. Das wechselseitige Fremdeln zwischen der SPD und den späteren 68ern begann schon damit, dass sie die echten Linken mit dem Godesberger Programm von 1959 vor den Kopf stießen. Das Fremdeln setzte sich fort, als sie und der DGB nicht mit den 68ern mitrevoltierten. In Frankreich war das anders. Dort schlossen sich Millionen mit den rebellierenden Studenten zu Generalstreiks zusammen.

Wenn die SPD heute auf links, »Multikulti«, »Gender«, »politisch korrekt« usw. macht, dann ist das ein kardinaler Fehler, zumal die CDU mit einem diffusen Sozialdemokratismus die Stelle der SPD eingenommen hat, und weil AfD sowie FDP Teile der CDU-Wählerschaft übernahmen. Ob sich das verstetigt, wird nicht zuletzt von der Bereitschaft der AfD abhängen, sich einer konsensfähigen Erinnerungskultur zu stellen und sich von manch schräger Gestalt zu trennen. Die SPD-Wählerschaft aber diffundiert mehr und mehr in Richtung »Grüne« (soweit akademisch »gebildet«) bzw. in Richtung Links-Partei und AfD (soweit »Arbeiter«). Im Grunde finden in der Parteienlandschaft also keine Umstrukturierungen, sondern Umetikettierungen statt. Wer dabei »hops« geht, ist die SPD. Und sie ist selber schuld, denn sie hat sich mit dem Humanitarismus eines wohlhabenden »grünen« Bürgertums von den Sorgen und Nöten ihrer ureigenen Klientel, dem »Mann von der Straße«, entfernt.

»GRÜNE«

Heute sind die »Grünen« – bei allen im Grunde konservativen Impulsen, die sie in Fragen der Umwelt einbrachten – die Lordsiegelbewahrer der 68er und der »linken Denke«, ausgestattet mit bürgerlichem Habitus, gutmenschlich und gut lebend in ihrer gentrifizierten Latte-Macchiato-Blase zwischen Gendarmenmarkt und Prenzlauer Berg. Einer Studie der Universität Leipzig zufolge haben die »Grünen« neben der FDP auch die wohlhabendste Wählerschaft (siehe *Die Welt* vom 10. September 2012). Das ist »grüne« Tradition. Die Gründer der »grünen« Partei entstammen wie die 68er der eigentlich von ihnen gehassten »Bourgeoisie«.

Aber die »Grünen« bilden nicht die ganze Bandbreite des Bürgertums ab, selbst wenn sie von dort ihre Wähler rekrutieren. Man nehme die Bundestagsfraktion der »Grünen« nach der Wahl 2017: Von ihren 67 Abgeordneten geben sich 56 Prozent als Wissenschaftler aus, nämlich als Politikwissenschaftler (27 Prozent), Soziologen (16 Prozent) oder Pädagogen (13 Prozent). Gerade eben 10,5 Prozent haben einen Beruf erlernt. Auffällig in ihren Lebensläufen ist die oftmalige Tätigkeit bei NGOs, zum Beispiel im Umweltschutz, bei »Amnesty International«, »Foodwatch«, »Greenpeace«, »Human Rights Watch«, »World Wildlife Fund« oder »Pro Asyl«. Unter diesen NGOs sind auch einige, die bei der Rettung von Flüchtlingen aus dem Mittelmeer eine zweifelhafte Rolle spielten und nach Auffassung italienischer Behörden im Verdacht stehen, mit Schleppern zusammengearbeitet zu haben.

»Realos« und kommunalpolitische Praktiker wie der »grüne« Oberbürgermeister von Tübingen, Boris Palmer, haben dagegen einen schweren Stand in ihrer Partei. Palmer meinte in der *FAZ* vom 14. November 2016, das linksliberale Bürgertum müsse seine moralische Selbstüberhöhung überwinden; nur so könne man den Populismus einhegen. Wiederholt beklagte er, dass die Kommunen die »Willkommenskultur« nicht zu schultern vermögen. Er wurde dafür von »grünen« Parteifreunden mit dem Titel »Sarrazin der Grünen« belegt.

Jedenfalls sind die »Grünen« von allen Söhnen, Töchtern und Enkeln der 68er diejenigen, die »68« am intensivsten internalisiert haben. Und so sind sie am 12./13. Januar 1980 als Bundespartei gestartet. Sie waren ein Sammelbecken für viele 68er und für nahestehende linke Bewegungen (»Friedensbewegung«, »Anti-Atomkraft-Bewegung«). Karl Dietrich Bracher sah die Gründungsphase der »Grünen« vor allem geprägt von einem romantisch-irrationalen und industriefeindlichen Antimodernismus, der manche sogar an die Blut- und Boden-Ideologie des

Nationalsozialismus denken ließ.[121] Später wurde daraus nicht nur die Partei, in der Öko-/Bio-Rosenkränze gebetet werden, sondern es wurde daraus in vielerlei gesellschaftlichen Fragen eine linke Partei, die weit ins »bürgerliche« Lager vordrang.

Es ist eine beachtliche Bilanz, die die »Grünen« vorzuweisen haben: de facto-Abschaffung der Wehrpflicht, Ausstieg aus der Atomkraft, Multikulti-Gesellschaft, »Gender Mainstreaming«, »Ehe für alle« und Dosenpfand. Nicht erreicht haben sie dagegen – bislang – die Neutralisierung Deutschlands, die totale Freigabe von Cannabis und die Abschaffung des gegliederten Schulwesens inklusive Gymnasium. Die Abschaffung der letzteren Institution könnten sie indes bald verbuchen, denn das Gymnasium ist abgeschafft, wenn alle Schüler auf dem Gymnasium sind. Und die Abschaffung der Bundeswehr haben sie realiter fast geschafft, wenn man sich deren personellen und materiellen Zustand anschaut. Ob sie auch die Abschaffung der Gefängnisse, die Einführung eines »Veggie Day«, den EU-Beitritt der Türkei, das Adoptionsrecht für gleichgeschlechtliche Paare und die Bürgerversicherung zustande bringen, wird man sehen. Die Anerkennung der DDR wollten die »Grünen« 1980 übrigens auch; damals konnten sie noch nicht darauf rechnen, dass ein wiedervereintes Deutschland eine Art wohlhabende DDR 2.0 werden könnte. Nicht vergessen sei auch das Thema »Grüne und Pädophilie«: Die Bestrebungen, Sex mit Kindern zu legalisieren, waren größer als lange bekannt. Das »grüne« Grundsatzprogramm von 1980 sah hier eine weitgehende Legalisierung vor. »Es gab fünf Beschlüsse der ›Grünen‹ zu Bundes- und Landtagswahlen, in denen sie eine Abschaffung der entsprechenden Strafrechts-Paragrafen forderten«, sagte der Sozialforscher Stephan Klecha vom Göttinger Institut für Demokratieforschung. Klecha ist Ko-Autor einer Studie über »Umfang, Kontext und Auswirkungen pädophiler Forderungen in den Milieus der Neuen Sozialen Bewegung sowie der Grünen«. Die Studie wurde 2013 öffentlich.

MEDIEN

Der Mainzer Kommunikationswissenschaftler Hans Mathias Kepplinger stellte auf dem Podium »Faire Medien« am 16. September 2017 in Berlin fest, dass das journalistische Lager sehr weit links verortet ist und dass mehr als 65 Prozent der Journalisten »Grüne« oder SPD wählen, aber lediglich 17 Prozent Union oder FDP. Markus Vahlefeld[122] berichtete 2017 von diversen Studien der Jahre 2005 und 2010 zur Frage der Parteien-Affinität von Journalisten. Danach verorten sich bei der CDU/CSU rund 9 Prozent, bei der SPD zwischen 15,5 und 26 Prozent, bei der FDP 6,3 bis 7,4 Prozent und bei den »Grünen« 26,9 bis 35,5 Prozent. Einige Jahre zuvor, 1994, hatte Rainer Zitelmann[123] ähnliches berichtet. Danach beschrieben sich 15,3 Prozent als konservativ, christdemokratisch, rechtsliberal, 19,3 Prozent als liberal und 51,2 Prozent als linksliberal, sozialdemokratisch, grün-alternativ, sozialistisch. Was also die parteipolitische Affinität eines Großteils der Medien betrifft, hat sich in den vergangenen Jahrzehnten nichts geändert. Will sagen: Die Linken bzw. die 68er und ihre Nachfolger beherrschen die Szene der Meinungsindustrie.

Das hat Auswirkungen auf die Berichterstattung. Die »Hamburg Media School« hat eine Studie zur Berichterstattung der Presse über die Flüchtlingskrise angefertigt und dazu 34 000 Pressebeiträge aus den Jahren 2009 bis 2015 ausgewertet. Ergebnis: 82 Prozent der Berichte waren positiv konnotiert, 12 Prozent rein berichtend und nur 6 Prozent problematisierend. Man könnte sagen: Diese Berichte waren zu Gesinnungs- und Durchhalteparolen für Merkel verkommen. Oder härter: zu moralisierender Ergebenheitsjournalistik und paternalistischer Nanny-Journalistik. Längst vergessen scheint die Empfehlung des großen Journalisten Hanns Joachim Friedrichs (1917–1995): »Distanz halten, sich nicht gemein machen mit einer Sache, auch nicht mit einer guten!« Aber wenn es denn gegen Kritiker der Merkelschen Flüchtlingspolitik geht, wird Presse in Deutschland durchaus zur Wutjournalistik – nicht nur gegen Gegner der Flüchtlingspolitik, sondern etwa auch gegen Trump, Orban, teilweise Sebastian Kurz, FPÖ, Pegida oder AfD, und das bei gleichzeitiger kritikloser Ergebenheit gegenüber Obama oder Macron. Man scheut keine Manipulation, wenn es um das »Gute« geht. Tote oder verletzte Flüchtlingskinder sind gut fürs Bild; bei IS-Anschlägen getötete Kinder sind nicht gut. Kameras in Flüchtlings-Trecks hinein sind dann gut, wenn sie den (fünfprozentigen) Anteil von Frauen und Kindern zeigen. Sonst will der Chefredakteur die Bilder nicht haben, wie der Autor dieses Buches von manchem Fernsehjournalisten bestätigt bekam.

Auf dem linken Auge aber ist man des Öfteren blind. Wenn die »Autonomen« und der »Schwarze Block« Randale machen wie beim Hamburger G20-Gipfel 2017, dann wird das weichgezeichnet und der Polizei der Vorwurf gemacht, sie habe zu deeskalieren versäumt. Auf dem linken Auge blind zu sein hat Tradition. Schon in den 1960er Jahren lohnte sich dies für manche Redaktionen auch aus einem anderen Grund. Damals machten viele Journalisten deshalb auf links, weil sie von der DDR »gefüttert« wurden – mit Geld oder mit »Material«. Wohl dreihundert Verlage der Bundesrepublik dürften ganz oder teilweise von der Unterstützung der DDR abhängig gewesen sein.[124]

Der Medienwissenschaftler Norbert Bolz sieht 2010 die »Medienlinken« in einer Art Parallelgesellschaft. »Ihre Lufthoheit über die Diskurse hat aber nicht nur in Redaktionen und Verlagen ein geistiges Paralleluniversum geschaffen, sondern auch die Rhetorik der Politik so tiefgreifend verändert, dass sich eine nicht ›linke‹ Politik kaum mehr artikulieren kann.« Viele Journalisten sind – Bolz verwendet einen Begriff von Martin Walser – »Meinungssoldaten.«[125] Schnell wird medial der Stab gebrochen, wenn ein Buch erscheint, das so gar nicht politisch korrekt ist. Siehe im Jahr 2010 Sarrazins Buch *Deutschland schafft sich ab.*[126]

In Leserbriefen und Blogs setzt sich diese Selektivität fort. Unter der Überschrift »Integration: Kommunen warnen vor Scheitern der Flüchtlingsintegration« erschien am 25. Dezember 2017 ein Bericht auf *Zeit Online*. Ein Leser hat dazu folgenden Kommentar eingestellt und viel Zustimmung gefunden: »Ob Mannheim mit jungen Migranten nicht klar kommt, ob viele Migranten beim Erlernen der deutschen Sprache scheitern, ob der Wohnungsmarkt kollabiert, ob die innere Sicherheit immer stärker bedroht ist, ob in vielen Schulklassen wenige deutsche Schüler 314 ausländische Kinder integrieren sollen, ob sich Parallel-Gesellschaften entwickeln – es war spätestens mit der unkontrollierten Massen-Zuwanderung seit September 2015 vielen klar, dass sich diese Probleme ergeben würden. Nur – um mit Asterix zu reden – in einem kleinen Berliner Bezirk, Regierungsviertel genannt, weigerte man sich standhaft, den Realitäten ins Auge zu blicken.« Und die Reaktion der *Zeit-Online*-Redaktion? Sie hat den Kommentar alsbald gelöscht – mit dem Hinweis, der Verfasser möge »differenziert und sachlich« kommentieren.

Die Mainstream-Presse will gefällig sein – der Politik gegenüber und den eigenen Kollegen gegenüber. Umgekehrt will die Politik den Medien gefallen. Unter anderem dies ist der Grund, warum so manche Politiker ihre Gedanken nicht im Parlament vertreten, sondern in den Ersatzparlamenten der Talkshows. Gefälligkeitskartelle sind daraus geworden. Selbstreferentiell und konformistisch dreht man sich wie in einer Filterblase bzw. einer Echokammer im Kreis um sich selbst. Die Folge ist, verstärkt noch durch die Digitalisierung des Medienmarktes, dass die Auflagen der Zeitungen und Magazine drastisch zurückgehen. Der Medienfachdienst IVW analysierte die Auflagen für das 4. Quartal 2017 im Vergleich mit den Zahlen aus dem letzten Vierteljahr 2016. Bei den »harten Auflagen«, also den Abonnementzahlen und den Zahlen im Einzelverkauf, gab es zum Teil heftige Einbrüche: Die »harte« Auflage des *Stern* sank um 15 Prozent auf 320 115 verkaufte Magazine. Der *Spiegel* verkaufte nur noch 542 869 Einzelexemplare; das ist ein Rückgang um 7,1 Prozent. Die *Bild am Sonntag* gehörte ebenfalls zu den Verlierern (818 913 Exemplare oder minus 8,7 Prozent). Gegen den Trend legten *Der Freitag*, die *Junge Freiheit* und *Cicero* zu. *Der Freitag* verbesserte sich um 6,4 Prozent auf 20 496 Exemplare, die *Junge Freiheit* legte um 2,7 Prozent zu (23 716). *Cicero* kletterte um 4,6 Prozent auf eine Auflage von 39.838 Exemplaren.

Das beschriebene Moralisieren setzt sich im Unterhaltungsbereich fort. In der *Lindenstraße*, der seit 1985 bestehenden WDR-Fernsehserie, wird politisch korrekt kein Thema ausgelassen: Rechtsradikalismus, Moscheebau, Homo-/Transsexualität, Wehrpflicht, Leistungsdruck, Cannabis-Freigabe, Nacktfotos auf dem USB-Stick eines Mitarbeiters einer christlich-konservativen Partei. Es kann auch schon mal vorkommen, dass eine Mutter ihrem Sohn erklärt, er solle Gott mit dem Namen «Allah« ansprechen. Und dann die politisch korrekten »Tatorte«! Am dritten Adventsonntag 2017 wartete die ARD mit »Tatort« Nummer 1039 auf. Der Titel lautete: *Dunkle Zeit*. Worum ging es?

Die Fraktionsvorsitzende der Partei »Neuen Patrioten – NP« wird zum Ziel von Morddrohungen. Die ermittelnden Kommissare werden daher zum persönlichem Schutz der Politikerin abgestellt. Als der Wagen der NP-Frau durch eine Explosion zerstört und dabei ihr Ehemann getötet wird, melden rechte Netzwerke den Anschlag eines »linken Mobs« und werfen der Polizei vor, tatenlos zuzusehen. Die wahren Täter waren indes innerparteiliche Gegner vom radikalen Flügel. *Spiegel Online* schrieb: »Die AfD ist im Tatort angekommen (…)«; *Stuttgarter Zeitung* und *Focus* stellten die Frage »Lohnt das Einschalten?« und antworten: »Durchaus. Es war nur eine Frage der Zeit, bis sich die Krimireihe der aktuellen sozialpolitischen Stimmung annimmt.« Der Autor des Drehbuches meinte: Ein ARD-Sonntagskrimi, der nicht von der gesellschaftlichen Wirklichkeit seiner Zeit erzählt, sei Verschwendung von Ressourcen. 68er Attitüde eben auch hier, wohin man schaut!

LINKE UND »KAPITALISTEN« HAND IN HAND

Kommunismus und ein auf Konsumismus getrimmter Kapitalismus schließen sich offenbar nicht aus. Kommunisten/Sozialisten und Kapitalisten sind auch sonst oft genug Verbündete, gerade bei der Untergrabung der Nationalstaaten. Die Linken wollen – »Entfremdung« hin oder her – den Internationalismus und den Multikulturalismus; das »Kapital« will die Globalisierung. Richard Sennett beschreibt, wie die globalisierte Wirtschaft den Menschen deformiert[127], das heißt in der Sprache der Linken: entfremdet. Leitbild dieser Wirtschaft ist nämlich der Anpassungsfähige als »Ich-AG«. Sogar einer der großen Verteidiger des Kapitalismus, Joseph Schumpeter, hat festgestellt, dass der individualistische Utilitarismus, den der Kapitalismus anstiftet, Menschen entwurzelt, indem er etwa die Familie zersetzt. Der Grund ist, dass der Kapitalismus auf dasjenige setzt, was der Familie schadet, nämlich auf Ungebundenheit und Gewinnmaximierung.

Hier kommt nun etwas Paradoxes ins Spiel: Dieselben Leute, die ständig Bekenntnisse zur Gleichheit, Gerechtigkeit, Kindgemäßheit absondern, betreiben unter Einflüsterung der Wirtschaft und der OECD eine Ökonomisierung gerade der Bildung. Alles an »Bildung« soll in

Quoten und Rankingtabellen messbar, nutzbar, verwertbar sein. Der Mensch wird zum »Humankapital« und damit verdinglicht.[128] Damit aber wird Bildung zur bloßen Abrichtung. Die größten deutschen Philosophen haben sich schon vor langem mit einem solchen Bildungsverständnis auseinandergesetzt. Man muss nur Nietzsches Vorträge »Über die Zukunft unserer Bildungsanstalten« aus dem Jahre 1872 nachlesen: Im ersten Vortrag rechnet er es zu den beliebtesten nationalökonomischen Dogmen, den Nutzen, ja den möglichst großen Geldgewinn als Ziel und Zweck der Bildung auszugeben. Wörtlich: »Dem Menschen wird nur so viel Kultur gestattet, als im Interesse des Erwerbs ist.« Oder in den Worten des von 1809 bis 1815 amtierenden Nürnberger Gymnasialdirektors Georg Wilhelm Friedrich Hegel, Egidien-Gymnasium (heute Melanchthon-Gymnasium): Nicht jeder »nützliche Stoff« forme die Seele, und Bildung sei die Aneignung von Welt jenseits des Nutzens ökonomischer Praxis. Mit anderen Worten: Der Eigenwert des Über-Nützlichen, des Nicht-Ökonomischen von Muse/Muße zählen nicht.

Damit hängt ein anderes Dogma zusammen: die Vorstellung, Bildung müsse sich messen und in Rankingtabellen abbilden lassen. Bildung sei das, was mit Mess-Operationen erfassbar sei. Daraus aber entsteht ein erbärmliches Bildungsverständnis. Denn »Pisa« und die sogenannte »Empirische Bildungsforschung« haben nur das im Blick, was sich messen lässt. Im Falle von »Pisa« ist das nur ein Zehntel dessen, was in Schule geschieht: ein bisschen was von Informationsentnahmekompetenz, genannt »Literacy«, ein bisschen was von mathematischem Verständnis und ein bisschen was von naturwissenschaftlichem Verständnis. Nicht von »Pisa« erfasst werden: sprachliches Ausdrucksvermögen, Fremdsprachenkenntnisse, Wissen in den Bereichen Literatur, Geschichte, Geographie, Politik, Wirtschaft, Religion/Ethik, ästhetische Bildung in den Fächern Kunst und Musik usw.

Zudem verrät bereits die »Bildungs«-Sprache den Kotau vor einem flachen Ökonomismus und vor einem technizistischen Verständnis von Bildung. Angesagt sind nämlich: »Quality Management«, »Marketing«, »Best Practice«, »Benchmarking«, »Just-in-time-« und »Download-Knowledge« usw. Ansonsten gibt es nicht nur Laptop, Beamer und

Power Point-Präsentation, sondern auch »Edutainment«, »Educ@tion«, »Netkids«, didaktische Hyperlinks, »Knowledge Machines« usw. Dabei fragt man leider selten: Wer sind die eigentlichen Nutznießer der Digitalisierung?

NATIONALALLERGIKER

Es gibt »länger hier Lebende«, die Deutschland am liebsten so hätten, wie es sich Churchill wünschte: fett und impotent. Oder so, wie Napoleon die Deutschen sah: »Es gibt kein gutmütigeres, aber auch kein leichtgläubigeres Volk als das deutsche (...) Törichter ist kein anderes Volk auf Erden. Keine Lüge kann grob genug ersonnen werden: die Deutschen glauben sie. Um eine Parole, die man ihnen gab, verfolgten sie ihre Landsleute mit größerer Erbitterung als ihre wirklichen Feinde.« Die Deutschen wollen/sollen auch gar keine Deutschen mehr sein, sondern nur noch Europäer und, noch besser, Weltbürger. Denn wenn es nach dem Mainstream geht, dann heißt Deutschsein, nicht deutsch sein zu wollen. Die Auflösung des Nationalstaates soll das Pendant zur marxistischen Vision von der Auflösung der Klassen sein. Schon das Zählen internationaler Sportpokale und olympischer Medaillen gilt als grenzwertig.

Aus der Sicht von Friedrich Sieburg oszillieren die Deutschen überhaupt zwischen Größenwahn und Selbsthass.[129] Hannah Arendt grauste es »unsäglich« vor allem vor den »Reuedeutschen«. Michael Klonovsky hat diesen Gedanken in einen trefflichen fiktiven Dialog gebracht: »Sind Sie stolz darauf, dass Kant, Goethe, Beethoven, Röntgen und Max Planck Deutsche waren?« »Nein, wieso? Ich habe doch an deren Leistungen keinerlei Anteil.« »Aber für Hitler schämen Sie sich schon, nicht wahr?«[130] Wahrscheinlich ist die beliebteste Angst der Deutschen die Angst vor sich selbst.[131] Zudem hatte die deutsche Teilung, so Rainer Zitelmann, die Würde einer nationalen Buße verpasst bekommen. Zitelmann meinte damit etwa einen Günter Grass, für den die deutsche Teilung die Sühne für Auschwitz war.[132]

Die deutsche Schuld wurde zu einer Art Staatsreligion – und zwar umso intensiver, je länger die von Deutschen verursachten Greuel zurückliegen. »Die deutsche Zivilbußfertigkeit«, so Hermann Lübbe 2001, »ist inzwischen sehr ausgeprägt. Aber sie bläht sich gelegentlich sogar pharisäisch zu einigem Pflichterfüllungsstolz auf und macht geneigt, Subjekte geringer ausgeprägter Schuldbekenntnisfreudigkeit zu tadeln (…) Zurückhaltend bleibt man am ehesten noch gegenüber den Nachfahren der Großtäter des kommunistischen Terrors. Allzu intensive Beschäftigung mit diesem Terror gilt eher als unzulässiger Selbstentlastungsversuch durch Relativierung.«[133]

Gerd Koenen schrieb 2002 das Buchkapitel »Felix Culpa. Vergangenheitsbewältigung als deutsche Selbstfaszination« – und darin vom deutschen Monopolanspruch des »Auschwitz gehört uns!«.[134] Jan Philipp Reemtsma, der Initiator der beiden historisch-handwerklich zum Teil fragwürdigen »Wehrmachtsausstellungen«, mit denen eine ganze Generation diskriminiert wurde, war einmal gefragt worden, ob er Deutschland liebe. Seine Antwort war: »Halten Sie mich für nekrophil?« Der Macher der ersten Ausstellung war übrigens ein Hannes Heer. Er gehörte zu den Wiederbegründern des Sozialistischen Deutschen Studentenbundes (SDS). Wegen seiner Tätigkeit im SDS wurde er 1968 nicht als Referendar zum Schuldienst zugelassen.

Die Allergie gegen alles Deutsche hat mit Tiefenpsychologie zu tun. Deutschland liegt sozusagen auf der Couch und bezichtigt sich ständig neuer Phobien: Xenophobie, Islamophobie, Homophobie. Das ist autoaggressiv. Es scheint nur deutsche Negativ-Identitäten zu geben. Man will mit Negativem renommieren. Im ausgehenden Mittelalter hießen diejenigen, die sich selbst öffentlich die Peitsche gaben, Flagellanten. Man vergisst auch gerne, wer man war, wer man ist, wohin man eigentlich wollte. Die Psychiatrie spricht hier von Depersonalisation, einem Verlust an Individualität. All das hat etwas zwanghaft Rituelles, Sakrales und Kultisches an sich.

Wahrscheinlich sind aber diejenigen, die für die Deutschen meinen sprechen zu können, die eigentlich Neurotischen. Das Neurotische an ihnen ist, dass sie ihre individuellen Identitätskrisen auf das Volk insgesamt projizieren. Deutschland steht deshalb auf dem internationalen Neurotizismus-Index ganz oben. Das offizielle Deutschland inszeniert eben gerne seine eigene Tribunalisierung. Mit Lust lassen sich die

Deutschen auch als vermeintlich bildungspolitisch Kranke auf die Couch legen, um ihr eingebildetes »Pisa«-Trauma zu pflegen. Fast alle anderen Nationen reagierten auf »Pisa« unaufgeregt. Spricht man zum Beispiel mit Lehrern aus Italien, so gewinnt man den Eindruck, dass Pisa dort nach wie vor die Stadt in der Toskana mit dem schiefen Turm ist. Mit »Pisa«-Deutschland ist es anders. Es hat sich wie Narziss in sein masochistisch verzerrtes Selbstbild verliebt. Freudig und verklemmt zugleich schaut es auf seine »schlechten« »Pisa«-Rangplätze. Die bildungspolitische Lage der Nation wird zu einer permanenten weinerlichen Klage.

Hinter all dieser masochistischen Nörgelei steckt vermutlich eine Hybris, nämlich die Hybris im Negativen als Fortsetzung des Größenwahns. Für Johannes Gross ist Deutschland deshalb ein »übelgelauntes Land« (1989).[135] Und bereits 1988 hatte Erich Wiedemann das deutsche Volk als ein »Volk in Moll« bezeichnet.[136] All dies ist wahrscheinlich der Grund, warum die Deutschen von ihren Nachbarn nicht immer gemocht werden. Denn wer mag schon einen Nachbarn, der griesgrämig sich selbst zuwider ist?

VERQUERE DEFINITIONEN VON »VOLK«

Und »Volk«? Im Grundgesetz ist klipp und klar vom »Volk«, vom »Deutschen Volk« und vom »Wohle des deutschen Volkes« die Rede. Dort ist nicht von »Bevölkerung« die Rede. Und deshalb passt es nicht zum Grundgesetz, wenn Nationalallergiker den 1916 über dem Westportal des Reichstagsgebäudes angebrachten Schriftzug »DEM DEUTSCHEN VOLKE« durch den Schriftzug »Der Bevölkerung« ersetzen wollten, oder wenn im Jahr 2000 der Projektkünstler Hans Haacke den »Bevölkerungs«-Schriftzug als »Kunstwerk« im Lichthof des Reichstags anbrachte. Seine Begründung war: Die alte Reichstagsinschrift sei »historisch belastet«; die Wortkombination »deutsches Volk« impliziere eine »mythische, ausgrenzende Stammeseinheit«, und der »eine Blutsgemeinschaft suggerierende Volksbegriff« stifte immer noch »Unheil«. Im Grundgesetz steht auch nichts von denen, »die schon länger hier leben« (Merkel), und nichts von »Herkunftsdeutschen« und »Zukunftsdeutschen«, wie sie der von 2009 bis 2014 amtierende sächsische

Auslandsbeauftragte Martin Gillo (CDU) definiert haben wollte. Es ist im Grundgesetz auch nicht die Rede von »neuen Deutschen«, die Herfried Münkler samt Gattin Marina 2016 als »Jungbrunnen‹« definierte.[137] Der Wortbestandteil »-bevölkerung« kommt im Grundgesetz nur in »Zivilbevölkerung« vor, und da geht es stets um deren Schutz und Versorgung. Bei so viel Horror vor dem Begriff »Volk« fragt man sich, wie lange es noch Volksbüchereien und Volkshochschulen geben wird. Immerhin wurden auch diese Bezeichnungen schon problematisiert.

DAS LEIDEN AN DER WIEDERVEREINIGUNG

Kein Linker glaubte an die Wiedervereinigung, keiner wollte sie – weder in den 1960er noch in den 1980er Jahren. Das SPD/SED-Dialog-Papier vom 27. August 1987 belegt dies. Dort bestätigten sich beide Seiten nicht nur ihre gegenseitige Existenzberechtigung, sondern auch ihre Reformfähigkeit und Friedensfähigkeit.[138] Willy Brandt, SPD, erklärte in einer Rede am 14. September 1988 die Wiedervereinigung zur »Lebenslüge der zweiten deutschen Republik.« Oskar Lafontaine, SPD-Kanzlerkandidat von 1990, tat sich im Herbst 1989 angesichts des Massenexodus aus der DDR mit der Forderung hervor, man möge diese Deutschen doch zwingen, in der DDR zu bleiben. Gerhard Schröder, SPD, hielt in der *Hannoverschen Allgemeinen Zeitung* vom 27. September 1989 eine auf Wiedervereinigung gerichtete Politik für »reaktionär und hochgradig gefährlich.« Egon Bahr, SPD, fordert in der *Bild am Sonntag* vom 1. Oktober 1989, man solle aufhören, »von der Einheit zu träumen und zu schwätzen.« Hans-Jochen Vogel, SPD, sprach am 3. Oktober 1989 davon, dass die »Ablehnung des leichtfertigen und illusionären Wiedervereinigungsgeredes auch außerhalb der SPD mehr und mehr Zustimmung« finde. Peter Glotz, SPD, bezeichnete in *Die Welt* vom 23. Oktober 1989 den Gebrauch des Wortes »Wiedervereinigung« als »opportunistisch und widerwärtig«. Jürgen Habermas bedauerte, dass eine kapitalistische Umgestaltung der Wirtschaft dem sozialistischen Experiment das Wasser abgegraben habe. Günter Grass meinte in *Die Zeit* vom 19. Mai 1990: »Ich fürchte mich nicht nur vor dem aus zwei Staaten zu einem Staat vereinfachten Deutschland, ich lehne den Einheitsstaat ab und wäre erleichtert, wenn er – sei es durch deutsche Einsicht, sei es durch Einspruch der Nachbarn – nicht zustande käme.« Dabei gab es überhaupt keine nationalen oder gar nationalistischen Töne bei der dann erfolgten deutschen Einigung. Denn, so Michael Wolffsohn: »‹Wir sind das Volk!‹ ist die Parole des befreienden Patriotismus; ›Wir sind das bessere Volk!‹ wäre der Kampfruf eines aggressiven Patriotismus.«[139]

ANTI-DEUTSCHE GEHÄSSIGKEITEN

In Berlin-Kreuzberg und in Frankfurt/Main fanden sich zum 3. Oktober 1990 an Wänden und auf Transparenten Sprüche wie »Deutschland verrecke!« oder »Nie wieder Deutschland!« Slogans wie »DM-Nationalismus«, »Jagd nach Bananen«, »Kapitalistische Landnahme«, »Wiedervereinigungshysterie« machten die Runde. Jutta Ditfurth (»Grüne«) fand – im »Neuen Deutschland« vom 12. Oktober 1991 – Deutschland »zum Kotzen«. Jürgen Trittin (»Grüne«) schrieb in der *FAS* vom 2. Januar 2005: »Deutschland verschwindet jeden Tag immer mehr, und das finde ich einfach großartig«. Zu diesem Zeitpunkt war er Bundesumweltminister (1998–2005). Von hier aus ist es nicht weit zu anderen Gehässigkeiten, die auf Demos skandiert und auf Plakate gepinselt wurden: »Ausländer, lasst uns mit den Deutschen nicht allen!«, »Deutschland hau ab!«, »Deutschland verrecke!«, »Deutschland, du mieses Stück Scheiße!«.

Wenn jemand gegen eine nationale, rassische, religiöse oder ethnische Gruppe zum Hass aufstachelt, dann unterliegt dies dem Strafgesetzbuch. Aber man darf Deutsche als »Köterrasse« bezeichnen. Mit diesem Wort beschimpfte ein Hamburger Deutschtürke namens Malik Karabulut die Deutschen auf »Facebook«, und zwar nach der Armenien-Resolution des Deutschen Bundestages vom Juni 2016 mit ihrer Verurteilung des Völkermordes an den Armeniern im Jahr 1915 (bei der Abstimmung fehlten übrigens Merkel, Steinmeier und Gabriel). Strafbar hat er sich damit, laut Staatsanwaltschaft, nicht gemacht. Ein Journalist mit deutschem und türkischem Pass, Deniz Yücel, zuletzt beschäftigt bei »Springer«, bezeichnete den deutschen Geburtenrückgang als »Völkersterben von seiner schönsten Seite«. Wörtlich schrieb er in einer *taz*-Kolumne vom 4. August 2011: »Nun, da das Ende Deutschlands ausgemachte Sache ist, stellt sich die Frage, was mit dem Raum ohne Volk anzufangen ist, der bald in der Mitte Europas entstehen wird: Zwischen Polen und Frankreich aufteilen? Parzellieren und auf eBay versteigern? Palästinensern, Tuvaluern, Kabylen und anderen Bedürftigen schenken? Zu einem Naherholungsgebiet verwildern lassen? Oder lieber in einen Rübenacker verwandeln? Egal. Etwas Besseres als Deutschland findet sich allemal.« Aber als Yücel nach einem Jahr Haft im Februar 2018 aus einem türkischen Gefängnis entlassen wurde, war ihm der Einfluss Deutschlands doch sehr angenehm. Oder eine Julia Schramm, die von 2015 bis 2017 »Fachreferentin für Hate Speech« der »Amadeu Antonio Stiftung« war und seit Dezember 2016 im Vorstand der Links-Partei Berlins sitzt. Sie hatte Anfang 2014 getwittert: »Sauerkraut, Kartoffelbrei – Bomber Harris, Feuer frei!« Mit Kartoffeln waren Deutsche gemeint, mit Kartoffelbrei also die Bombenopfer. An anderer Stelle meinte sie: »Deutschland ist eine Idee. Deutschland darf getötet werden.«

Man kann Professorin für Öffentliches Recht an der Universität Frankfurt und Vizepräsidentin des Hessischen Staatsgerichtshofes sein und zugleich Gehässigkeiten über Deutschland verbreiten. Ute Sacksofsky heißt die Autorin. Ganz und gar biologistisch gestrickt schreibt sie in einer »Rechtskolumne« mit dem Titel »Ihr Kinderlein kommet – Bevölkerungspolitik als Staatsaufgabe«, nach der nationalsozialistischen Gewaltherrschaft könne es um die Weitergabe deutschen Erbgutes nicht mehr gehen. Sollten die Deutschen dann eines Tages aussterben, habe dies den Vorteil, dass das Territorium, auf dem sich derzeit Deutschland befinde, der Natur zurückgegeben oder von anderen Menschen besiedelt werden könne.[140]

Anderen kann es nicht schnell genug gehen allein schon mit der Abschaffung der deutschen Sprache. Sie betreiben »linguistic submissiveness« unter das Englische, praktizieren es als BSE (»bad simple English«) in Wirtschaft und Wissenschaft und möchten das Deutsche aus den deutschen Universitäten verbannen. Der Normalbürger wird genervt von mittlerweile rund 7000 in Deutschland im Umlauf befindlichen Anglizismen.[141] Und wenn es denn sein muss, erfinden deutsche »native speaker« schon auch mal Pseudoanglizismen, die kein Engländer versteht: »shooting star«, »public viewing«, »handy«, »oldtimer« …

Wieder andere stänkern gegen die Nationalhymne. Gegen die dritte Strophe einer Nationalhymne, in deren Namen es zur friedlichen Revolution in der DDR kam, und die eine friedliche Nationalhymne ist. In ihr fließt kein Blut, wie das etwa in den Nationalhymnen der Franzosen, der Italiener, der Niederländer und der Polen der Fall ist. Umso abwegiger war der Versuch der linken Lehrergewerkschaft GEW, die deutsche Nationalhymne in einem Pamphlet zu Beginn der Fußball-WM 2006 öffentlich als »furchtbares Loblied« zu diskreditieren.

Auch die Deutschlandfahne ist immer wieder Objekt des deutschen Selbsthasses. Die »grüne« Jugendorganisation Rheinland-Pfalz forderte ein deutschlandweites Beflaggungsverbot während der Fußball-EM 2016. Dazu wörtlich: »… fordern wir alle Fans dazu auf, nationalistischem Gedankengut keinen Raum zu lassen! Fußballfans Fahnen runter!«. Bereits im Jahr 2008 hatten junge »Grüne« bei einem Parteikongress für einen Eklat gesorgt. Damals hatten drei junge Männer auf eine Deutschlandfahne uriniert. Aber man schaut weg, auch wenn laut Paragraf 90a des Strafgesetzbuches die Verunglimpfung der Deutschlandflagge mit bis zu drei Jahren Haft geahndet werden kann.

Man will mittels »Willkommenskultur« schlicht und einfach mehr und noch mehr vom Anderen. Nicht nur die Linken; auch führende Christdemokraten. So warnte Wolfgang Schäuble (CDU) in einem *Zeit*-Interview von Juni 2016 Europa vor einer Einigelung, denn »Abschottung« würde uns »kaputt machen« und »in Inzucht degenerieren« lassen. Gerade in der dritten Generation der Türken, auch in deren Frauen, sieht Schäuble ein enormes innovatorisches Potenzial.

Im Sommer 2010 war Thilo Sarrazins Bestseller erschienen: *Deutschland schafft sich ab. Wie wir unser Land aufs Spiel setzen*[142]. Er wurde innerhalb von 18 Monaten in 1,2 Millionen Exemplaren verkauft. Sarrazin setzt sich darin sehr kritisch mit der Zukunft Deutschlands in Zeiten der Migration auseinander. Er sieht Deutschland in naher Zukunft am Ende. Bis heute sind seine Thesen nicht widerlegt worden. Im Gegenteil: In manchen Bereichen wurden seine Befürchtungen übertroffen. Gleichwohl musste er für die Veröffentlichung des Buches eine mediale und politische Hinrichtung erdulden. Volker Beck (»Grüne«) sprach von »Hasstiraden«. SPD-Chef Sigmar Gabriel legte Sarrazin den Parteiaustritt nahe (am Ende blieb er doch SPD-Mitglied). Angela Merkel hat das Buch nie gelesen, aber sie nannte es »überhaupt nicht hilfreich«. Aus Sicherheitsgründen wurden Lesungen abgesagt. Die Staatsanwaltschaft Darmstadt stellte ihre Ermittlungen gegen Sarrazin wegen des Verdachts der Volksverhetzung ein. Aber eines fiel auch auf: »Es kennzeichnet das Versagen einer ganzen Intellektuellengeneration, dass es einem ehemaligen Berliner Finanzsenator und Bundesbank-vorstand vorbehalten blieb, diese Debatte anzustoßen.«[143] Die Mehrheit des Volkes stand jedenfalls hinter Sarrazin. Indes: Ein anderes Deutschland wird frei Haus geliefert. Siehe allein den Anteil an Kindern unter sechs Jahren mit Migrationshintergrund: in Bremen 57 Prozent, in Dortmund 53 Prozent, in Köln 51 Prozent, in Stuttgart: 57 Prozent, in München 58 Prozent, in Augsburg 61 Prozent, in Frankfurt 76 Prozent.

PATCHWORK-IDENTITÄT?

Eine »Patchwork-Identität« soll es sein. Aber es ist gar keine Identität – weder individuell noch kulturell. Eine Orientierung gebende Identität entspringt nämlich mehreren konzentrischen Identitätskreisen. Der Kern ist diejenige Identität, die sich aus der Familie schöpft. Darum herum folgt als nächster Kreis die Heimat, dann die Nation, dann Europa, und erst dann gegebenenfalls ein Weltbürgertum. Aber »nur noch wohltemperierter Weltbürger«[144] zu sein, das funktioniert nicht.

Auch in Zeiten der Globalisierung geht es um Nation und um Heimat. Denn der unbehauste Mensch wird die Beliebigkeit und Oberflächlichkeit des »global village« kaum ertragen können. Es wird ihm gehen wie Goethes Faust, der Mephisto gegenüber fragend klagt: »Bin ich der Flüchtling nicht? Der Unbehauste? Der Unmensch ohne Zweck und Ruh'?« Eine Welt ohne Halt – »ohne Halt« im doppelten Sinn: ohne Innehalten und ohne Geländer – wäre eine Welt, hinter der Fundamentalismen lauern. Denn orientierungslose Menschen sind anfällig für dergleichen. Hier wäre durchaus das Prinzip »Heimat« zu bemühen: Heimat als etwas geographisch und kulturell Vertrautes, das gerade aus der

Vertrautheit heraus den Blick in die Welt zulässt; Heimat als Kontrapunkt gegen großflächige Zentralisierungen. Denn Weltoffenheit in Zeiten der Globalisierung bedarf der Ausbalancierung durch Bodenständigkeit. Der Kunstbegriff der »Glokalisierung« hat hier seinen Platz. Er meint: Menschen sollen global denken und lokal empfinden können.

Vor rund 200 Jahren wusste das bereits Johann Gottlieb Fichte. Er wollte, dass die Menschen zugleich kosmopolitisch denken und patriotisch handeln. Der »globale« Mensch braucht jedenfalls Geborgenheit, und er kann sie nur in Kultur, Geschichte, Tradition, Sprache und Nation finden. Er braucht dieses kulturelle Filter- und Immunsystem. Der Mensch wird die ihm eigene Froschperspektive nur dann überwinden, wenn er beherzigt, was der Frühscholastiker Bernhard von Chartres um 1120 meinte: »Mit unserem begrenzten Erkenntnisvermögen sind wir alle Zwerge, aber auf den Schultern von Riesen können auch Zwerge weit schauen.« Das heißt: Die Geschichte der Menschheit und ihr Wissen, unsere Vorfahren und gewachsene Kulturen – das sind die Schultern von Riesen, auf denen wir Zwerge weit sehen können.

Es ist zudem ein Irrweg zu glauben, Patriotismus könne auf Verfassungspatriotismus reduziert werden. Denn Verfassungspatriotismus (der Begriff wurde erstmals 1959 von Dolf Sternberger verwendet), so wichtig, wertvoll und unverzichtbar er ist, umfasst nur das rationale Bekenntnis zu einem Rechtssystem, zu Bürger- und Menschenrechten. Damit aber sind keine emotionalen Bindungen gestiftet wie bei einer Liebe zum eigenen Land, zum Vaterland, zur Heimat ohne nationale oder gar nationalistische Überheblichkeit, ohne »Hurra«, ohne Taumel und ohne Völkisches. Nur Verfassungspatriotismus – das wäre so, als dürfte man das Fußballspiel nur wegen seiner Regeln mögen.

MERKEL ALS QUEREINSTEIGERIN VON »68«

Merkel als Vollstreckerin des linksliberalen 68er Zeitgeistes? Programmatisch oder ideell ist Merkel schwer zu fassen. Sie hat auch keine Scheu, dies öffentlich zu bekunden. »Mal bin ich liberal, mal bin ich konservativ, mal bin ich christlich-sozial …« – das gab sie in der ARD-Sendung *Anne Will* am 22. März 2009 von sich. Wolfgang Streeck sieht als Basis für Merkels Kehrtwendungen ihr »extrem niedriges persönliches Konsistenzbedürfnis gegenüber anderen und gegenüber sich selbst«.[145] Kern des »homo politicus« Merkel dürfte bis in ihre vierte Amtszeit als Kanzlerin hinein ihr Wille zur Macht sein.

Ein boshafter Mensch hat deshalb geschrieben, mit Angela Merkel sei ein Kopf an die Spitze der CDU gerückt, den man sich ebenso gut an der Spitze mehrerer anderer Parteien vorstellen könne. Ihr praktisch-politisches Handeln ist entsprechend, siehe Energiewende, Abschaffung der Wehrpflicht, Grenzöffnung, Griechenlandhilfe – und neues Familienbild. Hier ließ sich die Kanzlerin gnädig herab, die »Ehe für alle« zur Gewissensentscheidung zu erklären. Entscheidet sie also darüber, wann Artikel 38 des Grundgesetzes gilt und wann nicht? Artikel 38 besagt: Die Abgeordneten des Bundestages sind, auch wenn der Fraktionszwang reale Praxis ist, an Aufträge und Weisungen nicht gebunden und nur ihrem Gewissen unterworfen. Merkel aber sagt dazu wörtlich samt Sprechpausen: »Ich möchte die Diskussion mehr in die Situation führen, dass wir … dass es … dass es eher in Richtung einer Gewissensentscheidung ist, als dass ich jetzt per Mehrheitsbeschluss irgendwas durchpauke«. Das sagte sie bei einer Veranstaltung der Frauenzeitschrift *Brigitte* am 26. Juni 2017 im Maxim-Gorki-Theater in Berlin. Eine verfassungsrechtlich bedenkliche Aussage! Verräterisch ist dabei vor allem das Wort »durchpauken«. Wendigkeit pur eben – außer sprachlich. Da ist sie die, die laut Peter Sloterdijk Langeweile zur politischen Waffe gemacht hat.

Merkel versteht sich wohl kaum als Patriotin – hierin geprägt von ihrer Sozialisation, bei der es um Internationalismus ging. Alles Patriotische, Deutsche, Nationale ist ihr sichtlich zuwider. Als ihr der Stuttgarter CDU-Parteitag im Jahr 2008 auftrug, die deutsche Sprache als »Sprache der Bundesrepublik« ins Grundgesetz zu bringen, wischte sie dies verärgert beiseite. Als sie am 22. September 2013 gegen 22 Uhr vor die Kameras trat, um den Wahlsieg der CDU zu feiern, riss sie dem damaligen CDU-Generalsekretär Hermann Gröhe mit angewiderter Mimik die Deutschlandfahne, die dieser schwenkte, aus der Hand und entsorgte sie. »Leitkultur« sei nicht ihr Sprachgebrauch, meint sie. Auch der Begriff »Bildungsnation« kommt ihr nicht über die Lippen; sie hat das bei einem »Bildungsgipfel« herunterdekliniert zur »Bildungsrepublik«.

Von »Volk« spricht sie nicht, obwohl nach Artikel 20 des Grundgesetzes vom Volke alle Staatsgewalt ausgeht. Sie spricht von einer »Kultur der schon länger und der erst seit kurzem hier Lebenden«. Das Wort »Volk« mag sie nicht; offenbar ist der Begriff für sie »rechtsradikal« besetzt, womit sie implizit alle, die von Volk sprechen, in die Ecke stellt (und indirekt die AfD stärkt). Wörtlich sagte sie bei einem CDU-Parteitag am 25. Februar 2017 in Stralsund: »Das Volk ist jeder, der in diesem Lande lebt.« Und wenn ihre »Mitbürgerinnen und Mitbürger« sich um die Flüchtlingsströme sorgen, dann ist das »nicht ihr Land«. Im September 2015 sagte sie bei einer Pressekonferenz, die sie zusammen mit ihrem österreichischen Amtskollegen Werner Faymann gab: »Ich muss ganz ehrlich sagen: Wenn wir jetzt anfangen, uns noch entschuldigen zu müssen dafür, dass wir in Notsituationen ein freundliches Gesicht zeigen, dann ist das nicht mein Land.« Im Juli 2016 bat sie in einem Anflug von Courage die Muslime um Toleranz für den Schweinefleischkonsum der Deutschen. Als ihr der Essener Parteitag im Dezember 2016 mitgab, sich gegen den Doppelpass zu wenden, atomisierte sie auch diesen Beschluss (der Parteitag war noch nicht zu Ende) in einem Rundfunkinterview.

MERKEL UND DIE PRESSE

Die Mainstream-Presse mag Merkel. Man sieht in ihr ein modernes Märchen: Vom DDR-Mauerblümchen zur Monarchin. Man hält sie für eine Naturwissenschaftlerin, die alles unideologisch und vom Ende her denke, also pragmatisch agiere. Aber auch politischer Pragmatismus ist eine Ideologie, weil er sich für ein alternativloses Heilmittel hält.[146] Merkel wird als alternativlos gesehen; sie selbst sieht sich auch so. Nach der gigantischen Wahlschlappe vom 24. September 2017, als die CDU von 41,5 auf 32,9 Prozent abstürzte, meinte sie: »Ich sehe nicht, was wir anders machen sollten.« Aber im dem Moment, in dem es keine Alternativen mehr gibt, rückt Demokratie in Richtung eines autoritären Regimes.[147] Und wer sich an der vermeintlichen Alternativlosigkeit Merkels stieß, der bekam vom damaligen CDU-Generalsekretär Tauber im November 2015 bestätigt: »Wer nicht für Merkel ist, ist ein Arschloch.«

Man hält Merkel für die stärkste Frau der Welt. Möglicherweise ist auch das ein Grund für ihr Handeln im Sommer 2015. Aber mit der von ihr verfügten Öffnung der Grenzen stellte sie sich nach Auffassung namhafter Verfassungsrechtler und Richter, etwa Hans-Jürgen Papier und Udo di Fabio, über geltendes deutsches und europäisches Recht. Ihre gespielt hilflose Begründung war: Es liege »nicht in unserer Hand, wie viele nach Deutschland kommen.« Und: »Wir haben 3 000 Kilometer Landgrenze. Dann müssen wir einen Zaun bauen. Es gibt den Aufnahmestopp nicht.« Zugleich wollte sie Ankara dafür bezahlen, die rund 7 000 Kilometer lange türkische Küste, Landgrenzen nicht mitgerechnet, für Flüchtlinge so weit wie möglich abzuschotten. Merkel überrumpelte mit dieser Flüchtlingspolitik auch die europäischen Partner; das mag mit ein Grund gewesen sein, warum der Brexit eine Mehrheit fand. Und sie drosch auf Viktor Orbán ein, der die ungarischen Grenzen dichtmachte. Dabei gäbe es ohne Orbán und seine Grenzschließungen seit 2016 keine Kanzlerin Merkel mehr. Denn über weitere Millionen nach Deutschland drängender, vorwiegend muslimischer Flüchtlinge, von denen viele schutzbedürftig weder nach Artikel 16a des Grundgesetzes noch nach der Genfer Flüchtlingskonvention sind, wäre sie gestürzt. All dies dürfte bekannt sein – außer den Hofberichtherolden der »Öffentlich-Rechtlichen.« Zudem glaubt Merkel wirklich, sie könne Fluchtursachen bekämpfen und damit die Welt retten. Aber sie sollte sich einmal vergegenwärtigen, dass in den zurückliegenden sechs Jahrzehnten, vorsichtig geschätzt, zwei Billionen US-Dollar nach Afrika flossen, und zwar ohne sichtbare positive Ergebnisse. Hier sind andere Wege notwendig.

Weil sie in vielen Magazinen immer wieder als die stärkste Frau der Welt bezeichnet wird, legt sich Merkel gerne mit diesem und jenem an. Auch mit einem Papst. Nehmen wir den »Aufreger« des beginnenden Jahres 2009: Papst Benedikt XVI. hatte die Exkommunikation von vier abtrünnigen Bischöfen der »Priesterbruderschaft St. Pius X.« aufgehoben, darunter die des britischen Bischofs Richard Williamson, der in einem Interview mit einem schwedischen Fernsehsender den Holocaust relativiert hatte. Letzterer blieb zwar suspendiert. Aber weil die deutsche Presse mit der Unterscheidung zwischen »Aufhebung der Exkommunikation«

und »Rehabilitierung« überfordert war, startete man eine Anti-Papst-Kampagne: »Papst rehabilitiert Holocaust-Leugner.« Da wollte Merkel nicht abseits stehen. Am 3. Februar 2009 gab sie zusammen mit dem (»lupenrein demokratischen«) Präsidenten von Kasachstan Nursultan Nasarbajew eine Pressekonferenz. Bei dieser Gelegenheit gab sie auf die Frage eines Journalisten in der ihr eigenen Rhetorik folgendes Statement ab: »Ich glaube, es ist schon eine Grundsatzfrage, wenn durch eine Entscheidung des Vatikan der Eindruck entsteht, dass es die Leugnung des Holocaust geben könne, dass es um grundsätzliche Fragen des Umgangs mit dem Judentum insgesamt geht, und deshalb darf das nicht ohne Folgen im Raum stehenbleiben. Das ist auch nicht nur eine Angelegenheit – nach meiner Auffassung – der christlichen Gemeinden, der katholischen Gemeinden in Deutschland und der jüdischen Gemeinden, sondern es geht hier darum, dass von Seiten des Papstes und des Vatikans sehr eindeutig klargestellt wird, dass es hier keine Leugnung geben kann und dass es einen positiven Umgang natürlich mit dem Judentum insgesamt geben muss. Diese Klarstellungen sind aus meiner Sicht noch nicht hinreichend erfolgt.«

Hier war der Kanzlerin der Schulterschluss der Mainstream-Presse sehr wichtig. Letztere war von ihrem Statement angetan, denn es signalisierte eine Distanzierung vom »C«.[148] Die Hauptsache schien für Merkel zu sein, dass sie sich mit einem der größten Intellektuellen der Zeit angelegt und die Zustimmung des politisch korrekten Mainstream in Deutschland erhalten hatte. Aber sie hätte wissen können, dass der Papst bei einer Generalaudienz am 28. Januar 2009 seine uneingeschränkte Solidarität mit den Juden bekundet hatte und betont hatte, dass die Erinnerung an die Shoah zum unverzichtbaren Erbe der katholischen Kirche und der Menschheit gehöre. Merkel hätte sich auch einmal die Rede von Papst Benedikt zu Gemüte führen können, die dieser in der KZ-Gedenkstätte Auschwitz gehalten hatte. Papst Benedikt hatte dort am 28. Mai 2006 gesagt: »Ich stehe hier als Sohn des deutschen Volkes, und gerade deshalb muss ich sagen: Ich konnte unmöglich nicht hierherkommen. Ich musste kommen. Es war und ist eine Pflicht der Wahrheit, dem Recht derer gegenüber, die gelitten haben, eine Pflicht vor Gott, (…) als Kind des deutschen Volkes hier zu stehen – als Sohn des Volkes, über das eine Schar von Verbrechern mit lügnerischen Versprechungen, mit der Verheißung der Größe, des Wiedererstehens der Ehre der Nation und ihrer Bedeutung, mit der Verheißung des Wohlergehens und auch mit Terror und Einschüchterung Macht gewonnen hatte, so dass unser Volk zum Instrument ihrer Wut des Zerstörens und des Herrschens gebraucht und missbraucht werden konnte.« Aber wo sollte Merkel das gehört oder gelesen haben? Im Kanzleramt lebt sie schließlich in einer Filterblase und Echokammer.

MERKEL ALS CDU-VORSITZENDE

Merkel die stärkste Frau der Welt? Aber nicht als CDU-Vorsitzende, als die sie seit dem 10. April 2000 amtiert! Dass die CDU seit 1990 von damals 790 000 auf weniger als 500 000 Mitglieder geschrumpft ist, dass jeden Monat rund eintausend Mitglieder die Partei verlassen, dass die CDU der Ära Merkel bei Wahlen beständig an Zustimmung verliert, könnte damit zu tun haben, dass ihre Partei samt Parteitag zur bloßen Akklamationstruppe verkam. Ihr »General« Peter Tauber war denn auch 2015 beauftragt, die CDU »großstädtischer, weiblicher, jünger« zu machen. Folge? Viele potentielle Unionswähler gehen kaum noch zur Wahl. Eine Merkel-CDU ist für sie nicht wählbar, weil dort nur Situationsethik und die Pragmatik des jeweiligen Tages den Ton angeben. Wenn gerade die Klimadebatte en vogue ist, fährt Merkel nach Grönland, um Eisberge zu besichtigen.

Merkel hat die Republik und vor allem ihre eigene Partei paralysiert. Ob mit einer Kanzlerin Merkel die Westbindung der Republik oder die Wiedervereinigung Deutschlands möglich gewesen wären, darf bezweifelt werden. Allerdings muss man Merkel zugutehalten, dass die ideelle Entkernung der CDU früher begann. Die 1982 von Helmut Kohl angesagte »geistig-moralische Erneuerung« fand nie statt. Diese Ankündigung gut zehn Jahre nach »68« erwies sich als Placebo. Auch Kohl größtes Verdienst, die von ihm maßgeblich geformte Wiedervereinigung Deutschlands, brachte kaum einen Impuls in Richtung einer solchen Erneuerung. Dazu war die CDU nie ideologie(kritik)fähig genug. Merkel hat das allerdings getoppt: Sie ist zum programmatischen

Fragezeichen geworden. Wolfgang Ockenfels nennt dies »Beweglichkeit im Zickzack.«[149] Man könnte es auch »Wendigkeit innerhalb sozialdemokratisierter Blockparteien der BRD« nennen. Zudem gilt für die CDU, was Frank Böckelmann 2014 schrieb: Nichts bestätige die linke Legende, Geschichte gemacht zu haben, besser als die Depression der Konservativen.[150]

Es bleibt abzuwarten, wann die CDU aus der Merkel-Narkose erwacht und sich Sorgen um die Partei sowie deren »Ausverkauf« und »bedingungslose Kapitulation vor dem Zeitgeist«[151] macht. Jedenfalls könnte sich mit der CDU das Verschwinden der damaligen italienischen Schwesterpartei »Democrazia Cristiana« Anfang der 1990er Jahre wiederholen. Vielleicht denkt dann mal einer an jenen Satz, den Merkel als CDU-Generalsekretärin am 22. Dezember 1999 in der *FAZ* schrieb, als sie die CDU von Kohl lossagte (Artikelüberschrift »Die von Helmut Kohl eingeräumten Vorgänge haben der Partei Schaden zugefügt«): »Die Partei muss laufen lernen.« Von der 2017/2018 wenigstens zaghaft begonnenen Debatte innerhalb der CDU und der personellen Erneuerung an der Spitze hängt es ab, ob die CDU verlorengegangene Wähler zurückgewinnen kann.

VIII. SPEZIALFALL: DIE LINKE UND DER ISLAM

EIN SCHIZOPHRENES VERHÄLTNIS

Das Verhältnis der Linken zum Islam ist schwer zu durchschauen. Wahrscheinlich ist es ähnlich ambivalent wie das Verhältnis der Deutschen insgesamt zum Islam. Das hängt wohl damit zusammen, dass der Islam nicht nur eine Religion, sondern mit Koran und Scharia, den Eckpfeilern des Islam, auch eine Rechts- und Gesellschaftsordnung ist. Diejenigen islamischen Länder, die die Menschenrechts-Charta unterschrieben haben, haben dies – mit Blick auf die Scharia – unter Vorbehalt getan.

So richtig erwärmen können sich die Linken für den Islam wohl nicht – soweit sie ihn als Religion wahrnehmen müssten. Hier spielt ihre radikale Aversion gegen alles, was mit Religion zu tun hat, eine Rolle. Tolerant will die Linke aber dennoch sein. Vielleicht hängt ihre die Toleranz gegenüber dem Islam mit einer Portion Intoleranz zusammen, nämlich mit Antisemitismus. Jedenfalls pflegten die 68er eine ausgeprägt feindselige Haltung gegenüber Israel und zugleich viel Sympathie für die PLO. Aus der Sicht von Maxim Biller wurde die PLO zum »Goldenen Kalb der deutschen Täterkinder« – so Biller in einem Interview mit *Zeit Campus* vom 10. Juni 2017.

Vielleicht rekurrieren die Linken hier unbewusst auf Karl Marx, der als Jude geboren und später zum Protestantismus konvertiert war. In seinen Schriften »Zur Judenfrage« betrachtete er das Judentum als Symbol kapitalistischer Ausbeutung und Geldgier. In den Schriften der 68er, die Marx ansonsten gerne bemühen, findet sich freilich wenig aus seiner Feder zum Islam und zu Muslimen. Allenfalls dies: »Der Koran und die auf ihm fußende muselmanische Gesetzgebung reduzieren Geographie und Ethnographie der verschiedenen Völker auf die einfache und bequeme Zweiteilung in Gläubige und Ungläubige. Der Ungläubige ist der Feind. Der Islam ächtet die Nation der Ungläubigen und schafft einen Zustand permanenter Feindschaft zwischen Muselmanen und Ungläubigen.«[152]

In der Zeit von »68« hat der Islam in Europa keine wesentliche Rolle gespielt. Implizit oder unbewusst war der Islam (bzw. der muslimische

Kulturkreis) damals wohl nichts anderes als ein Teil der 68er Kosmopolitenvision. Selbst der »Frankfurter Schule« war er fremd, wahrscheinlich auch deshalb, weil die Großbürger Adorno, Horkheimer, Marcuse mit dem intellektuell eher anspruchslosen Islam nichts anzufangen wussten. Vermutlich fehlte den Vertretern der »Kritischen Theorie« etwas, das sie für eine Auseinandersetzung mit dem Islam gebraucht hätte: Wer in puncto Glauben Nihilist ist, der weiß sich mit keiner Religion auseinanderzusetzen.

»CONTRA ISRAEL« GLEICH »PRO ISLAM«?

Um den Islam als Religion oder um die muslimische Kultur haben sich die Original-68er nicht gekümmert. Eine Sympathie für den Islam pflegten sie nicht. Ihre Vorliebe für das Palästinensertuch als palästinensisches Nationalsymbol und als Markenzeichen des damaligen PLO-Führers Jassir Arafat hatte nichts mit dem Islam zu tun, aber viel mit der Liebe zu den »Unterdrückten« sowie mit dem Hass auf Israel, ferner mit dem Antisemitismus, Antizionismus, Antiimperialismus und Antiamerikanismus der 68er. Den späteren 68ern hat sich auch der Sechs-Tage-Krieg vom Juni 1967 eingeprägt, als Israel die Sinai-Halbinsel, Jordanien bis zum Jordan und die Golan-Höhen besetzte.

Wenig später sympathisierten die 68er mit den Feinden Israels. Das hat damals schon Joseph »Joschka« Fischer (später »Bündnis 90/Die Grünen«) vorexerziert. 2001 wurde bekannt, dass der amtierende deutsche Außenminister 1969 als »Sponti« an einer Solidaritätskonferenz für die PLO in Algerien teilgenommen hatte. Dort soll ein »Endsieg« über Israel gefordert worden sein. Auf der PLO-Konferenz wurde in einem Abschlussdokument erklärt: »Die Versammlung vertraut darauf, dass der Endsieg dem palästinensischen Volk gehören wird und es ihm gelingen wird, ganz Palästina zu befreien.« Fischer hatte zunächst nur eingeräumt, dass er 1966 auf einer »völlig unpolitischen Tramptour im Nahen Osten« unterwegs gewesen sei.

Zum Thema wurden die Muslime – weniger der Islam – für die Linken erst in den 1980er und 1990er Jahren (vor allem bei den »Grünen«), und zwar in Form von multikulturellen Phantasien. Religiöse Motive spielten dabei keine Rolle. Wo immer von einer multikulturellen Gesellschaft die Rede war, wurde diese über nationale und ethnische Herkünfte definiert, nicht über religiöse Zugehörigkeiten. Man sprach von Türken, nicht von Muslimen. Der Grund war vermutlich eine völlige Unkenntnis des Islam; die Unterschiede zwischen Sunniten und Schiiten, Ahmadiyya, Aleviten, Ibaditen und Alawiten, die Begriffe Sufismus, Salafismus und Wahhabismus, der Gottesbegriff oder das Menschenbild des Islam waren nicht von Belang. Linke »Islamophilie« beruht also eher auf einer multikulturellen Vision als auf Sachkenntnis.

Soweit der Islam aber nicht vorrangig als Religion, sondern als Kultur wahrgenommen wird, ist er den Linken willkommen. Denn dann ist er Vehikel für »Multikulti«, für die Vorstellung der Auflösung von Volk, Nation, Abendland. Damit verrät die Linke aber ihre säkularen Ideale. Auch Jürgen Habermas tut dies, wenn er den Richtern des Landgerichts Köln indirekt Anmaßung und Borniertheit unterstellt (die Richter hatten eine Beschneidung zur Körperverletzung erklärt[153]). Als Bundesinnenminister de Maizière im Frühjahr 2017 zehn Thesen zu einer deutschen Leitkultur vorlegte, schaltete sich derselbe Habermas sofort warnend ein und meinte, keine Muslima dürfe dazu genötigt werden, Herrn de Maizière die Hand zu geben.[154] Die damalige Integrationsbeauftragte der Bundesregierung, Aydan Özoguz (SPD), meinte in einem Eckpunktepapier vom 21. September 2015 im Zusammenhang mit »Leitkultur«, das Zusammenleben müsse »täglich neu ausgehandelt werden«. Darauf antwortet Peter J. Brenner zu Recht, die deutsche Gesellschaft sei kein orientalischer Basar, auf dem darüber gefeilscht werden könne, was denn nun gerade gelte und was nicht.[155]

Die Wahrer von linker Denke sind an vorderster Stelle die Links-Partei und die »Grünen«. Auf ihrem Parteitag im Jahr 2010 veröffentlichte die Links-Partei unter dem Titel »Für Solidarität und gegen antimuslimischen Rassismus« einen Beschluss, in dem es heißt: »DIE LINKE tritt gegen die Stilisierung des Feindbildes ›Islam‹ ein und verteidigt das Recht auf freie Religionsausübung von Muslimen. Wir verteidigen das Recht aller Religionsgemeinschaften auf eigene Gebetshäuser, ob Synagogen, Moscheen oder Kirchen. Wir stellen Muslime und ihre Gemeinden nicht unter Generalverdacht.« Die »Grünen« haben ihr

Verhältnis zum Islam in ihrem Programm zur Bundestagswahl 2017 zu fassen versucht. Es heißt dort: »Für uns Grüne gehört auch der Islam zu Deutschland (...) Wir lehnen es entschieden ab, wenn das ›christliche Abendland‹ heute wieder als Kampf- oder Ausgrenzungsbegriff gegen Menschen verwendet wird, deren Vorfahren nicht schon seit Ewigkeiten in Deutschland lebten (...) Wir treten Homophobie entgegen, von wem immer sie ausgeht, seien es Rechtsextreme oder Islamisten, Pius-Brüder oder Rapper und Reggae-Sänger. Wir setzen uns seit langem dafür ein, dass der Respekt gegenüber unterschiedlichen Lebensweisen und der Kampf gegen Homophobie fester Bestandteil der Integrationspolitik werden muss, ebenso wie die Unterstützung von Lesben und Schwulen mit Migrationshintergrund (...)«. Interessant, was man in eine Stellungnahme zum Islam so alles an Ideologie hineinpacken kann – und an Vision! Karin Göring-Eckardt (»Grüne«) hat dazu im Berliner Radiosender »Radio Eins« am 18. September 2017 gesagt, es wäre »sehr langweilig« in Deutschland, wenn man die Muslime nicht hätte. Bereits 2015 meinte sie, das Kopftuch »vehement« verteidigen zu müssen. Als wenn dieses ein Zeichen von Emanzipation wäre!

GEHÖRT DER ISLAM ZU DEUTSCHLAND?

Trotz alledem übernehmen die vereinten Linken willfährig etwas, das der im Februar 2012 vorzeitig zurückgetretene Bundespräsident Christian Wulff ausgerechnet zu den Feiern zum 3. Oktober 2010 in Bremen kundgetan hatte: dass nämlich der Islam zu Deutschland gehöre. Aber auch viele andere haben diesen Satz wiederholt, zum Beispiel Angela Merkel oder der Kölner Kardinal Rainer Maria Woelki, der 2017 im Namen »der Kirche« alle Auffassungen zurückwies, nach denen der Islam nicht zu Deutschland gehört. Übrigens war der Wulff'sche Satz schon von Wolfgang Schäuble vorweggenommen worden (wenn auch nicht wortgleich), und zwar anlässlich einer »Deutschen Islam Konferenz« am 28. September 2006. Schäuble sagte damals: »Der Islam ist Teil Deutschlands und Europas.« Aber wehe dem, der auch nur in Andeutungen etwas Kritisches über den Islam sagt! Ob Politiker, Bürger, Journalist, Professor – ihn trifft ein politischer und medialer Shitstorm, die politisch korrekte Erregung der Spitzen des Staates, des öffentlich-rechtlichen Rundfunks, der Kirchen etc. Das Thema soll tabuisiert, Kritiker sollen mundtot gemacht werden. Das trifft selbst säkulare Muslime, die zum Teil unter Polizeischutz leben müssen: Necla Kelek, Seyran Ates, Ayaan Hirsi Ali, Boualem Sansal, Imad Karim, Hamed Abdel-Samad usw.

Immer wieder wird auch diesen Kritikern des Islam entgegengehalten, die Greuel, die im Namen Allahs weltweit angestiftet werden, hätten nichts mit dem Islam zu tun. Man müsse den friedfertigen und wohltätigen Islam vom bösen Islamismus und vom Dschihadismus unterscheiden. Aber auch in der Neuzeit haben so renommierte Leute wie Elias Canetti den Islam als »Kriegsreligion« beschrieben.[156] Und Navid Kermani, Träger des Friedenspreises des Deutschen Buchhandels 2015, antwortete auf die Frage nach der Nähe zwischen Islam und Faschismus mit einem klaren »Ja!«. Verdrängt wird auch gerne der Ursprung der Sklaverei. Laut Egon Flaig, einen der führenden Kenner der Geschichte der Sklaverei, nahm diese ihren Ausgang in der arabischen Kultur.[157]

Das wollen nicht nur die Linken nicht wahrhaben, sondern ebenso wenig die etablierten Parteien, die Kirchen etc. etc. Al'Qaida und der IS berufen sich aber ausdrücklich auf den Islam, sie verüben ihre Greueltaten im Namen Allahs. Diese Taten sind nicht unislamisch, sondern konsequent islamisch, wie Sabatina James darlegt.[158] Dass bei den Linken dabei Begriffliches durcheinandergerät, sieht man daran, dass sie Kritik am Islam nicht nur als »islamophob« anprangern, sondern auch als »rassistisch« (als wäre der Islam eine Rasse). Selbst Salman Rushdies Attacke auf den Islam wurde von Linken als Rassismus definiert. Erst später wurde für diese Art Vorwurf der Begriff der »Islamophobie« erfunden.

DER DEUTSCHEN FRÜHERES VERHÄLTNIS ZUM ISLAM

Gehen wir der These nach, dass das Verhältnis der Deutschen zum Islam naiv bis ambivalent war und ist. Wenn der Islam in der deutschen Kulturgeschichte eine Rolle spielte, dann eine geringe. Kam er einmal vor, dann eher weichgezeichnet. Immerhin galt der Orient – ähnlich wie Amerika – ab etwa 1800 als Objekt einer romantischen Sehnsucht. Lessing, Goethe und Karl May haben daran mitgewirkt.

In Lessings 1779 veröffentlichtem »Dramatischen Gedicht« mit dem Titel *Nathan der Weise* ist eine der Hauptfiguren der Sultan Saladin. Er wird dort als vorbildhafter islamischer Herrscher, als edler Heide dargestellt. Als historische Figur hatte Saladin 1187 Jerusalem erobert. Bei Lessing wird er verklärt und romantisiert wahrgenommen, vor allem wegen der im Drama enthaltenen »Ringparabel«. Saladin soll als Zeuge dafür stehen, dass alle drei großen monotheistischen Weltreligionen (Judentum, Christentum, Islam) gleichberechtigt seien und sich wechselseitig tolerierten. Saladin hatte Nathan zu sich zitiert, weil er Geld brauchte. Dieser zog mit der »Ringparabel« seinen Kopf aus der Schlinge. Kurz zuvor allerdings hatte Saladin 19 Tempelritter hinrichten lassen und nur den Tempelritter Nathan verschont. Das Stück endet in »allseitiger Umarmung«. Diese Verklärung Saladins zog selbst den deutschen Kaiser Wilhelm II. in ihren Bann; während seiner Reise nach Palästina im Herbst 1898 legte er am Grab des Sultans einen Bronzelorbeerkranz nieder. Zudem hielt er dort eine Ansprache, in der er erklärte, der deutsche Kaiser werde zu allen Zeiten der Freund aller Mohammedaner sein.

1819 veröffentliche Goethe seine große Gedichtsammlung *West-östlicher Divan*. Diese Sammlung wurde lange Zeit so interpretiert, dass Goethe eben vom Orient begeistert gewesen sei. Aber sein Blick auf den Islam fällt kritischer aus als angenommen. Man hatte sich sehr von folgenden Versen vereinnahmen lassen: »Wer sich selbst und andere kennt / Wird auch hier erkennen: / Orient und Okzident / Sind nicht mehr zu trennen.« Das aber war keine Liebeserklärung an den Orient. Im Kapitel »Noten und Abhandlungen« heißt es nämlich: »Indessen bleiben wir allen Wall- und Kreuzfahrten zu Dank verpflichtet, da wir ihrem religiösen Enthusiasmus, ihrem kräftigen, unermüdlichen Widerstreit gegen östliches Zudringen doch eigentlich Beschützung und Erhaltung der gebildeten europäischen Zustände schuldig geworden.« Necla Kelek hat sich mit Goethes Islambild auseinandergesetzt; sie schrieb: »Nicht nur kritisiert der Geheimrat die ›offensichtliche Benachteiligung‹ der

Frauen und das Weinverbot im Islam – für ihn Zeichen der ›düsteren Religionshülle‹, die der Prophet seinem Stamme aufgezwungen habe; an der Figur Mohammeds thematisiert er darüber hinaus den bis heute gültigen Grundkonflikt des Islams: ein Glaube, der sein ›Göttliches‹, seine spirituelle Dimension, verliert, weil der Prophet versuche, das ›Himmlische, Ewige in den Körper irdischer Absichten‹ einzuzwängen und sich so des Heiligen ›am Ende gänzlich begibt‹«.[159]

Auf einer völlig anderen Ebene konfrontierte der durchaus islamkundige Karl May den deutschen Leser mit dem Islam. In seinen Orient-Bänden lässt er Kara Ben Nemsi (Karl, Sohn der Deutschen) mit muslimischen Begleitern reisen, darunter sein Diener und Freund Hadschi Halef Omar Ben Hadschi Abul Abbas Ibn Hadschi Dawuhd al Gossarah. Kara Ben Nemsi kennt mehrere Suren des Korans auswendig und weiß über das Leben Mohammeds Bescheid. Er weiß um die Pflichten und Rituale, die der Gläubige bei seiner Pilgerfahrt erfüllen muss. Sogar über die Sunniten und die Schiiten weiß er einiges.

Überhaupt wandelte sich das Osmanische Reich seit dem späten 17. Jahrhundert vom Angstgegner zum Faszinosum und zum militärischen Verbündeten. Der berühmte osmanische Reisende Evliya Çelebi berichtete noch 1663 von einem (erfolglos bleibenden) Befehl an die Armee, durch Deutschland bis ans »deutsche Meer« (»Alman denizi«) zu ziehen und alles zu verbrennen und niederzureißen. Im 18. und 19. Jahrhundert wurde die islamisch-orientalische Welt zum Faszinosum für Künstler, aber auch für ein breiteres Publikum, das sich an Tulpen, türkischem Honig, orientalischer Gewitztheit und nicht zuletzt an Haremsphantasien ergötzte und vor »orientalischer Barbarei« erschauderte.[160]

HITLER, HIMMLER UND DER ISLAM

Eine besondere Beziehung zum Islam hatten die Nazi-Oberen. Der Historiker David Motadel[161] legt dar, wie der NS-Staat auf die bereits 1908 im Kaiserreich zu Zwecken der Kolonialpolitik konstruierte »Islampolitik« zurückgriff und den Islam politisch vereinnahmte. Hitler umwarb Muslime, um sie als Verbündete zu gewinnen. Rassistische

Bedenken wurden beiseite geschoben. Am Ende kämpften Zehntausende Muslime in der Wehrmacht und in der SS. Es kam auch zu persönlichen Begegnungen. Ende 1941 flüchtete Amin al-Husayni, der Mufti von Jerusalem, nach Berlin. Schnell wurde er dort zu Hitlers wichtigstem Propagandisten in der muslimischen Welt. Auf dem Höhepunkt des Krieges, in den Jahren 1941/42, als Hitlers Truppen in muslimisch bevölkerte Gebiete auf dem Balkan, in Nordafrika, auf der Krim und im Kaukasus einmarschierten, begann man in Berlin, den Islam als politisch bedeutsam wahrzunehmen. Das NS-Regime umwarb nun Muslime als Verbündete und versuchte sie zum Kampf gegen gemeinsame Feinde aufzustacheln – gegen das Britische Empire, die Sowjetunion, Amerika und die Juden. Nur am Rande: Millionen Muslime kämpften auch in der Roten Armee.

Bereits 1940 verteilten die Nazis bei der Eroberung Frankreichs Flugblätter in arabischer und französischer Sprache. Mit ihnen sollten die französischen Muslime zum Aufstand gegen die Unterdrückung durch Frankreich aufgerufen werden. 1941, kurz vor dem Einmarsch in Nordafrika, gab die Wehrmacht die Tornisterschrift »Der Islam« heraus, um die deutschen Soldaten im Umgang mit Muslimen zu instruieren. An der Ostfront, auf der Krim und im Kaukasus, wo Stalin vor dem Krieg den Islam brutal unterdrückt hatte, bauten die deutschen Besatzer Moscheen und Koranschulen wieder auf. Es wurden religiöse Autoritäten angeworben. Deutsche Propagandisten politisierten den Koran und das Konzept des Jihad, um Muslime zur Gewalt gegen die Alliierten anzustacheln. Gleichzeitig rekrutierten Wehrmacht und Waffen-SS ab 1941 tausende muslimische Freiwillige – Bosnier, Albaner, Krimtataren und Muslime aus dem Kaukasus und aus Zentralasien. Den Rekruten wurden religiöse Zugeständnisse gemacht: Islamische Rituale und Praktiken, wie etwa das Gebet oder das Schächten, wurden gestattet. Eine besondere spielten Militärimame; diese waren nicht nur für die religiöse Betreuung der Rekruten verantwortlich, sondern auch für deren politische Indoktrinierung.

Hitler schätzte am »Mohammedanismus« dessen angebliche Wissenschaftlichkeit und Ritterlichkeit. Mit ihm, so glaubte er, hätten die Germanen längst die Welt erobert; nur das »fade«, »barbarische«

Christentum habe hier gebremst.[162] Auch Himmler phantasierte sich den Islam als männliche Heldenreligion mit einem Kriegsgott an der Spitze. 1944 erklärte er vor Parteifunktionären: »Ich muss sagen, ich habe gegen den Islam gar nichts, denn er erzieht mir in dieser Division seine Menschen und verspricht ihnen den Himmel, wenn sie gekämpft haben und im Kampf gefallen sind. Eine für Soldaten praktische und sympathische Religion!«

Aber nicht nur die bekannte Allianz zwischen Hitler und dem Großmufti von Jerusalem, Haj Amin al-Husseini, symbolisiert die Nähe islamischer und totalitärer Bewegungen, sondern auch die pro-arabische Bündnispolitik der Sowjetunion. Diese war sich – wie vordem die Nazi-Führung – mit ihren islamischen Gesinnungsfreunden darin einig, das »zionistische Experiment« im Nahen Osten so schnell wie möglich zu beenden. Hitler jedenfalls wurde (und wird?) in Teilen der islamischen Öffentlichkeit heroisiert.

DER ISLAM ALS LINKE MULTIKULTI-VISION

Es herrschte in Deutschland lange Zeit Stille, wenn es um den Islam ging. Türkische Gastarbeiter wurden als Gastarbeiter und nicht als Muslime gesehen. Dann, mit den Jahren 1989/1991, schienen alle Totalitarismen besiegt. Es wurde das Ende der Geschichte, vor allem das Ende aller Totalitarismen angesagt. Aber mit dem Islamismus erhob genau in jenem Moment, als 1989 der eine Totalitarismus kollabierte, ein anderer Totalitarismus sein bärtiges Haupt. Dies wurde besonders deutlich in Samuel Huntingtons Artikel (und später Buch) *The Clash of Civilizations* (*Der Kampf der Kulturen*) von 1993 bzw. 1996.[163] Den entscheidenden Wendepunkt in der Wahrnehmung des Islam brachte dann der 11. September 2001. Der islamistische Terrorismus war zum Ernstfall der Globalisierung geworden.

Gewiss sind die allerwenigsten Muslime »Krieger« des Islam, aber die meisten Terroristen sind Muslime. Die Serie von Anschlägen auch in Europa zeugt davon. Denn auf 9/11 folgten die ersten Terrorakte in Europa. Zum Beispiel wurde am 2. November 2004 der Filmemacher Theo van Gogh von dem 26-jährigen Mohammed Bouveri rituell ermordet. Der junge Mann hat marokkanische Wurzeln. Bouyeri sagte vor Gericht mit dem Koran unter dem Arm, als Muslim dürfe er jedem den Kopf abhacken, der Allah beleidige. Und: »Ich würde es wieder tun«. Das Gericht verurteilte ihn zu einer lebenslangen Freiheitsstrafe. Van Gogh hatte zusammen mit der aus Somalia stammenden Frauenrechtlerin Ayaan Hirsi Ali den Kurzfilm *Submission* gedreht – zur Darstellung der Unterdrückung der Frau im Islam.

Verfolgen wir also die These, dass der Islam von den Linken für ihre Vision eines Multikulturalismus instrumentalisiert wird, und dass sogar Hunderttausende von (in der überwältigenden Mehrheit muslimischen) Flüchtlingen nur als eine Masse zur Umerziehung der Deutschen gesehen werden. Historische Fakten, die belegen, dass »Multikulti« immer gescheitert ist, zum Beispiel in der Sowjetunion und in Jugoslawien, spielen für die Linken keine Rolle. Mit ihrem starren Blick »nach rechts« übersehen sie indes die Gefahr, die auch linken Idealen durch den fundamentalistischen Islam droht. Ruud Koopmans, gebürtiger Niederländer, seit 2007 Direktor der Abteilung Migration, Integration, Transnationalisierung am »Wissenschaftszentrum für Sozialforschung Berlin« (WZB), Gastprofessor für Politische Wissenschaften an der Universität Amsterdam und Professor für Soziologie und Migrationsforschung an der Humboldt-Universität zu Berlin, sagt, warum Multikulturalität zur Gefahr wird: Weil den jeweiligen nationalen Mehrheiten im Zuge dieser Migrationsentwicklung immer stärker die Möglichkeit abhandenkommt, ihre eigenen kulturellen Identitäten rechtlich abgestützt geltend zu machen. Wörtlich: »Kulturellen Minderheiten, unterstützt durch eine kosmopolitische Elite, deren Forderungen auf normativen Rechtsgrundsätzen beruhen, stehen kulturelle Mehrheiten gegenüber, die keine legitime Anerkennung ihrer kulturellen Ansprüche und Identitäten finden und sich deshalb auf die populistische Macht der Überzahl stützen.«[164] Vor allem meint Koopmans, dass Integration ohne Assimilation nicht funktioniert und der Multikulturalismus zu Parallelgesellschaften führt.

Für Kenan Maliks[165] wäre aber – mit Blick auf den Islam – gerade die Bereitschaft zur Blasphemie, also zur Übertretung religiöser Tabus, eine entscheidende Etappe auf dem Weg aus der Unmündigkeit. In seinem

Essay »From Fatwa to Jihad« schildert er den »Cultural Turn«, den die Fatwa-Affäre in der westlichen Linken endgültig besiegelte. Malik geht darin zu den Ursprüngen des (Multi-)Kulturalismus zurück – und diese liegen in Deutschland, bei Herder, der sich noch als Aufklärer verstand, sowie bei den Romantikern, die zu den Idealen der Aufklärung bereits eine polemische Position bezogen. In seiner modernen Form sei der Multikulturalismus von konservativen, aber auch linken Regierungen quasi installiert worden: Regierungen in Frankreich, Britannien, Deutschland hätten es gefördert, dass sich Einwanderergruppen als anders definierten und kulturell von der Mehrheitsgesellschaft absetzten, denn so hätten sich Forderungen nach Integration in die Zukunft verschieben lassen. Geflissentlich übersehen wird dabei stets, dass diejenigen Einwanderer, die Deutschlands »Multikulti« ausmachen (vor allem die orthodox islamisch geprägten), gar kein »Multikulti« möchten, sondern am Ende eine islamisch geprägte Monokultur anstreben.

ISLAM UND TOTALITARISMUS?

Ganz offenbar verhält sich die politische Klasse bisweilen wie Jakob Biedermann in Max Frischs Einakter *Biedermann und die Brandstifter* von 1958. Darin nisten sich der Ringer Josef Schmitz und der Kellner Willi Eisenring beim Haarwasserfabrikanten Jakob Biedermann im Dachboden ein. Dieser will die Gefahr der Brandstiftung selbst dann nicht wahrhaben, als die beiden Benzinfässer und Zündschnüre in den Speicher schleppen und als bereits Nachbarhäuser brennen. Biedermann bietet sogar Streichhölzer an. Er will die Realität nicht sehen: »Blinder als blind ist der Ängstliche, / Zitternd vor Hoffnung, es sei nicht das Böse, / Freundlich empfängt er's, / Wehrlos, ach, müde der Angst, / Hoffend das Beste … / Bis es zu spät ist.« Oder in den Worten Ernst Jüngers aus dessen Tagebüchern der 1960er Jahre: »Wo der Liberalismus seine äußersten Grenzen erreicht, schließt er den Mördern die Tür auf.«

»Bis es zu spät ist« – nämlich für eine offene Gesellschaft der paradoxen Toleranz? Karl Popper (1902–1994) hat auf diese Gefahr im Zusammenhang mit anderen Totalitarismen hingewiesen. Von der realen islamischen Expansion konnte er noch nichts wissen, als er sein monumentales Werk *Die offene Gesellschaft und ihre Feinde* schrieb. Den Beschluss, es zu schreiben, hatte er am Tag des Einmarsches Hitlers nach Österreich, am 13. März 1938, im neuseeländischen Exil gefasst. Erschienen ist es sieben Jahre später, nach Ende des Zweiten Weltkrieges. Es wurde ein Buch gegen Nazismus und Kommunismus, namentlich gegen Hitler und Stalin, wie Popper betonte. Und er fügte hinzu: »Ich verabscheute die Namen beider so sehr, dass ich sie in meinem Buch nicht erwähnen wollte.« Aber die Kernaussage des Buches ist aktueller denn je: dass uneingeschränkte Toleranz zum Verschwinden der Toleranz führe. Und legt man Poppers Kriterien zugrunde, so findet man beim Islam und im besonderen beim Islamismus alle Kriterien von Ideologie vor: dogmatisches Behaupten absoluter Wahrheiten, Tendenz zur Immunisierung gegen Kritik, Vorhandensein von Verschwörungstheorien, utopische Harmonieideale sowie die Behauptung von Werturteilen als Tatsache.[166]

Die Parallelen lassen sich noch konkreter fassen. In seiner Schrift »Die Aura der Angst. Kommunismus, Islam und ihre Wirkung auf Europa« deckt Chaim Noll zahlreiche Querverbindungen auf.[167] Chaim Noll ist übrigens als Hans Noll in der DDR (Berlin-Ost) geboren worden und 1984 in den Westen übergesiedelt; seit 1998 ist er israelischer Staatsbürger. Noll erinnert an Bertrand Russell, der in seinem Buch *The Theory and Practice of Bolshevism* (1920) eine innere Nähe von Marxismus und Islam festgestellt hatte: »Unter den Religionen müsste der Bolschewismus eher dem Mohamedanismus zugerechnet werden als dem Christentum oder dem Buddhismus (…) Mohamedanismus und Bolschewismus sind praktisch, auf das Gesellschaftliche orientiert, nicht auf das Spirituelle, und ganz damit beschäftigt, das Reich dieser Welt zu gewinnen.«[168]

Noll sieht weitere Parallelen zwischen Kommunismus und Islam: Beide haben expansive Absichten. Beide sind globale Befreiungs- und Erlösungslehren – hier die Befreiung der Welt von Ausbeutung, dort von Ungläubigen. Beide versprechen Großes – hier kommunistische Gleichheit, dort muslimische Erfüllung. Beide erwarten das gehorsame Selbstopfer des Einzelnen zu Gunsten der Gemeinschaft. Hier geht es um Klassenkampf, dort um »Glaubenskampf«, hier um die »klassenlose Gesellschaft«, dort um »Dar al-Islam«. Beide sind geprägt von einem simplen Dualismus – hier Genossen und Gegner, dort Gläubige und Ungläubige. Beide sind humorlos, wie es etwa in der Charta der Hamas festgeschrieben ist: »Eine Nation, die sich dem heiligen Kampf widmet, kennt keinen Spaß.« Nahezu identische Vergleiche mit dem Faschismus/Nationalsozialismus bieten sich an: das Führerprinzip (Prophet), die Gefolgstreue bis in den Tod, das Sendungsbewusstsein, das Hinarbeiten auf einen Endsieg und der Antisemitismus. So gesehen ist »linke« Toleranz oft nichts anderes als eine Toleranz auf der Basis von Ignoranz.

Es ließen sich zahllose weitere Beispiele aufzählen, die belegen: Appeasement ist offenbar eine immanente Neigung demokratischer Gesellschaften. Da werden etwa in einer Ausstellung Massenmörder zu »Märtyrern« befördert – so geschehen zwischen 29. November und 6. Dezember 2017 in Berlin-Kreuzberg, »Haus Bethanien« am Mariannenplatz. Als Märtyrer wurden in Bild und Text Menschen vorgestellt, die für ihre Überzeugungen in den Tod gingen: Sokrates (469–399 v. Chr.), die Heilige Apollonia von Alexandria (3. Jh.), Martin Luther King (1929–1968) und andere mehr. Auch Mohammed Atta, der ein Flugzeug in das World Trade Center steuerte. Oder Omar Ismael Mustafa, der am 13. November 2015 im Pariser Club »Bataclan« in die Menschenmenge schoss (89 Menschen starben). Kritikern antworteten die Macher der Ausstellung: Man wolle den Begriff »Märtyrer« erweitern. (Die Ausstellung wurde übrigens aus dem Haushalt der Bundesregierung, namentlich der Staatsministerin Monika Grütters, CDU, gefördert.) Es fällt auch auf, dass das postheroisch erzogene Deutschland selbst die barbarischsten Akte mit Gelassenheit hinnimmt. Der Berliner *Tagesspiegel* etwa kommentiert den terroristischen Mord vom 19. Dezember 2016 an zwölf Menschen auf dem Berliner Weihnachtsmarkt mit der Überschrift: »Heroische Gelassenheit in Berlin«. Der Verfasser weiß wohl nicht, woher das Wort »Gelassenheit« kommt. Es kommt von »geschehen lassen«.

1001 UNTERWERFUNGEN

Weitere Beispiele: In Kopenhagen durften zum Klimagipfel im Dezember 2009 keine Christbäume aufgestellt werden. Ende 2010 wurde in millionenfacher Auflage ein EU-Kalender an Schulen verteilt. Der Clou: Sämtliche christlichen Feiertage fehlten. In vielen Schulen sind keine christlichen Weihnachtslieder mehr erwünscht. Dazu passt – zu Ostern 2011 – die Werbung der Buchkette Thalia zum »Hasenfest«. In der ARD (*Anne Will* vom 6. November 2016) darf eine IS-Propagandistin in Burka ihre IS-Sympathien ausbreiten. Bundesinnenminister Thomas de Maizière schlägt im Spätsommer 2017 einen muslimischen Feiertag für Deutschland vor. Umzüge von Kindergärten zu Sankt Martin (11. November) werden »kultursensibel« abgeschafft und durch »Laternen-Umzüge« ersetzt. In den Mensen von Schulen gibt es teilweise kein Schweinefleisch mehr. Weihnachtsmärkte werden zu Lichter- oder Sternenmärkten umbenannt. In Schwimmbädern werden Zeiten ausgewiesen, in denen nur Musliminnen schwimmen dürfen. Muslimische Schülerinnen wollen vom Schwimmunterricht befreit werden. Auf Prospekten, mit denen in arabischer Sprache für eine Tour durch die Alpen geworben wird, sind die Gipfelkreuze wegretuschiert. Auf Friedhöfen sollen eigene Areale ausgewiesen werden, damit »Gläubige« nicht neben »Ungläubigen« zur letzten Ruhe kommen. Zwangsehen, Kinderehen, Beschneidungen, das Schächten werden geduldet. Allein im Kreis Pinneberg gibt es Anfang 2018 mindestens zwei Fälle, in denen syrische Asylbewerber ihre Zweitfrauen nach Deutschland holen durften. Bigamie, die in Deutschland verboten ist, wird damit indirekt legalisiert.

In Berlin sind – Stand Ende 2017 – mehr als 100 Kinder verheiratet, und es geschieht nichts. Die zu diesem Zeitpunkt amtierende Integrationsbeauftragte der Bundesregierung, Aydan Özoguz (SPD), argumentiert: Eine Annullierung der Kinderehen würde die Kinder ins Abseits drängen, und sie würden ihre Unterhalts- und Erbansprüche verlieren. Der Bundesinnenminister schlägt vor, ein Imam, der in Deutschland eine Kinderehe schließe, solle mit einem Bußgeld von 1 000 Euro bestraft werden. Geht's noch? Es geht hier nicht um eine Ordnungswidrigkeit, sondern um eine Straftat! Oder nehmen wir die Studie des Bundesfamilienministeriums vom 6. Februar 2017: In Deutschland sind 47 000 Frauen Opfer von Genitalverstümmelung. Laut dieser Studie sind »zwischen 1 500 und 5 700« Töchter von Migranten von Genitalverstümmelung bedroht.

Der linke Aufschrei blieb auch weitgehend aus, als im Dezember 2017 rund 1200 radikalisierte Muslime vor dem Brandenburger Tor gegen die Entscheidung von US-Präsident Trump demonstrierten, Jerusalem als Hauptstadt Israels anzuerkennen. Die Protestierer schwenkten PLO-Flaggen und verbrannten am Brandenburger Tor und in Neukölln israelische Flaggen. Sie bestätigten damit eine Bemerkung, die der Modeschöpfer Karl Lagerfeld im November 2017 in der TV-Show *Salut les Terres* des französischen Senders »Canal 8« getan hatte. Lagerfeld hatte die deutsche Politik vor dem fortschreitenden Antisemitismus unter Migranten gewarnt und gesagt: »Wir können nicht, selbst wenn Jahrzehnte zwischen den beiden Ereignissen liegen, Millionen Juden töten und Millionen ihrer schlimmsten Feinde ins Land holen.« Kann man darüber hinwegsehen? Die Linke tut es. Sie sieht über Hunderte von muslimisch-islamischen Terroranschlägen ebenso hinweg, wie sie über den millionenfachen Terror des Marxismus hinweggesehen hat. Und Jakob Augstein, einer der linken Salonschreiber, ätzte nach der Jerusalem-Entscheidung Trumps, damit sei eine »Israelisierung der Welt« fortgesetzt worden. Wenn es freilich um »rechten« Antisemitismus, Antizionismus oder Anti-Israelismus geht, dann ist Augstein mit Schaum vor der Feder ebenfalls an vorderster Stelle dabei.[169] Rechter und linker Antisemitismus geben sich hier die Hand – Augsteins Hand.

Schließlich die Kopftuch-Debatte. Im Februar 2017 fuhr eine Delegation schwedischer Politikerinnen in den Iran. Alle traten verschleiert auf – in einem Land, in dem »unzureichend« verschleierte Frauen mit Peitschenhieben bestraft werden. Delegierte einer Regierung, die sich selbst als die »erste feministische Regierung der Welt« darstellt! Nicht anders Claudia Roth (»Grüne«), Vizepräsidentin des Bundestages: Sie war am 20./21. Januar 2017 zusammen mit einer Delegation des Bundestages und Politikerinnen diverser westlicher Länder zu einem offiziellen Besuch im Iran. Dort sind die Frauen seit 1979, seit Khomeini, zwangsverschleiert – was die westlichen Politikerinnen nicht hinderte, sich freiwillig zu verhüllen. Zugleich gehört Claudia Roth zu denen, die in Deutschland das »Recht für Frauen« fordern, »auch als Lehrerin in der Schule ein Kopftuch zu tragen«.

Claudia Roth dürfte sich gefreut haben, wie rasch diese Vorstellung selbst von Vertretern der katholischen Kirche in die Tat umgesetzt wurde. In Berlin hat ein Jesuitenpater und Leiter eines katholischen Gymnasiums 2017 eine Kopftuch tragende muslimische Lehrerin eingestellt. In einem Interview mit der Tageszeitung *Die Welt* vom 11. Dezember 2017 legt er seine Beweggründe dar. Er wolle mit dieser Entscheidung einen Pflock einschlagen, und es gefalle ihm, wie da alle Klischees durcheinandergewirbelt würden. Im übrigen gibt der Jesuitenpater den Relativierer: »Aber mir ist nicht nur an bestimmten Rezeptionen des Korans manches suspekt, sondern auch solchen des Katholizismus«. An »Rezeptionen« also, nicht am Islam selbst! Den Begriff »Leitkultur« hält der Pater für »absurd«. Leitkultur sei eine Fiktion, meint er. Die Einstellung der muslimischen Lehrerin bezeichnete er als einen Dienst, den wir Christen der Gesellschaft tun – nachdem er zuvor gesagt hatte: »Wir haben, was Religion betrifft, ein Bildungsproblem. Und der Islam hilft uns da weiter.« Das kommt einem vor wie ein Spruch Merkel. Hatte sie auf einem Parteitag in Mecklenburg-Vorpommern nicht gesagt, ihre Partei müsse mehr Selbstbewusstsein im Umgang mit den christlichen Wurzeln pflegen? Konkret schlug sie vor, Liederzettel zu kopieren und jemanden aufzutreiben, der Blockflöte spielen kann.

Gewiss wären mehr als 1001 Fälle von Unterwerfung qua (Selbst-) Islamisierung zu finden. Nietzsche würde hier von »Sklavenmoral« sprechen. Und für Thomas Mann (in den *Betrachtungen eines Unpolitischen* von 1918) ist es typisch deutsch, sich dem Fremden willfährig zu unterwerfen. Man könnte mit Churchill sagen: Manche füttern das Krokodil, weil sie hoffen, dann als letzte gefressen zu werden. Wollte man das Ganze tiefenpsychologisch interpretieren, so müsste man eine Identifikation mit dem Aggressor diagnostizieren. Das ist ein unbewusster Mechanismus zur Bewältigung von Angst und Ohnmachtsgefühlen. Man übernimmt Merkmale des Aggressors ins eigene Selbst, um damit Ängste zu verdrängen.

Es kommt reichlich selten vor, dass ein Hochprominenter hieran Kritik übt. Ex-Bundespräsident Joachim Gauck tat es – leider erst zehn Monate nach seinem Ausscheiden aus dem Amt. Er bekannte sich zur Nation und forderte dazu auf, negative Ausprägungen des Islam zu kritisieren. Das war im Wesentlichen der Inhalt seiner Rede an der Heinrich-Heine-Universität Düsseldorf Ende Januar 2018; früher hatte er noch zwischen Hell- und Dunkeldeutschland unterschieden. Immerhin sagte er dann wörtlich: »Ein Nationalstaat darf sich nicht überfordern. Wer sich vorstellt, quasi als imaginierter Vertreter eines Weltbürgertums alle Grenzen des Nationalstaates hinwegzunehmen, überfordert nicht nur die materiellen, territorialen und sozialen Möglichkeiten eines jeden Staates, sondern auch die psychischen Möglichkeiten seiner Bürger (...) So finde ich es beschämend, wenn einige die Augen verschließen vor der Unterdrückung von Frauen bei uns und in vielen islamischen Ländern, vor Zwangsheiraten, Frühheiraten, vor Schwimmverboten für Mädchen in den Schulen (...) Wohin ein solcher Multikulturalismus aber tatsächlich geführt hat, das hat mich doch erschreckt (...) wenn Antisemitismus unter Menschen aus arabischen Staaten ignoriert oder mit Verweis auf israelische Politik für verständlich erklärt wird. Oder wenn Kritik am Islam sofort unter den Verdacht gerät, aus Rassismus und einem Hass auf Muslime zu erwachsen.«

Man muss auch aufräumen mit dem Mythos vom »toleranten Islam«, etwa in Spanien zwischen 912 und 1031. Allein die vielen Schädelminarette sind Beweis gegen diese Annahme. Michael Wolffsohn hat dazu in der *Welt* vom 13. Dezember 2017 das Notwendige geschrieben: »Kenntnislose aller Gesellschaftsgruppen sprechen gerne vom goldenen Zeitalter islamischer Toleranz im mittelalterlichen Spanien. Sie wissen nicht, dass diese Toleranz im späten 11. Jahrhundert fast ausnahmslos in fundamentalistische Intoleranz umschlug (...) Man bevorzugt eine Art Kuschel-Geschichte und -Theologie à la ›Islam bedeutet Frieden‹.«

LIBERALER EURO-ISLAM ODER »SOUMISSION«?

Der Westen ist naiv, wenn er glaubt, es könne einen liberalen, moderaten Islam geben, und wenn er meint, Indonesien sei hierfür Paradebeispiel. Nein, ist es nicht. Indonesien debattiert Anfang 2018 ernsthaft über die Todesstrafe für Homosexuelle und über Pläne einer Kriminalisierung außerehelicher sexueller Beziehungen.[170] Es grenzt auch an Selbstüberschätzung zu glauben, die »Zivilgesellschaft« samt »Deutsche Islam

Konferenz« könne archaische Prägungen domestizieren. Nein, der Islam ist ohne Scharia nicht zu haben, und er ist weder mit einer offenen Gesellschaft noch mit dem Grundgesetz vereinbar. Einen aufgeklärten Islam, der zum Grundgesetz passen könnte, gibt es nur in gescheiterten Visionen eines »Euro-Islam«. Der Islam kann sich nicht auf die Glaubens- und Religionsfreiheit des Grundgesetzes berufen. Siehe Bassam Tibi, Syrer, Moslem und weltweit renommierter Orientalist: Für ihn ist die Idee eines Euro-Islam gescheitert. Der Islam sei nicht reformierbar; er gehöre nicht in den Westen, weil er von Antisemitismus und einem frauenverachtenden Menschenbild geprägt sei.

Ein »aufgeklärter Islam« dürfte überhaupt eine »contradictio in se« sein. Bassam Tibi, Imad Karim, Necla Kelek und Hamed Abdel-Samad stehen für diese Auffassung. Oder auch Seyran Ates, die eine »liberale« Moschee in Berlin gründete und als Preis dafür ständig um ihr Leben fürchten muss. Wenn solche aufgeklärten Muslime eine islamische Aufklärung fordern, also die Trennung von Religion und Recht, werden sie freilich nicht nur von ihren eigenen Leuten attackiert, sondern von der gesamten deutschen Öffentlichkeit als Störenfriede behandelt. Von einem Recep Tayyip Erdogan natürlich ohnehin, hat dieser doch ab 2010 alle Ansätze des »Kemalismus« (ab 1923, benannt nach dem türkischen Staatsgründer Kemal Atatürk) samt Laizismus und Trennung von Kirche und Staat zunichte gemacht.

In alledem erinnert der Umgang der Deutschen mit dem Islam an den 2015 erschienenen Roman *Unterwerfung* (im Original *Soumission*) von Michel Houellebecq. Der Roman kam exakt am 7. Januar 2015 in den Handel – am Tag, an dem zwei islamistische Täter die Redaktion des Satiremagazins »Charlie Hebdo« überfallen und zwölf Menschen getötet hatten, ehe sie zwei Tage später selbst von Sicherheitskräften erschossen wurden. *Unterwerfung* ist die Dystopie eines islamischen Staates, der sich im Jahr 2022 in Frankreich etabliert. »Unterwerfung« ist auch eine der möglichen wörtlichen Übersetzungen des Wortes »Islam«. Der Romaninhalt gestaltet sich, immer wieder unterlegt durch für den Gang der Handlung irrelevante pornographische Szenen, wie folgt: Mohamed Ben Abbes, ein Politiker der Muslimbruderschaft, erringt mit einem Bündnis aus sozialistischer Partei (PS) und Konservativen die

Präsidentschaft gegen den rechten Front National (FN) unter Marine Le Pen. Als während des Wahlkampfs zwischen den politischen Lagern ein Bürgerkrieg ausbricht, schweigen die Medien. Abbes gewinnt schließlich und wirft die laizistische Verfassung über Bord; Theokratie, Scharia, Polygamie und Patriarchat halten Einzug. Die zentrale Figur des Romans ist der Literaturwissenschaftler François. Von den neuen Machthabern erhält er das Angebot, wieder an der Hochschule zu lehren; Voraussetzung ist, dass er zum Islam konvertiert. Am Ende ist François Nutznießer der Entwicklung: Er bekommt mehr Gehalt als zuvor, und er kann die neue Unterwürfigkeit minderjähriger Gespielinnen genießen, indem er stets die attraktivsten Mädchen zugeführt bekommt.

Es spricht nicht für die intellektuelle Redlichkeit der Linken, solche mehr als nur fiktiven Perspektiven zu verdrängen. Denn das Grundgesetz und die Grundlagen der offenen Gesellschaft werden nicht in erster Linie am Hindukusch verteidigt, sondern in Deutschland, in Duisburg-Marxloh, in Berlin-Neukölln oder auf der Kölner Domplatte. Und es spricht nicht für die katholischen und protestantischen Beförderer des »Interreligiösen Dialogs«, wenn sie den Islam weichgespült wahrnehmen und nicht wahrhaben wollen, dass es ihm nicht um Missionierung, sondern um Unterwerfung geht. Dass Christen die mit hundert Millionen Menschen meistverfolgte Glaubensgemeinschaft sind, hat in den allermeisten Ländern, in denen dies geschieht, mit dem Islam zu tun. Und für Deutschland gilt, was der Holocaust-Überlebende Ralph Giordano in der *FAZ* vom 3. Mai 2009 schrieb: Eine schleichende Islamisierung ganzer Gegenden in Deutschland dürfe nicht mit dem naiven Argument der Bereicherung geduldet werden. Für Giordano wäre dies Duckmäuserei.

Es grenzt auch an völlige Verzerrung der Wahrnehmung, wenn islamistisch motivierte Gewalttäter nicht voll für ihre Taten verantwortlich gemacht werden, oder wenn ihnen gar die Opferrolle zugeschrieben wird. Jürgen Todenhöfer, Ex-CDU-Mann, ist Galionsfigur dieser »Argumentation«. Er sieht die Wurzeln des Islamismus in den »Verbrechen des Westens«. Die Folge: Attentäter werden – da von der Mehrheitsgesellschaft angeblich zu wenig integriert – mehr als zur Hälfte entschuldigt. Und es grenzt an Schizophrenie, wenn einerseits die Gleichheit der Geschlechter zum ideellen Kernbestand der Linken gehört, man aber andererseits das exakte Gegenteil dessen beim Islam akzeptiert.

DIE SCHULEN SIND DER FORTSCHREITENDEN ISLAMISIERUNG NICHT GEWACHSEN

Anfang November 2017 kam über die *FAZ* ein Bericht der Leiterin der Berthold-Otto-Grundschule in Frankfurt-Griesheim an die Öffentlichkeit. Es ist dies eine Schule mit einem Anteil von 90 bis 100 Prozent Migrantenkindern in den Klassen. Die Rektorin spricht von »schlimmsten sozialen Verhältnissen«, und dass an regulären Unterricht nicht mehr zu denken sei. Besonders beklagt sie, dass sich vor allem die Familien der muslimischen Kinder völlig abgeschottet und durch den Islam radikalisiert hätten. Diese Eltern würden ihre Kinder nicht zum Lernen anhalten und nicht dazu verpflichten, Lehrer zu respektieren.

Bald darauf wurde ein Brief des Lehrerkollegiums der Gemeinschaftsschule Bruchwiese in Saarbrücken bekannt. Die *Saarbrücker Zeitung* hat ihn am 13. Dezember 2017 zum Aufmacher gemacht und getitelt: »Dramatischer Hilferuf von Saarbrücker Lehrern«. Dort ist von folgenden Zuständen die Rede: physische und verbale Gewalt gegen Mitschüler und Lehrer, Messerattacken, schwere Körperverletzungen, Drogen, Alkohol seien Alltag. Wörtlich: »Viele Kolleginnen haben Angst, bestimmte Schüler zu unterrichten.« Es kommt hinzu, dass sich die saarländische Schulpolitik der Ideologie der Totalinklusion verschrieben und daher Schüler mit extremem sonderpädagogischem Förderbedarf in Regelklassen gesteckt hat. Und was war die Folge dieses Berichts? Das Bildungsministerium hat den Brandbrief der Lehrerschaft »von Anfang an ernst genommen«. Heldenhaft!

Ein drittes von vielen möglichen Beispielen: Die im Bericht des Verfassungsschutzes auftauchende »Islamische Gemeinschaft Milli Görüs« erstritt in Berlin bereits für 2005/2006 einen islamischen Religionsunterricht – mit staatlicher Finanzierung. Milli Görüs nimmt auch Einfluss auf die Frage, ob muslimische Schüler an Klassenfahrten und am Sportunterricht teilnehmen sollen. Zum Beispiel sollen muslimische

Schülerinnen ohne Begleitung eines männlichen Verwandten nur dann an einer Klassenfahrt teilnehmen dürfen, wenn die Entfernung des Reiseziels nicht mehr als 81 Kilometer beträgt. Das ist die Tagesleistung eines Kamels.[171]

Den Autor dieses Buches erreichen immer wieder drastische Schilderungen. Zum Beispiel: »Migrantenkinder haben ein exorbitantes Selbstbewusstsein. Fast alle Schülerinnen sind der Überzeugung, dass sie kurz vor der Anstellung als Tierärztin oder Architektin stehen. Dabei reicht es nicht einmal für den Hauptschulabschluss. Zu diesem Selbstbewusstsein gesellt sich ein ausgeprägter Nehmermodus – unterstützt durch verständnisvolle Rechtsanwälte.« Oder ein anderes Beispiel: »Es sind nicht nur die Eltern, die ihre Kinder vom Lernen abhalten, sondern die Imame in den Moscheen, die eine Lernbereitschaft als obsolet erscheinen lassen. Das deutsche Bildungsangebot ist für sie entbehrlich, weil es in absehbarer Zeit abgelöst werde von Instanzen des Koran. Wozu dann Anstrengungen für Minderwertiges?«

IX. DIE KIRCHEN ALS MORALAGENTUREN?

POLITISIERUNG UND LINKSVERSCHIEBUNG

Deutschland ist – sieht man vom wachsenden Anteil der Muslime in Deutschland ab – mit der Wiedervereinigung atheistischer geworden. Vor allem ist das Land heute erheblich weniger christlich als noch 1990 – trotz eines CDU-Kanzlers bis 1998 bzw. einer CDU-Kanzlerin von 2005 bis 2018 (ff.?). Die Kirchen haben darauf reagiert, indem sie sich anpassten und nach links rückten, besonders mit manchen ihrer Untergliederungen. Gewiss sind die Zeiten vorbei, als ein Pfarrer in einer Predigt zur Wahl einer C-Partei auffordern konnte. Aber heute unterscheiden sich die Kirchen auf ihren Kirchentagen, in ihren Predigten, in ihren politischen Stellungnahmen oft nicht mehr von der SPD, den »Grünen« und der Links-Partei. Man ist sich einig im Universalismus, im Multikulturalismus und im Humanitarismus. Der Theologe und Historiker Klaus-Rüdiger Mai hat die fortschreitende Politisierung der Kirchen, vor allem der evangelischen, sehr markant auf den Punkt gebracht. Mai wirft der Kirche gar vor, dass sie damit der Entchristlichung des Landes bzw. Europas Vorschub leiste.[172]

Ob die Kirchen damit an Einfluss gewonnen haben? Gut bekommen ist ihnen dieser »linke« Alt-68er Konsens nicht. Im Jahr 2012 gab es aus der katholischen Kirche 118 335 Austritte, aus der evangelischen Kirche 138 195, insgesamt also 256 530 Kirchenaustritte. 2014 waren es 217 716 (katholische Kirche) und 270 003 (evangelische Kirche), also insgesamt 487 719 Austritte. Ein wenig abgeflacht ist die Austrittswelle 2016: Da gab es aus der Katholischen Kirche 162 093, aus der evangelischen Kirche 190 000, somit insgesamt 352.093 Austritte. Folge ist jedenfalls, dass der Anteil der Christen unter den Bundesbürgern von 64,4 Prozent im Jahr 2001 auf 55,0 Prozent im Jahr 2016 gefallen ist. Deutschland ist nicht nur im Zuge der Wiedervereinigung weniger christlich geworden, sondern auch Jahre danach. Für diese Entwicklung gibt es mancherlei Gründe, darunter sehr individuelle. Aber es gibt auch sehr massive Vorwürfe gegenüber den Kirchen, etwa im Zusammenhang mit Missbrauchsfällen und Geldverschwendungen. Ein maßgeblicher Grund für viele Menschen, der Kirche, aber nicht ihrem Glauben den Rücken zu kehren, ist die in jüngster Zeit stärker wahrgenommene Politisierung, die mindestens »gefühlte« und zum Teil auch tatsächlich erfolgte Linksverschiebung der Kirchen.

Gewiss kann Kirche nicht unpolitisch sein, wenn es um die Schöpfung, um den Umgang mit Ungeborenen, Alten und Kranken sowie Armen und Schwachen geht. Aber bisweilen fehlt es hier an Maß und Mitte, zumal die Kirchen nicht selten Beifall von solchen Seiten bekommen, die mit Kirche rein gar nichts im Sinn haben. Dass Kirche oft zu politisch geworden ist, dafür gibt es in der jüngsten Kirchengeschichte viele Beispiele. Wieder mal ein Bündnis von Thron und Altar wie »anno dazumal«? Wir müssen dafür nicht einmal den wie einen Kirchenvater verehrten Protestanten Karl Barth (1886–1968) bemühen. Für ihn war mitten im Jahr des Mauerbaus 1961 der »prinzipielle Antikommunismus« das »noch größere Übel als der Kommunismus«; deshalb wollte er für Gesamtdeutschland einen »demokratischen Sozialismus« als »gerechte« Ordnung. Und was die Zeit der 68er betrifft, schreibt Wolfgang Kraushaar: »Die Affinität zwischen evangelischen Theologen und der 68er-Bewegung galt damals unter Kirchenmitgliedern beinahe als Gemeinplatz.«[173] Die »Zwei-Reiche-Lehre« Martin Luthers, also die Unterscheidung zwischen dem Geistlich-Religiösen und dem Weltlich-Politischen, war dem Protestanten Karl Barth egal. Zudem hat sich, so der Politikwissenschaftler Jens Hacker, die evangelische Kirche beiderseits der innerdeutschen Grenze über Jahre hinweg um die Frage der Einheit Deutschlands herumgedrückt, wenn sie diese nicht sogar explizit verneinte. Man träumte in bestimmten Kreisen selbst 1989 und 1990 den Traum von einem sozialistischen Deutschland.[174]

Oder nehmen wir die Weihnachtspredigt 2017 des EKD-Ratsvorsitzenden Heinrich Bedford-Strohm. Dieser hatte Donald Trumps »America first« als symptomatisch für erstarkenden Nationalismus angeprangert. Seine Predigt brachte den Chefredakteur der Tageszeitung *Die Welt*, Ulf Poschardt, in Fahrt; Poschardt hatte schon viele Weihnachtspredigten als zu politisch kritisiert. »Wer soll eigentlich noch freiwillig in eine Christmette gehen, wenn er am Ende der Predigt denkt, er hat einen Abend bei den Jusos bzw. der Grünen Jugend verbracht?«, schrieb er auf Twitter.

Diese Politisierung der Kirchen ist im Laufe der Jahre fortgeschritten, auch in der katholischen Kirche. Wenn Kardinal Reinhard Marx, seit 2007 Erzbischof von München-Freising und seit 2014 Vorsitzender der Deutschen Bischofskonferenz, auftritt, dann tut er dies, wie sein Pendant Bedford-Strohm, gerne als Quasipolitiker. Dann bekundet er der Kanzlerin – so im Februar 2016 – »höchsten Respekt«. Dann tritt er für ein Kirchenasyl ein, also ein Recht außerhalb des Rechtsstaates, dann lobt er Angela Merkel für ihre Flüchtlingspolitik (am 10. Oktober 2017 in der Bundespressekonferenz). Er meint öffentlich bekunden zu müssen, dass christliche Flüchtlinge nicht bevorzugt werden dürften, und dass das Asylrecht keine Obergrenze kenne. Freilich vergisst er zu sagen: Auch der Asylmissbrauch kennt keine Obergrenze. Zudem kokettiert er gerne mit seinem Namen »Marx« und schreibt ein Buch mit dem Titel »Das Kapital«.

Sein Kölner Kardinalskollege Rainer Woelki geht noch weiter. Zur »Willkommenskultur« sagte er: »Deutschland leuchtet in diesen Wochen und macht Europa hell.« Dann ließ er sich im September 2017 am Rhein mit Schwimmweste filmen, um auf die oft tödliche Fluchtroute über das Mittelmehr aufmerksam zu machen. Er zelebrierte eine Messe in einem Flüchtlingsboot vor dem Dom, und er unterstützte unter dem Motto »Unser Kreuz hat keine Haken!« einen Aufruf zum Protest gegen den AfD-Parteitag vom 22./23. April 2017 in Köln. »Flagge zeigen gegen Hass, Polarisierung und gegenseitige Abwertung als Mittel von Politik« war angesagt.

Das »Flagge zeigen« vergaßen Kardinal Marx und Bischof Bedford-Strohm jedoch im Oktober 2016 auf dem Jerusalemer Tempelberg. Sie entledigten sich dort ihres Bischofskreuzes. Sie unterwarfen sich der Vermutung, mit Kreuz könne man dort anecken, statt sich ein Beispiel zu nehmen an Papst Benedikt XVI., der zehn Jahren zuvor die Blaue Moschee in Istanbul besucht hatte – mit Kreuz. Ein Blogger hat dazu geschrieben: »Und sie legten das Kreuz ab und verrieten ihren Glauben, bevor der Hahn krähte.«

Ansonsten vernehmen wir oft genug nur ein Schweigen der Amtskirchen. Das kann auch daran liegen, dass viele Medien die Positionen der Kirche etwa zum Lebensschutz, zu Ehe und Familie nicht aufgreifen oder deren Amtsträgern dann gleich den Stempel »erzkonservativ« aufdrücken. Die evangelische Kirche glaubt, sich auch in diesen Punkten »progressiv« geben zu müssen; sie begrüßte zum Beispiel das Gesetz »Ehe für alle«. Dagegen hört man von den Kirchen – wie von den Parteien –wenig, wenn es um die millionenfache Christenverfolgung geht.

LINKE VORFELDORGANISATIONEN

Und auf den Ebenen darunter? Der »Bund der Deutschen Katholischen Jugend« (BDKJ), gegründet 1957, befindet sich seit Jahrzehnten stramm auf linkem Kurs. Er betätigt sich gerne als eine Art Fünfte Kolonne, etwa im Kampf gegen Abtreibungsgegner und Kritiker der »Ehe für alle«. Ende 2016 hatte er bei einer Aktion in Tübingen die Finger im Spiel. Dort war auf großflächigen Plakaten – mit Unterstützung des BDKJ und des islamisch-türkischen DITIB-Jugendverbandes – zu lesen: »Alle Christen glauben an Allah«, »Alle Muslime glauben an Jesus«, »Mein Kopf ist bedeckt, mein Verstand nicht«. Aber der BDKJ inszeniert sich nicht nur vor Ort, sondern bundesweit politisch, gender-kämpferisch, »antifaschistisch«. Auf seinen Websites finden sich stramm linke Themen wie: Erbschaftssteuer bis hundert Prozent; Recht auf weltweit freie Niederlassung nebst Anspruch auf Existenzsicherung; Abschaffung des gegliederten Schulsystems; Heirat Homosexueller; Islam als selbstverständlicher Teil Deutschlands. Glaubensthemen? Weitestgehend Fehlanzeige!

In Köln war es im Dezember 2016 Ziel von 40 Gruppen, darunter BDKJ und Caritas, das in der politischen Rhetorik als Kampfbegriff verwendete Wort »Gutmensch« wieder positiv zu besetzen. Als wichtige »Botschaft« wollten die Organisatoren das Wort auf Plätze und Straßen sprühen. Die Aktion wurde ausdrücklich mitgetragen von Erzbischof Kardinal Woelki. Er hat die Sprühaktion auf der Terrasse des Erzbischöflichen Hauses sozusagen eingeläutet und öffentlichkeitswirksam inszeniert. Für das Erzbistum Köln zeichnete vor allem dessen Generalvikar Dominik Meiering verantwortlich; er war bis 2015 Präses des BDKJ Köln. Hatte es schon bei der »MobCologne« 2007 des BDKJ

Köln geheißen: »Jesus war der erste Antifaschist«, so fehlte bei dieser Aktion nur noch der Spruch »Jesus war der erste Gutmensch«. Wofür der »liebe Herrgott« doch alles gut ist.

Auch sonst sind Untergliederungen der Kirchen nicht zögerlich, wenn es um Kooperationen mit Linken geht. Ein Beispiel ist die Mitgliedschaft katholischer und evangelischer Organisationen beim Verein »Aachener Friedenspreis«. Diesem Verein gehören unter anderem an: die Stadt Aachen, der DGB Nordrhein-Westfalen, die katholische Organisation »Misereor«, der Diözesanrat der Katholiken des Bistums Aachen, der evangelische Kirchenkreis Aachen, der SPD-Unterbezirk, der Kreisvorstand der »Grünen« usw. Im Jahr 2013 etwa wurden »Schulen ohne Bundeswehr« mit dem »Aachener Friedenspreis« ausgezeichnet. Es handelte sich um jeweils eine Schule in Berlin und in Offenbach, die Jugendoffizieren den Zutritt zur Schule verwehrten, als diese eine sicherheitspolitische Unterrichtung angeboten hatten.

Die Politisierung der Kirchen hin zu Moralagenturen, vor allem die einseitigen politischen Positionierungen von Kirchenleitungen, entfremden die Gläubigen mehr und mehr von ihrer Kirche. (Siehe Austrittszahlen!) Dies kann man auf Kirchentagen wie im Brennglas beobachten: »Wenn ich auf einen Evangelischen Kirchentag gehe, dann kann ich gleich auf einen Parteitag der ›Grünen‹ gehen.« Überspitzt könnte man heute anfügen: Wer einen »grünen« Parteitag erleben will, kann mittlerweile auch auf einen Katholischen Kirchentag gehen. Die Kirchentage beider Kirchen sind in weiten Teilen zu Surrogaten für Parteitage geworden. Man könnte sie im erweiterten Sinn beinahe Staatskirchentage nennen.

Nehmen wir den Evangelischen Kirchentag 2017. Merkel war da; Obama hielt einen Vortrag und meinte unter allgemeinem Beifall: »Krieg ist immer schmutzig.« Ursula von der Leyen durfte eine »Friedenspredigt« halten. Margot Käßmann, vormalige Ratsvorsitzende der EKG, meinte unter Beifall ihrer Fangemeinde im Rahmen einer »Bibelarbeit« (sic!): »Zwei deutsche Eltern, vier deutsche Großeltern: Da weiß man, woher der braune Wind wirklich weht.« Und auch sonst vereint ein solcher Kirchentag hochverdichtet so ziemlich alles, was es innerhalb eines Jahres an *daily talk*, *daily soap* und zweibeinigen Talkshow-Wanderpokalen gibt.

Und dann erst die Themen! »Ein Leib – viele Geschlechter – Trans- und Intersexualität« oder »Ver-queeres Willkommen«. Getoppt wurde dergleichen noch im ehemaligen DDR-Kino »Kosmos«. Dort ging es um »Oversexed and Underfucked«. Ja, *sex sells* – auch auf Kirchentagen. Die 108 000 Besucher des Kirchentages im Lutherjahr 2017 gingen dann nach Hause, aufgetankt mit Toleranz, Empathie, Achtsamkeit, Menschlichkeit, Wärme. Und politisch eingenordet! Nimmt man noch hinzu, dass es auf Kirchentagen regelmäßig auch um esoterische und spiritualistische Themen geht, dann kann man nur Alexander Grau zustimmen: »Religion wird verkitscht.«[175]

Der Trend der Kirchen hin zur »Moralagentur« beraubt die Kirchen ihres Propriums: des Religiösen. So beschreibt es Hans Joas[176]. Er sieht die Gefahr, dass mit einem Christentum als Moralagentur das Religiöse verschwinde. Im Hinblick auf den Umgang mit der Flüchtlingsdebatte schreibt er über die Kirchen: »Es trägt nicht zu ihrer Glaubwürdigkeit bei, wenn sie plötzlich in einer einzelnen national und international hoch umstrittenen Frage so tun, als sei gar kein Zweifel möglich, dass dies für sie ebenso wie für den einzelnen Christen die offensichtliche Offenbarung sei.« Hans Joas ist übrigens Mitglied der SPD und der SPD-Grundwertekommission. In einer Besprechung des Essays von Joas weist Stephan Raabe[177] zudem darauf hin, dass der vormalige Kardinal Ratzinger und spätere Papst Benedikt XVI. davor gewarnt hat, das Christentum in Moralismus aufzulösen – nämlich dadurch, dass keine Botschaft mehr sichtbar werde, die über unser eigenes Tun hinausgehe. Gottes Bodenpersonal jedoch betreibt einerseits seine eigene Säkularisierung und andererseits eine Sakralisierung von Politik.

X. WARUM WIR EINE IDEOLOGIEKRITISCHE AUSEINANDERSETZUNG BRAUCHEN

AUFBRUCH ZU NEUEN PHANTASIEREICHEN?

1992 verkündete Francis Fukuyama das »Ende der Geschichte«.[178] Er meinte, dass mit dem Zusammenbruch der kommunistischen Regime die liberale Ordnung gesiegt habe, weil sich alle Ideologien erschöpft hätten. Fukuyama liegt völlig daneben. Richtig liegt Joachim Fest, wenn er festhält, dass die vom Sozialismus gebundenen Bedürfnisse nach einer Daseinsbotschaft mit dessen Ende ziellos geworden seien und nicht lange warten wollten, unter neuen Fahnen zu neuen Phantasiereichen aufzubrechen.[179] An anderer Stelle sieht Fest darin einen Allmächtigkeitswahn, wie er bereits in der Losung der russischen Revolution »Der Mensch wird umgebaut« zu finden war.[180] Joachim Fest lieferte damit eine Basis für die notwendige Ideologiekritik; seine beiden hier genannten Bücher der Jahre 1991 und 1993 sind insofern aktueller denn je.

In diesem Sinne war Karl Popper bereits 1971 sehr deutlich geworden, nämlich in einem ARD-Streitgespräch mit Herbert Marcuse: »Von allen politischen Ideen ist der Wunsch, die Menschen vollkommen und glücklich zu machen, vielleicht am gefährlichsten. Der Versuch, den Himmel auf Erden zu verwirklichen, produzierte stets die Hölle.« Das hatte man schon bei Carl Schmitt nachlesen können. Schmitt schrieb 1919, dass politische Romantiker gerne aus dem realen Leben in Stimmungen fliehen und deshalb anfällig seien für Verirrungen: in Religion, in Staat, in Volk, in Ideologie.[181] Solche Politik sei »gesinnungsethisch« im Sinne Max Webers, denn der Gesinnungsethiker fühle sich nur zuständig für den Erhalt der Flamme der reinen Gesinnung, die jedoch schnell in Chiliasmus umschlagen könne.[182]

DIE ERSATZRELIGIÖSE SEHNSUCHT NACH DEM UNSTRUKTURIERTEN

Maßgebliche Koordinaten linker Politik bleiben die Gleichheits-Utopie, der Machbarkeits-Wahn und das Lust-Prinzip. Sie sind Ausdruck einer Ur-Sehnsucht nach dem Un-Strukturierten und Un-Gegliederten ohne Ordnung, einer Sehnsucht nach Harmonie, nach Homogenität, nach einem »herrschafts-« und spannungsfreien Zustand, nach einer »klassenlosen« und »gender«-gerechten/geschlechterlosen Gesellschaft, nach romantischer Weltidylle sowie nach Überwindung aller Gegensätze und aller Unterschiede, die zwischen Kulturen, Religionen, Nationen, Gesellschaften, Geschlechtern und Individuen bestehen.

Die Linke will Eindeutigkeit, weil sie nicht fähig ist zur Ambiguitätstoleranz – das heißt: zur Toleranz von Unterschieden und Antagonismen. Im Grunde genommen ist dies eine Sehnsucht nach einem toten Zustand. Die Linke hat ein Ur-Misstrauen gegen Struktur. Strukturen gelten ihr als etwas, das es »aufzubrechen« gelte. Dass diese Ur-Sehnsüchte die »conditio humana« nicht ändern werden und dass jede Utopie etwas Totalitäres an sich hat, soll die Linke nicht stören. Missionarisch bastelt sie dort, wo Menschen formbar sind – im Bereich von Erziehung und Bildung – an der Umsetzung ihres Bildes von Gesellschaft und vom Menschen. Resistent gegen reale Erfahrung verfolgt die Linke ihr Ziel: die Formung eines uniform-harmonischen Menschen und uniform-harmonischer Gesellschaften. Insofern gilt unvermindert Ernst Jüngers Wort aus dem Jahr 1963: »Im Zustande der Restauration befinden sich heute die Ideen von 1789 mit ihren Symbolen und Einrichtungen, die seltsam fadenscheinig, ja oft gespenstisch geworden sind.«[183]

In der Folge machen sich bedenkliche ersatzreligiöse (Groß-)Ideologien breit. Europa und Deutschland müssen sich deshalb wieder auf einen antitotalitären Grundkonsens und auf Ideologiekritik besinnen. Denn der Mensch ist nun einmal ein Wesen, das gerade inmitten eines selbstgewählten metaphysischen Vakuums und eines geistigen Hungers des Religiösen bedarf – oder eben des quasi-religiös Rituellen. Eric Voegelin (1901–1985) hat sein oben erwähntes Buch mit dem bezeichnenden Titel *Die politischen Religionen* schon im Jahr 1938 geschrieben.[184] Wie weitsichtig! Interessant übrigens, dass – so Albert Camus 1957 – der Ort solcher Konformität die Linke ist. Man ist von dem Willen beseelt, die »schlechte« Welt des Schöpfers umzumontieren in eine gute Welt. Dieser vermeintlich lauteren Absicht einer politischen Quasi-Kirche hat sich der Einzelne unterzuordnen.

Warum? Weil der Mensch offenbar Religion braucht. Auch wenn es sich dabei laut Émile Durkheim um »Religionen ohne Religion« handelt. Religion light! Raymond Aron hat dies in seinem Hauptwerk *Opium für Intellektuelle* (1955) deutlich gemacht. Kommunismus ist für ihn »säkulare Religion«. Auch ein anderes großartiges Buch ist in diesem Zusammenhang lesenswert: *Verkappte Religionen. Kritik des kollektiven Wahns* (1924) von Carl Christian Bry (1893–1926)[185]. Bry führt darin aus, dass es die Todsünde aller Ideologien sei, totale Welterklärung garantieren zu wollen. Mit verkappten Religionen meint Bry übrigens Marxismus, Faschismus, Naturgläubigkeit, Vegetarismus, Astrologie, Pazifismus, Anthroposophie, Nacktkultur, Okkultismus. All diese »Religionen« sagen, in bzw. hinter der gewöhnlichen Welt liege etwas Verborgenes (»Hinterwelt«), eine noch nicht realisierte Möglichkeit, die man realisieren müsse. Und Bry sagt: Verkappte Religionen haben ein gemeinsames Grundmerkmal. Sie sind monomanisch geprägt von der »Elephantiasis« eines einzigen Motivs.

Religionssoziologisch mutet diese Art von Debatte an wie der Ausdruck eines unstillbaren Devotionsbedürfnisses. Eine angeblich gerechte Politik (gerecht, weil egalisierend) wird zum säkularisierten Credo, zum Religionsersatz. Was der Schöpfer am Jüngsten Tag vollziehen kann, nämlich eine absolute Gerechtigkeit, das will der Reformer qua Gesellschaftspolitik, zum Beispiel qua Bildungspolitik und Pädagogik, schon im Diesseits installieren. Friedrich August von Hayek wusste nur zu gut, worauf der Anspruch totaler irdischer Gerechtigkeit hinausläuft: Für ihn ist »Gerechtigkeit« das »Trojanische Pferd des Totalitarismus«. Freilich sei »die utopische Sehnsucht (…) deshalb nicht verstummt.« Sigmund Freuds Satz, wonach »die Absicht, dass der Mensch ›glücklich‹ sei (…) im Plan der ›Schöpfung‹ nicht enthalten« ist, werde immer nur »die Einsicht Weniger« sein.[186]

ABMARSCH IN DIE DEKADENZ?

Utopien scheitern, weil sie der Versuch sind, Reduktion von Komplexität zu betreiben. Oder sie enden in Dekadenz. Indes gilt, was Reiner

Kunze in seinem Gedicht »Teurer Rat« (2006) geschrieben hat: »Nicht ratsam ist's, verfall / Verfall zu nennen / Vor der katastrophe.« Milde und arrogant lächelnd wird dem, der das Wort »Dekadenz« in den Mund nimmt, entgegengehalten: »Wollen Sie schon wieder das Abendland retten?« Machen wir von Reiner Kunze einen Sprung zurück in die Jahre 1918 und 1922 – zu Oswald Spengler und seinem zweibändigen Werk *Der Untergang des Abendlandes*. Darin beschrieb Spengler das Spät-Stadium von Zivilisationen, das stets die folgenden Merkmale aufweise: »Postheroismus«, Geburtenrückgang, »greisenhaftes Ruhebedürfnis«, Geschichtslosigkeit, Materialismus, Irreligiosität, anarchische Sinnlichkeit nach dem Motto »panem et circenses«. Zudem fehle der »Wille zur Dauer«, zum Beispiel in der Ehe.

Solche Diagnosen wirken auf den ersten Blick nicht taufrisch. Dennoch sind sie aktueller denn je. Bereits Sallust (86–34 v. Chr.) meinte, im Luxus erlahme die Leistungsbereitschaft. Edward Gibbon sieht in *The History of the Decline and Fall of Roman Empire* (1776–1789) als maßgebliche Faktoren von Dekadenz: Trägheit und Hingabe an ein Luxusleben sowie den Verlust an Tat- und Widerstandskraft. Der 2008 verstorbene Samuel P. Huntington rüttelte den Westen mit seinem Artikel und Buch *The Clash of Civilizations* auf (siehe schon weiter oben); seine Grundthese ist: Die Konfliktlinien verlaufen seit 1989 nicht mehr entlang ideologischer, sondern kultureller Grenzen. Dabei ist der wahrscheinlich tiefgreifendste Unterschied die Religion. Der mit Abstand aggressivste Kulturkreis sei der islamische, weil er auf Eroberung ausgerichtet sei. Dem Westen stehe ein Niedergang bevor, weil die Kraft seiner Kultur verblasse. Die Anzeichen der »inneren Fäulnis« des Westens sind für Huntington unübersehbar: Geburtenrückgang, Überalterung, Zunahme der Asozialität, Auflösung der Familienbande, Zunahme egomanischer Attitüden, Schwinden der Autorität von Institutionen, Hedonismus, Nachlassen des Arbeitsethos und zunehmender Egoismus, abnehmendes Interesse an Bildung und geistiger Betätigung. Ähnlich hatte es der spätere Papst Benedikt XVI. im Jahr 2000 beschrieben: »Europa scheint in der Stunde seines äußersten Erfolgs von innen her leer geworden (...) Es gibt eine seltsame Unlust an der Zukunft (...) Kinder, die Zukunft sind, werden als Bedrohung der Gegenwart gesehen (…) Sie werden als Grenze der Gegenwart gesehen.«

Alexander Demandt (*Das Ende der Weltreiche* bzw. *Der Fall Roms. Die Auflösung des römischen Reiches im Urteil der Nachwelt*) schreibt: Karthago und Rom seien untergegangen, weil deren Bürger nicht mehr zur Selbstverteidigung bereit waren. Dekadenz ist für ihn »die Verbindung verfeinerten Lebensstils mit sinkender Lebenskraft, eines Zuviel an Subtilität mit einem Zuwenig an Vitalität.« Man suche Unsterblichkeit in sich selbst und nicht in der nachwachsenden Generation eigener Kinder, schreibt Udo di Fabio.[187] Mit Herwig Birg, einem der »Großen« der Bevölkerungsforschung, könnte man von einem schleichenden »Ethnosuizid« der Deutschen sprechen. Der britische Politologe Colin Crouch[188] bezieht seine Sorge auf den Fortbestand der Demokratie insgesamt. 2004 sieht Crouch eine »Postdemokratie« heraufziehen; diese sieht er nicht als Nicht-Demokratie, sondern als ein Stadium des Verfalls der Demokratie. Postdemokratie sei ein Zustand, in dem die Demokratie institutionell zwar noch funktioniere, in dem sie aber ihre Vitalität eingebüßt habe, weil die Mehrheit der Bürger apathisch sei. Für Raymond Aron[189] ist der um sich greifende »Komfortismus« Ursache für Dekadenz. Panajotis Kondylis lehnt sich an Nietzsche an: Für ihn ist die Verlagerung vom Apollinischen zum Dionysischen Ursache der Dekadenz.[190]

Beliebt macht man sich mit solchen Diagnosen und Prognosen nicht. Demandt bekam das zu spüren, als er auf Bitte der Konrad-Adenauer-Stiftung für deren Zeitschrift *Die politische Meinung* Ende 2015 einen Beitrag zur Geschichte der Völkerwanderung schrieb. Nach Fertigstellung des Beitrags lehnte der Auftraggeber die Veröffentlichung mit der Begründung ab, der Text könne in der aktuellen politischen Situation missinterpretiert werden. Da Demandt einen großen Namen hat, gelang es ihm, den Text in der *FAZ* vom 22. Januar 2016 zu veröffentlichen (Titel: »Untergang des Römischen Reiches: Das Ende der alten Ordnung«). In einem nachfolgenden Interview sagte er, wir dürften unsere Souveränität nicht aufgeben. Frau Merkel dürfe nicht zum Wohle fremder Regierungen und auf Kosten des deutschen Volkes handeln. Ihr Amtseid sehe das Gegenteil vor. Hier schwinge bei ihr ein moralisches Überheblichkeitsgefühl mit.

Imre Kertész, der Holocaust-Überlebende und Literaturnobelpreisträger von 2002, sieht die frühere europäische Vitalität von Dekadenz angefressen. Kertész spricht von einem »selbstmörderischen« Liberalismus, der am Ende seinen eigenen Feind anbete. Das hat der Autor noch vor dem großen Zustrom an Flüchtlingen geschrieben.[191] Ähnlich argumentiert Rolf Peter Sieferle: In seinem 2017 posthum erschienenen Band *Das Migrationsproblem* kritisiert er die Vision einer Welt von »no borders, no nations«, die zugleich eine Welt von »no welfare« sein solle.[192] Es ist dies das Testament des 2016 freiwillig aus dem Leben geschiedenen Historikers, der in seinem Abschiedsbrief mit Blick auf Europa und Deutschland von einem »gesinnungsethischen Rausch in den Untergang« schreibt.

Die Geschichte jedenfalls belegt: Jeder Abstieg beginnt mit Selbstverleugnung und Überangepasstheit. Oder noch deutlicher: Der Verlust der Selbstachtung ist der Beginn des Verfalls, der Dekadenz. Das gilt für jede Einzelperson, jede Gruppe, jede Nation, jede Kultur. Geschichtsblinde wollen das nicht sehen. In ihren Augen – so Alexander Demandt – sind die Opfer etwa des Kommunismus allenfalls Kinderkrankheiten auf dem Weg zu einer wunderbaren Zukunft.[193] Wer aber die Vergangenheit ignoriert, der muss damit rechnen, sie zu wiederholen – mitsamt ihren Fehlern. Deshalb muss Schluss sein mit dem deutschen und europäischen Masochismus einer ständigen Selbstbezichtigung. Es stimmt nicht, was Jean-Paul Sartre behauptete: dass »der Europäer nur dadurch sich zum Menschen hat machen können, daß er Sklaven und Monstren hervorbrachte«.[194] Solche Betrachtungsweisen sind zwar beliebt in Kreisen von Intellektuellen, aber ihnen allen gemeinsam ist der Hass auf die westliche Moderne und die Parteinahme für die Feinde des Westens. »Die ganze Welt hasst uns, und wir haben es verdient: Dies ist die feste Überzeugung der meisten Europäer, zumindest im Westen.« Diesen Satz schrieb der französische Philosoph Pascal Bruckner 2008.[195] Die Paradoxie des sich schuldig fühlenden Europa bestehe darin, so Bruckner, dass es genauso arrogant sei wie das einstige imperiale Europa, indem es sich rühmt, für alle Leiden der Menschheit verantwortlich zu sein. Europa sei geprägt von der »Eitelkeit des Selbsthasses«. In der Interpretation Max Schelers aus dem Jahr 1916 ist dieser Selbsthass eine »masochistische Selbstzerfleischung als moralische Grundhaltung«.[196] Auch Joseph Kardinal Ratzinger sprach im Jahr 2000 vom »Selbsthass des Abendlandes«.

FÜR EINE EUROPÄISCHE LEITKULTUR

Deutschland und Europa sind heute nicht mehr vom Sowjetkommunismus bedroht, sondern von innen. Sie sind bedroht vom Nachlassen biologischer Vitalität, von einem überdehnten Toleranzverständnis, von Werterelativismus, von Selbstzweifeln, ja von Selbsthass und dem Irrglauben, ein Bürokratie-Wasserkopf könne Identität vermitteln. Die Behauptung, wenn der Euro scheitere, dann scheitere Europa, ist eine völlig unhistorische Aussage.

Deutschland und Europa fehlt ein Kompass. Statt Prinzipien gibt es Situations-Ethik. Aus Sorge, die kritischen Kommentare von »Gutmenschen« auf sich zu ziehen, beugt man sich dem Mainstream. Europa sollte aber wissen, was es zu verlieren hat. Hier scheint Ernst-Wolfgang Böckenfördes Satz von 1967 zu gelten: »Der freiheitliche, säkularisierte Staat lebt von Voraussetzungen, die er selbst nicht garantieren kann.« Dies gilt auch für das Grundgesetz, das sich zur abendländischen Leitkultur wie Wirkung zu Ursache verhält. So gesehen muss auch der Atheist um die Grundlagen des Abendlandes wissen. Richard Wagner hat es 2008 auf die Formel gebracht: Das Paradoxe bestehe darin, dass der Atheist zunächst einmal das Christentum verteidigen müsse, um Atheist bleiben zu können.[197] Und mit Verlaub: Der Satz von Böckenförde ist halb richtig und halb falsch. Natürlich kann und muss eine freiheitlich-demokratische, rechtsstaatliche Gesellschaft ihre Voraussetzungen verteidigen, und zwar durch Nichtduldung von Intoleranz. Begegnen sich nämlich Toleranz und Intoleranz, so siegt die Intoleranz. Schließlich, so Nietzsche: »Übertriebene Toleranz ist ein Beweis des Misstrauens gegen das eigene Ideal.« Thomas Mann wird im »Zauberberg« noch deutlicher: »Toleranz wird zum Verbrechen, wenn sie dem Bösen gilt.«

Vergessen wir nicht: Ohne eine europäische Leitkultur gäbe es keine universell geltenden Bürger- und Menschenrechte. Die Erde sähe anders aus, hätte es europäisches Denken nicht gegeben. Das hat mit dem agonalen Charakter des europäischen Geistes zu tun – dem Geist des Wettbewerbs, des Wettstreits und der Bereitschaft zur Anstrengung. Es war der große Baseler Kulturhistoriker Jacob Burckhardt, der diesen Charakter europäischer Menschen hervorhob.[198] Heute tritt das Agonale freilich nicht mehr in Aktion. Es ist ein heroischer »Antiheroismus« daraus geworden.

Romano Guardini meinte: Europa wird christlich sein, oder es wird nicht mehr sein. Alfred Müller-Armack, Urheber des Begriffs »Soziale Marktwirtschaft« und deren Mitbegründer, wünschte in diesem Sinne die Reaktivierung einer »bewahrenden Macht«.[199] Oder in den Worten von Novalis in seinem Aufsatz »Die Christenheit oder Europa« von 1799: »Wo keine Götter sind, walten Gespenster.«

Konsens müsste zumindest dasjenige sein, was der frühere griechische Staatspräsident Konstantinos Karamanlis (1907–1998) im Jahr 1978 als »europäisches Gemeingut« beschrieben hat: »Europäische Kultur ist die Synthese des griechischen, römischen und christlichen Geistes. Zu dieser Synthese hat der griechische Geist die Idee der Freiheit, der Wahrheit und der Schönheit beigetragen, der römische Geist die Idee des Staates und des Rechts und das Christentum den Glauben und die Liebe.« Man könnte auch sagen: Europäischer Geist zeigt sich in der Trias aus Ratio, Libertas und Humanitas. Er zeigt sich in einer »Ökumene« aus Judentum, griechischer und römischer Antike sowie Christentum. Oder, geographisch verortet, in einer »Ökumene« aus Jerusalem, Athen, und Rom beziehungsweise Golgatha, Akropolis und Kapitol. Nennen wir es europäische Leitkultur!

NACHWORT

XI. WIE ICH »68« UND SEINE EPIGONEN ERLEBT HABE

Ich bin weder ein Alt-68er noch ein Post-68er. Ein 68er bin ich – während dieses Buch entsteht – nur für ein Lebensjahr, weil ich so alt bin wie die Republik oder wie das Grundgesetz. Als man das Jahr 1968 schrieb, startete ich in die Abiturklasse. »Ho-Ho-Ho-Tschi-Minh« skandierten wir ebenso, wie uns »Sit-ins« vertraut waren. Wir ahmten beides nach – unideologisch, nur des Krawalls wegen. Wir waren eine aufmüpfige Abiturklasse und haben uns Dinge erlaubt, die ich später als Chef eines Gymnasiums nicht tolerieren konnte. Aber wir waren keine Linken. Wir meinten, uns manche Frechheit erlauben zu können. Erstens war in unserer am Ende nur noch 17-köpfigen Klasse so hart ausgesiebt worden, dass von 42 Schülern zu Beginn der Gymnasiallaufbahn gerade noch 13 junge Herren und vier junge Damen übriggeblieben waren – inklusive dreier Mitschüler, die wir als Sitzenbleiber auf der Strecke aufgesammelt hatten. Nach diesem Stahlbad meinten wir, uns könne nichts mehr passieren. Zum zweiten erlaubten wir uns Aufmüpfigkeiten, weil in unserer Klasse der eine oder andere Spross eines örtlichen Prominenten saß. In unserer Kleinstadt spielte das – so bildeten wir uns ein – eine Rolle. Eine Abiturfeier gab es nicht. Die drei Monate zwischen Abitur und Wehrdienst bzw. Studium verbrachten einige von uns mit Jobben und einer spontanen Fahrt quer durch den Balkan nach Athen zu den Europameisterschaften der Leichtathleten. Die DDR-Sportler konnten sich unseres Beifalls nicht erfreuen.

Mitten im »Kalten Krieg« – »Prag 68« war noch sehr frisch – kam von 1969 bis 1971 der Wehrdienst. Zehn der 13 jungen Männer aus meiner Klasse gingen zum »Bund«. Auf »linke Drückeberger« und »wehruntaugliche« spätere Sportlehrer war man weniger gut zu sprechen. Ich entschied mich für eine Verpflichtung auf zwei Jahre. Zum Teil aus finanziellen Gründen, zum Teil aus Überzeugung. »Gammeldienst« war es für mich nicht. Ich verbrachte neben den Fahnenjunker- und

Offizierslehrgängen die meiste (und sehr interessante) Zeit als »Bodenpersonal« in einer Starfighter-Staffel. Mit all dem, was leider dazu gehörte: Abstürze, Entwendung einer »Sidewinder«-Luft-Luft-Rakete von unserem Fliegerhorst und deren Transport in die DDR usw. Als Leutnant der Reserve ging ich ab. Meine Ambitionen, selbst »Flieger« zu werden, scheiterten am Widerstand meiner Eltern. Mein Vater war als Sanitätsunteroffizier Kriegsteilnehmer in Russland gewesen, er hatte seinen jüngeren Bruder, der Pilot bei der Wehrmacht geworden war, bei einem Absturz verloren. 1991 holte mich die Bundeswehr wieder ein. Ich wurde – auf Initiative von Manfred Wörner – in meiner Eigenschaft als Präsident des Deutschen Lehrerverbandes in den Beirat des Verteidigungsministers für Fragen der Inneren Führung berufen. 22 Jahre war ich dabei, mit Truppenbesuchen auch in Einsatzgebieten. Sieben Verteidigungsminister habe ich in diesem Beirat zwischen 1991 und 2013 etwas näher kennengelernt – von Stoltenberg, Rühe, Scharping über Struck, Jung, zu Guttenberg bis hin zu de Maizière. Meine große Sympathie gilt aus Überzeugung immer noch der Bundeswehr. Deshalb ärgert es mich zu sehen, wie Öffentlichkeit und Politik mit der Bundeswehr umgehen, und wie man sie seitens der Politik – in Verneigung vor dem linken Zeitgeist – materiell und personell verkommen lässt.

Zurück in die unmittelbar folgenden Post-68-Jahre: 1971 ging es ins Studium. Dort habe ich an der sonst recht braven Universität Würzburg die Politisierung der Geistes- und Sozialwissenschaften am Beispiel der Germanistik erlebt. Hier hatte die in Berlin erhobene Forderung abgefärbt: »Schlagt die Germanistik tot / Färbt die blaue Blume rot!« Die Begründung war: Weil die Germanistik mit ihrem Bildungskanon Werte vermittle, die »fungibel waren für die Zwecke imperialistischer Politik«. Oder wörtlich: »Die Wirkung der Kulturindustrie besteht darin, in den Individuen (…) in der Freizeit ein affirmatives, die repressiven Arbeitsverhältnisse hinnehmendes Bewusstsein bzw. die Bewusstlosigkeit gesellschaftlichen Herrschaftsverhältnissen gegenüber zu erzeugen.«[200] Folge war für mich als Studenten der Germanistik, dass jede Literatur aus der Perspektive der marxistischen Literaturtheorie von Georg Lukács und damit aus der Perspektive des Klassenkampfes zu sehen sei. Selbst die Literatur der Romantik habe den Zweck, den Menschen gegenüber Kapitalismus und Imperialismus gefügig zu machen.

Ähnliches erlebte ich im Sport-Studium – vor allem seitens der Fachschaftsfunktionäre. Nicht einmal hier machte die Ideologisierung halt. Ein Jürgen Funke, damals Mitarbeiter der Laborschule Bielefeld, bedauerte es, dass »Leibeserziehung mehr an Anpassung als an Widerstand interessiert ist«, dass sportliche Betätigung »als Mittel gebraucht wird, um systemkonforme, für den industriellen Arbeitsprozess und das Militär günstige Verhaltensweisen zu erzeugen.«[201] Nicht ganz so krass war es in der Psychologie, auch wenn hier ab 1969 die marxistisch orientierte sogenannte »Kritische Psychologie« angesagt war. Wie auch immer: Beide Studiengänge hin zum Staatsexamen und zum Diplom in der Psychologie absolvierte ich recht gut, weil ich – anders als in der Schullaufbahn – Reserven mobilisiert hatte und durch eine frühe, inzwischen 44 Jahre währende Ehe solidere Lebensumstände fand.

Dann bin ich über Jahrzehnte hinweg regelmäßig »Linken« begegnet: bei Tagungen, in Talkshows, bei Rundfunk-Streitgesprächen usw., einmal auch in der »hohen« Politik. Es war bei der Wahl des Hessischen Landtags vom 19. Februar 1995, als ich mit viel öffentlicher Begleitmusik zusammen mit Roland Koch, Petra Roth, Franz Josef Jung und anderen CDU-Politikern ins »Schattenkabinett« des Spitzenkandidaten Manfred Kanther aufgenommen wurde – vorgesehen für das Amt des Kultusministers. Dies war für manche aus den linken Lagern (inklusive Publizisten) unvorstellbar. Man versah mich mit Attributen wie: »Bildungsfundamentalismus«, »Gefährdung des Schulfriedens«, »Hessens Stahlhelmtruppe«, »Gefahr aus dem Süden«, »Schule im schwarzen Tintenfass«, »Rohrstockpädagogik«, »Mann für den rot-grünen Adrenalinspiegel«. Bei manchen Veranstaltungen war die Stimmung so aufgeheizt, dass die Polizei Einlasskontrollen vornahm. Das waren spannende Erfahrungen. Nicht so heftig war es in den zahlreichen Talkshows, in denen ich mich oft zwei oder drei oder vier »Gutmenschen« gegenübersah. Man hatte mich manchmal sozusagen als »bad guy« eingeladen, der den Mainstreamern als Zielscheibe dienen sollte. Ich tat mir das aus mehr oder weniger sportlichen Gründen an, auch wenn es manchmal meine Geduld strapazierte, von Schülersprechern (und anderen, die über diesen Horizont kaum hinausgekommen waren) linke Versatzstücke rezitiert zu bekommen. Besonders peinlich war dies wenige Tage nach der Ermordung von 16 Menschen am 26. April 2002 am Erfurter Gutenberg-Gymnasium. Das ZDF bzw. Maybrit Illner hatte zum Talk geladen. Alle, darunter der Schauspieler Ulrich Mühe und der damalige Vorsitzende der Gewerkschaft der Polizei, Konrad Freiberg, diskutierten ernsthaft – bis auf den sogenannten Bundesschülersprecher, der mir wie auswendig gelernt seine linken Sprüche von Schule als struktureller Gewalt und von einem Recht auf Widerstand vorbetete.

Warum tat ich mir all dies an? Warum tue ich es mir nach wie vor an? Zunächst der zweite Grund: Ich mache mir Sorgen wegen des um sich greifenden Bildungsabbaus und Sorgen um die Zukunft unserer jungen Leute. Und erstens: Weil ich möchte, dass uns dieses Land nicht noch fremder wird. Deshalb mache ich die Klappe auf und »greife zur Feder«. Ich spüre, dass viele Menschen dies von mir erwarten. Zudem ist es einer meiner Grundsätze, dass wir nicht nur für das verantwortlich sind, was wir tun, sondern auch für das, was wir unterlassen. Ich möchte meinen Beitrag dazu leisten, dass Deutschland nicht ausschließlich zur politisch korrekten und gesinnungskonformen »Zivilgesellschaft« wird: gutmenschlich domestiziert, postnational, postheroisch, ständig sich selbst und andere umerziehend. Das wäre wieder mal ein deutscher Sonderweg – durchaus leicht größenwahnsinnig, aber auch bieder changierend zwischen konsumistisch und kryptokommunistisch, innerlich und äußerlich entgrenzt, ohne eigene Interessen und amorph-pluralistisch bis zur Gesichtslosigkeit.

ENDNOTEN

1 Frank Böckelmann: *Jargon der Weltoffenheit. Was sind unsere Werte noch wert?*, Waltrop/Berlin 2014.
2 Arnold Gehlen: *Moral und Hypermoral*, Frankfurt a. M./Bonn 1969, S. 37.
3 Robert Frank: »1968 – Ein Mythos?« in: Ingrid Gilcher-Holtey (Hg.): *1968 – Vom Ereignis zum Mythos*, Frankfurt a. M. 2008, S. 25 und 18.
4 Siehe Wolfgang Kraushaar: *Achtundsechzig – Eine Bilanz*, Berlin 2008.
5 Siehe Norbert Frei: *1968. Jugendrevolte und globaler Protest*, München 2008 und 2017, S. 209f.
6 Peter Steinbach: »1968 – Voraussetzungen und Folgen einer Rechnung, die bis heute zu zahlen ist«, in: Bernhard C. Wintzek, Hg.: *Denkfalle Zeitgeist*, Asendorf 2004, S. 237–253.
7 Siehe Götz Aly: *Unser Kampf. 1968 – ein irritierter Blick zurück*, Frankfurt a. M. 2008.
8 Norbert Frei: *1968. Jugendrevolte und globaler Protest*, München 2008 und 2017, S. 223.
9 Richard David Precht: *Lenin kam nur bis Lüdenscheid. Meine kleine deutsche Revolution*, München 2005.
10 Jan Fleischhauer: *Unter Linken. Von einem, der aus Versehen konservativ wurde*, Reinbek 2009, S. 18, 25 und 300.
11 Kai Diekmann: *Der große Selbst-Betrug. Wie wir um unsere Zukunft gebracht werden*, München 2007.
12 Botho Strauß: »Anschwellender Bocksgesang«, in: *Der Spiegel* vom 8. Februar 1993, bereits vorher abgedruckt im Jahrbuch *Der Pfahl*.
13 Heinrich August Winkler: *Geschichte des Westens. Vom Kalten Krieg zum Mauerfall*, München 2016, S. 482.
14 Norbert Frei: *1968 – Jugendrevolte und globaler Protest*, München 2008 und 2017.
15 Wolfgang Kraushaar: *Achtundsechzig – Eine Bilanz*, Berlin 2008.
16 Siehe dazu Wilfried Loth: *Der Mai 68 in Frankreich. Fast eine Revolution*, Frankfurt a. M. 2018.
17 Richard Löwenthal: *Gesellschaftswandel und Kulturkrise*, Frankfurt am Main 1979.
18 Kurt Sontheimer: »Zwischen Naivität und Gewaltbereitschaft: Die gescheiterte Revolution«, in: *Die Politische Meinung* Heft 378, Mai 2001, S. 11–15.
19 Arnold Gehlen: *Moral und Hypermoral*, Frankfurt a. M./Bonn 1969, S. 40.
20 Elisabeth Noelle-Neumann in einem Interview in *Die Welt* vom 12. September 1994.
21 Gerd Koenen: *Das rote Jahrzehnt. Unsere kleine deutsche Kulturrevolution*, Frankfurt a. M. 2002, S. 469f.
22 Alexander Grau: *Hypermoral. Die neue Lust an der Empörung*, München 2017, S.103.

23 Siehe dazu Heinrich August Winkler: *Geschichte des Westens. Vom Kalten Krieg zum Mauerfall*, München 2016, S. 501. Winkler schreibt dort: »Liberalisierungen begannen lange vor 1968.« Ähnlich Wilhelm Hennis und Wolfgang Eßbach: Hennis, in Freiburg als Politikwissenschaftler selbst Zielscheibe von studentischen Attacken, schrieb bereits 1969: »Ich glaube, es sei mit Leichtigkeit die These vertretbar, daß es in der deutschen Geschichte bisher noch nie zwei Jahrzehnte rapiden tiefgreifenden Wandels, solch überfließender Mobilität gegeben hat, wie die Jahre von 1948 bis 1968. Und das ohne Krieg, ohne Gewalt, ohne Zwang.« (*Merkur*, Februar 1969). Der Soziologe Wolfgang Eßbach, 1967/68 Asta-Vorsitzender in Göttingen, sagt in einem Interview: »Achtundsechzig war das Ende einer Reformphase« (*FAZ* vom 7. März 2018).

24 Ernst Nolte: *Geschichtsdenken im 20. Jahrhundert*, Berlin 1991, S. 501.

25 Christina von Hodenberg: *Das andere Achtundsechzig. Gesellschaftsgeschichte einer Revolte*, München 2018.

26 Alexander und Margarete Mitscherlich: *Die Unfähigkeit zu trauern. Grundlagen kollektiven Verhaltens*, München 1967.

27 Karl Japsers: *Wohin treibt die Bundesrepublik?*, München 1966.

28 Michael Wolffsohn: *Deutsche, Juden und andere Weltbürger*, Jena 2004, S. 31.

29 Karlheinz Weißmann: *Kulturbruch '68. Die linke Revolte und ihre Folgen*, Berlin 2017.

30 Helmut Schelsky: *Der selbständige und der betreute Mensch*, Stuttgart 1976.

31 Helmut Thielicke: *Kulturkritik der studentischen Rebellion*, Tübingen 1969.

32 Albrecht Schöne: »Achtundsechzig – die Kehrseite der Medaille«, *FAZ* vom 15. November 2017.

33 Dieter Althaus: »Und es war Sommer. Das Jahr 1968 in der DDR«, in: Bernhard Vogel (Hg.): *40 Jahre 1968. Alte und neue Mythen – Eine Streitschrift*, Freiburg 2008, S. 208–224.

34 Dies ist eine der Kernthesen in Stefan Wolle: *Der Traum von der Revolte. Die DDR 1968*, Berlin 2008.

35 Gerd Koenen: *Das rote Jahrzehnt. Unsere kleine deutsche Kulturrevolution*, Frankfurt a. M. 2002, S. 218. Gemeint sind übrigens die Jahre von 1967 bis 1977.

36 Götz Aly: *Unser Kampf 1968 – ein irritierter Blick zurück*, Frankfurt a. M. 2008.

37 Ryszard Legutko: *Der Dämon der Demokratie. Totalitäre Strömungen in liberalen Gesellschaften*, Wien 2017, S. 143.

38 Norbert Bolz: *Diskurs über die Ungleichheit. Ein Anti-Rousseau*, München 2009, S. 10

39 Hans Maier: »Jean-Jacques Rousseau«, in: Rausch, Heinz (Hg.): *Politische Denker II*, München 1977, S. 47–65.

40 Heike Schmoll: *Lob der Elite. Warum wir sie brauchen*, München 2008.

41 Peter Sloterdijk: *Die Verachtung der Massen. Versuch über Kulturkämpfe in der modernen Gesellschaft*, Berlin 2000.

42 Joseph Alois Schumpeter: *Kapitalismus, Sozialismus und Demokratie*, 1942 (hier: Stuttgart 2005).

43 Hans Maier: »Jean-Jacques Rousseau«, in: Heinz Rausch (Hg): *Politische Denker II*, München 1977, S. 47–65.

44 Eine noch heute sehr lesenswerte Kritik findet sich bei Günter Rohrmoser: *Das Elend der kritischen Theorie. Theodor W. Adorno, Herbert Marcuse, Jürgen Habermas*, Freiburg 1970.

45 Clemens Albrecht, Günter C. Behrmann, Michael Bock, Harald Homann, Friedrich H. Tenbruck (Hg.): *Eine Wirkungsgeschichte der Frankfurter Schule*, Frankfurt a. M. 2000.

46 Horst-Eberhard Richter: *Eltern, Kind und Neurose*, Reinbek 1962, und derselbe: *Patient Familie*, Reinbek 1970.

47 Helmut Schelsky: *Die Arbeit tun die anderen. Klassenkampf und Priesterherrschaft der Intellektuellen*, Berlin 1975.

48 Oskar Negt: *Kindheit und Schule in einer Welt der Umbrüche*, Göttingen 1997, S. 167.

49 Reinhard und Annemarie Tausch: *Erziehungspsychologie*, Göttingen 1963.

50 Helmuth Plessner: *Die verspätete Nation. Über die politische Verführbarkeit bürgerlichen Geistes*, Stuttgart 1959, ursprünglich Zürich 1935, dort veröffentlicht als *Das Schicksal deutschen Geistes im Ausgang seiner bürgerlichen Epoche.*

51 Siehe Georg Lukács: *Von Nietzsche zu Hitler oder Der Irrationalismus und die deutsche Politik*, Frankfurt a. M. 1966.

52 Nobert Elias: *Studien über die Deutschen*, Berlin 1992.

53 Caspar von Schrenck-Notzing: *Charakterwäsche. Die amerikanische Besatzung in Deutschland und ihre Folgen*, Stuttgart 1965, später mit dem Untertitel »Die Politik der amerikanischen Umerziehung in Deutschland« (1993).

54 Frank Böckelmann: *Jargon der Weltoffenheit. Was sind unsere Werte noch wert?*, Waltrop/Berlin 2014, S.11.

55 Siehe Norbert Bolz: *Die Konformisten des Andersseins*, München 1999.

56 Dieter E. Zimmer: *RedensArten. Über Trends und Tollheiten im neudeutschen Sprachgebrauch*, Zürich 1988.

57 Dieter E. Zimmer: *Deutsch und anders. Die Sprache im Modernisierungsfieber*, Reinbek 1997.

58 Helmut Schelsky: *Die Arbeit tun die anderen. Klassenkampf und Priesterherrschaft der Intellektuellen*, Berlin 1975, S. 233.

59 Robert Hughes: *Nachrichten aus dem Jammertal. Wie sich die Amerikaner in political correctness verstrickt haben*, München 1994.

60 Michael Bonder: *Ein Gespenst geht um die Welt: Political Correctness*, Frankfurt a. M. 1995.

61 Klaus Bittermann, Gerhard Henschel (Hg.): *Wörterbuch des Gutmenschen. Zur Kritik der moralisch korrekten Schaumsprache*, Berlin 1994.

62 Egon Flaig: *Gegen den Strom. Für eine säkulare Republik Europa*, Springe 2013, S. 143.

63 Elisabeth Noelle-Neumann: *Die Schweigespirale. Öffentliche Meinung als soziale Haut*, München 1980.

64 Norbert Bolz: *Die ungeliebte Freiheit. Ein Lagebericht*, München 2010, S. 86f.

65 Norbert Bolz: *Diskurs über die Ungleichheit. Ein Anti-Rousseau*, München 2009, S.30.

66 Begriff PPPP nach Michael Behrens und Robert von Rimscha: *Politische Korrektheit in Deutschland. Eine Gefahr für die Demokratie*, Bonn 1995.

67 Details in Daniel Ullrich, Sarah Diefenbach: *Es war doch gut gemeint. Wie Political Correctness unsere freiheitliche Gesellschaft zerstört*, München 2017, S. 18ff.

68 Susan Arndt: »Wenn Rassismus aus Worten spricht«, Vortrag vom 25.11.2013 in Weimar.

69 Siehe Daniel Ullrich und Sarah Diefenbach: *Es war doch gut gemeint. Wie Political Correctness unsere freiheitliche Gesellschaft zerstört*, München 2017, S. 132.

70 Freya Klier: »Links – eine Denkfalle«, in: Bernhard C. Wintzek (Hg.): *Denkfalle Zeitgeist*, Asendorf 2004, S. 89 – 109.

71 Eckhard Jesse: »50 Jahre Bundesrepublik Deutschland. Haben wir eine Verschiebung des politischen Koordinatensystems?«, in: *MUT*, Heft 5/1999, S. 28–41.

72 Daniel Ullrich und Sarah Diefenbach: *Es war doch gut gemeint. Wie Political Correctness unsere freiheitliche Gesellschaft zerstört*, München 2017.

73 Ingo von Münch: *Meinungsfreiheit gegen Political Correctness*, Berlin 2017.

74 Ryszard Legutko: *Der Dämon der Demokratie. Totalitäre Strömungen in liberalen Gesellschaften*, Wien 2017, S. 127.

75 Imanuel Geiss: *Der Hysterikerstreit*, Bonn 1992.

76 Stéphane Courtois (Hg.), Andrzej Paczkowski, Jean-Louis Panné, Karel Bartošek, Nicolas Werth u.a.: *Das Schwarzbuch des Kommunismus. Unterdrückung, Verbrechen und Terror*, Cambridge 1997.

77 Udo di Fabio: *Die Kultur der Freiheit*, München 2005, S. 42.

78 Eine fundierte philosophische Auseinandersetzung mit »Gender« findet sich bei Hanna-Barbara Gerl-Falkoviotz: *Frau – Männin – Menschin. Zwischen Feminismus und Gender*, Kevelar 2016. Kritisch publizistisch aufbereitet ist »Gender« von Birgit Kelle: *Gendergaga. Wie eine absurde Ideologie unseren Alltag erobern will*, München 2015.

79 Zitat aus Andreas Lombard: »Das Kind als Produkt. Über das antifamiliäre Projekt der Moderne«, in: *Die Neue Ordnung*, April 2017, S. 98–111.

80 Siehe dazu auch Peter Eisenberg: »Gendergerechte Sprache – Wenn das Genus mit dem Sexus. Eine Verständnishilfe«, *FAZ* vom 28. Februar 2018.

81 Thomas Steinfeld: »Die Biologisierung des Denkens«, *Süddeutsche Zeitung* vom 17. November 2017.

82 Tomas Kubelik: *Genug gegendert! Eine Kritik der feministischen Sprache*, Halle 2015.

83 Richard Thaler, Cass Sunstein: *Nudge: Wie man kluge Entscheidungen anstößt*, Berlin 2008.

84 Karl R. Popper: *Die offene Gesellschaft und ihre Feinde*, Band 2, Kapitel 14: »Die orakelnde Philosophie und der Aufstand gegen die Vernunft«, Bern 1958, hier München 1980, S. 279.

85 Friedbert Rüb, Karen Alnor und Florian Spohr: »Die Kunst des Reformierens: Konzeptionelle Überlegungen zu einer erfolgreichen Regierungsstrategie«, in: *Forschungsjournal Soziale Bewegungen*, 3/2009.

86 Ausführliches, auch zum Wert von Bertelsmann-»Studien«, findet sich in Josef Kraus: *Wie man eine Bildungsnation an die Wand fährt*, München 2017, dort das Kapitel »Machtspiele – Eine Stiftung hält die Fäden in der Hand«, S. 23–50.

87 Siehe Arnold Gehlen: *Moral und Hypermoral*, Frankfurt a. M. 1969.

88 Siehe dazu Irenäus Eibl-Eibesfeldt: *Krieg und Frieden aus der Sicht der Verhaltensforschung*, München 1975.

89 Josef Kraus: »Willkommenskultur oder Kolonialismus 2.0«, in: Herbert Stettberger (Hg.): *»Frau Merkel hat mich eingeladen«!*, Berlin 2017, S. 253–263.

90 Markus Vahlefeld: *Mal eben kurz die Welt retten. Die Deutschen zwischen Größenwahn und Selbstverleugnung*, Köln 2017, S. 161, S. 29 und S. 179.

91 Markus Weilandt: *Entgrenzung – ein Kennzeichen unserer Zeit*, Halle 2015.

92 Konrad Paul Liessmann: *Lob der Grenze. Kritik der politischen Unterscheidungskraft*, Wien 2012. S. 29.

93 Burkhard Voß: *Albtraum Grenzenlosigkeit. Vom Urknall bis zur Flüchtlingskrise*, Münster 2017.

94 Josef Schmid: *Die Moralgesellschaft*, München 1999, S. 17.

95 Siehe Richard Sennet: *Verfall und Ende des öffentlichen Lebens. Die Tyrannei der Intimität*, Frankfurt a. M. 2004.

96 Helmut Klages: *Wertewandel und gesellschaftlicher Wandel*, Frankfurt a. M. 1979.

97 Eric Voegelin: *Die politischen Religionen*, 1938, hier: München 2007.

98 Wolfgang Brezinka: *Die Pädagogik der neuen Linken*, München/Basel 1971.

99 Dieter Neumann: *Die 68er-Bewegung und ihre pädagogischen Mythen. Auswirkungen auf Erziehung und Bildung*, St. Augustin 2008.

100 Kurt Sontheimer: *Das Elend unserer Intellektuellen. Linke Theorie in der Bundesrepublik Deutschland*, Hamburg 1976, S. 185 und 230.

101 Christoph Führ: »Zur deutschen Bildungsgeschichte seit 1945«, in: Christoph Führ und Carl-Ludwig Furck (Hg.): *Handbuch der deutschen Bildungsgeschichte*, Band VI, 1945 bis zur Gegenwart. 1. Teilband: Bundesrepublik Deutschland, München 1998, S. 10.

102 Einen kompakten Überblick bietet Führ: »Zur deutschen Bildungsgeschichte seit 1945«, in: Christoph Führ und Carl-Ludwig Furck (Hg.): *Handbuch der deutschen*

Bildungsgeschichte, Band VI, 1945 bis zur Gegenwart. 1. Teilband: Bundesrepublik Deutschland, München 1998, S. 1 - 24

103 Josef Kraus: *Wie man eine Bildungsnation an die Wand fährt*, München 2017.

104 Wolfgang Steinig, Dirk Betzel, Franz Josef Geider, Andreas Herbold: *Schreiben von Kindern im diachronen Vergleich. Texte von Viertklässlern aus den Jahren 1972 und 2002*, Münster 2009.

105 Siehe dazu vor allem Josef Kraus: *Spaßpädagogik. Sackgassen deutscher Schulpolitik*, München 1998, und ders.: *Ist die Bildung noch zu retten?*, München 2009.

106 Karl Jaspers: *Was ist Erziehung? Ein Lesebuch*, Textauswahl und Zusammenstellung von Hermann Horn, München 1992, 2. Auflage, S. 51 ff.

107 Hermann Giesecke: *Wozu ist die Schule da?*, Stuttgart 1996, S. 202.

108 Otto Roegele: *Zur inneren Lage der Bundesrepublik*, Köln 1971, S. 33.

109 Siehe Hans-Helmuth Knütter: *Die Faschismus-Keule – Das letzte Aufgebot der deutschen Linken*, Berlin 1993.

110 Burrhus Skinner: *Futurum Zwei. Walden Two, Die Vision einer aggressionsfreien Gesellschaft*, Reinbek 1972.

111 Siehe Josef Kraus: *Helikoptereltern*, Reinbek 2013.

112 Kurt Sontheimer: *Das Elend unserer Intellektuellen. Linke Theorie in der Bundesrepublik Deutschland*, Hamburg 1976, S. 185 und 230.

113 Jörg-Dieter Gauger: »68 – Wirkung auf Bildung und Erziehung«, in: Bernhard Vogel, Matthias Kutsch (Hg.): *40 Jahre 1968 – Alte und neue Mythen*, Freiburg 2008, S. 225–258.

114 Zitiert nach Ernst Topitsch: »Wie links steht noch der Geist. Die Revolte der Halbgebildeten«, in: Kaltenbrunner, Gerd-Klaus (Hg.): *Die Herausforderung der Konservativen. Absage an Illusionen*, München 1974, S. 129–141.

115 Henning Jäde: »Die Schule der Sprachlosigkeit«, in: Kaltenbrunner, Gerd-Klaus (Hg.): *Sprache und Herrschaft. Die umfunktionierten Wörter*, München 1975, S. 83ff.

116 Helmut Schoeck: *Kinderverstörung. Die missbrauchte Kindheit. Umschulung auf eine andere Republik*, Asendorf 1987.

117 Thomas Nipperdey: »Ende der Selbstbestimmung. Zur Kritik der Hessischen Rahmenrichtlinien für Gesellschaftslehre«, in: Gerd-Klaus Kaltenbrunner (Hg.): *Klassenkampf und Bildungsreform. Die neue Konfessionsschule*, München 1974, S. 103.

118 Jörg-Dieter Gauger: *Der historische deutsche Osten im Unterricht*, Hamburg 2001, und ders.: *Deutsche und Polen im Unterricht*, Schwalbach/Ts. 2008.

119 Klaus Hornung: *Das totalitäre Zeitalter. Bilanz des 20. Jahrhunderts*, Berlin 1993, S. 286.

120 Siehe dazu den Vortrag von Hans Maier »Der Bund Freiheit der Wissenschaft – Ende und Auftrag« anlässlich des 39. Forums des BFW am 17. November 2015 in Sankt Augustin – dem Tag, an dem der BFW aufgelöst wurde, weil er einen

Großteil seiner »Mission« erfüllt habe. Es soll an dieser Stelle freilich nicht unerwähnt bleiben, was linke Studentengruppen in 68er Manier 2016 gegen den renommierten Osteuropa-Historiker und Experten für die Geschichte der Sowjetunion und des stalinistischen Terrors, Professor Jörg Baberowski (Berlin), und 2017 gegen Thomas Rauscher, Juraprofessor und Spezialist für ausländisches und europäisches Privatrecht (Leipzig) inszenierten. Federführend in Leipzig war der »Linke.SDS« (Sozialistisch-Demokratischer Studierendenverband). Dieser Verband veranstaltete übrigens im März 2008 eine Delegationsreise nach Venezuela, um sich im Rahmen der Kampagne »Sozialismus des 21. Jahrhunderts« ein Bild von der Politik eines Hugo Chávez zu machen.

121 Karl Dietrich Bracher: *Die Krise Europas. Ab 1917*, Bd. 6 der *Propyläen Geschichte Europas*, Berlin 1992, S. 407.

122 Markus Vahlefeld: *Mal eben kurz die Welt retten. Die Deutschen zwischen Größenwahn und Selbstverleugnung*, Köln 2017, S. 233.

123 Rainer Zitelmann: *Wohin treibt unsere Republik?*, Berlin 1994, S. 98.

124 Karlheinz Weißmann: *Kulturbruch '68. Die linke Revolte und ihre Folgen*, Berlin 2017, S. 128.

125 Norbert Bolz: »Götterdämmerung der Achtundsechziger«, *Hamburger Abendblatt* vom 15. September 2010.

126 Thilo Sarrazin: *Deutschland schafft sich ab. Wie wir unser Land aufs Spiel setzen*, München 2010.

127 Siehe Richard Sennett: *Der flexible Mensch. Die Kultur des neuen Kapitalismus*, München 2002, im Originaltitel von 1998 zutreffender: *The Corrosion of Character*.

128 Siehe dazu auch Josef Kraus: *Wie man eine Bildungsnation an die Wand fährt*, München 2017, S. 16. Dort wird das bis heute unveränderte Bildungsverständnis der OECD aus dem Jahr 1961 dargestellt.

129 Friedrich Sieburg: *Abmarsch in die Barbarei. Gedanken über Deutschland, Journalistische Arbeiten 1931–1960*, Hg. von Klaus Harpprecht, Frankfurt a. M. 1986, S. 229ff.

130 Michael Klonovsky: *Bunt wie ein Niqab. Reaktionäres vom Tage, Acta diurna 2017*, Lüdinghausen/Berlin 2018, S. 34.

131 Erich Wiedemann: *Die deutschen Ängste*, Frankfurt a. M./Berlin 1988, S.17.

132 Rainer Zitelmann: *Wohin treibt unsere Republik?*, Frankfurt a. M./Berlin 1994, S. 131.

133 Hermann Lübbe: *Ich entschuldige mich. Das neue politische Bußritual*, München 2001.

134 Gerd Koenen: *Das rote Jahrzehnt. Unsere kleine deutsche Kulturrevolution*, Frankfurt a. M. 2002, S. 95–122.

135 Johannes Gross: *Phönix in Asche*, München 1989.

136 Erich Wiedemann: *Die deutschen Ängste*, Frankfurt a. M./Berlin 1988.

137 Herfried Münkler, Marina Münkler: *Die neuen Deutschen – Ein Land vor seiner Zukunft*, Reinbek 2016.

138 Siehe dazu Jens Hacker: *Deutsche Irrtümer. Schönfärber und Helfershelfer der SED-Diktatur im Westen*, Frankfurt a. M./Berlin 1992.

139 Michael Wolffsohn: *Keine Angst vor Deutschland*, Erlangen 1992, S. 31.

140 Ute Sacksofsky: »Ihr Kinderlein kommet. Bevölkerungspolitik als Staatsaufgabe«, in: *Merkur – Deutsche Zeitschrift für europäisches Denken*, 6/2013.

141 Verein Deutsche Sprache (Hg.): *Der Anglizismen-Index*, Paderborn 2016.

142 Thilo Sarrazin: *Deutschland schafft sich ab. Wie wir unser Land aufs Spiel setzen*, München 2010.

143 Peter J. Brenner: *Fremde Götter. Religion in der Migrationsgesellschaft*, Waltrop/Berlin 2017, S. 17.

144 Alexander Demandt: *Endzeit? Die Zukunft der Geschichte*, Berlin 1993, S. 207.

145 Wolfgang Streeck: »Merkel – Ein Rückblick«, *FAZ* vom 16.11.2017.

146 Alexander Demandt: *Endzeit? Die Zukunft der Geschichte*, Berlin 1993, S. 108f. Dort schreibt Demandt: »Die These von der Ablösung der Ideologien durch den Pragmatismus könnte selbst eine Ideologie sein, und zwar deren gefährlichste: Sie hält sich für das Heilmittel einer Krankheit, deren Symptom sie ist. Indem diese letzte Ideologie keine Alternativen mehr ernstzunehmen bereit ist, verliert sie die Fähigkeit, solche wahrzunehmen, Pseudodemokratie und Scheinliberalisierung zu entlarven.«

147 Siehe Gertrud Höhler: *Demokratie im Sinkflug. Wie sich Angela Merkel und EU-Politiker über geltendes Recht stellen*, München 2017.

148 Martin Lohmann: *Das Kreuz mit dem C.*, Kevelaer 2009, S. 7. Lohmann sieht in diesem Vorgang eine »ebenso plumpe wie populistische Kritik« als Spitze des Eisberges der Distanzierung der CDU vom »C«

149 Wolfgang Ockenfels: *Das hohe C – Wohin steuert die CDU?*, Augsburg 2009.

150 Frank Böckelmann: *Jargon der Weltoffenheit. Was sind unsere Werte noch wert?*, Waltrop/Berlin 2014, S. 10.

151 Arnulf Baring, Josef Kraus, Mechtild Löhr, Jörg Schönbohm: *Schluss mit dem Ausverkauf*, Waltrop/Berlin 2011.

152 Karl Marx: »Die Kriegserklärung – Zur Geschichte der orientalischen Frage«, Marx-Engels-Werke, Band 10, S. 170.

153 Jürgen Habermas: »Wie viel Religion verträgt der liberale Staat?«, in: *Neue Zürcher Zeitung* vom 6. August 2012. Habermas schreibt dort wörtlich: »Gleichzeitig darf auch die Mehrheitskultur ihre Mitglieder nicht in der bornierten Vorstellung einer Leitkultur gefangen halten, die sich eine ausschliessende Definitionsgewalt über die politische Kultur des Landes anmasst. In seinem Urteil über die Zulässigkeit der Beschneidungspraxis von Muslimen (und Juden) verkennt das Kölner Landgericht, dass zusammen mit den eingebürgerten Muslimen auch der

Islam zu Deutschland gehört.«

154 Jürgen Habermas: »Keine Muslima muss Herrn de Maizière die Hand geben«, *Rheinische Post* vom 3. Mai 2017.

155 Peter J. Brenner: *Fremde Götter*, Waltrop/Berlin 2017, S. 41.

156 Elias Canetti: *Masse und Macht*, Frankfurt a. M. 1960, S. 157.

157 Egon Flaig: *Weltgeschichte der Sklaverei*, München. 2011.

158 Sabatina James: *Scharia in Deutschland*, München 2015.

159 Necla Kelek: »Herr, mache ihnen Raum in ihrer engen Brust«, *FAZ* vom 11. Januar 2011.

160 Mathias Rohe: *Der Islam in Deutschland. Eine Bestandsaufnahme*, München 2016, S. 32 und 34.

161 David Motadel: *Für Prophet und Führer. Die islamische Welt und das Dritte Reich*, Stuttgart 2017.

162 Aus Hitlers »Monologen im Führerhauptquartier« sind die Sätze überliefert: »Auch das Regime der Araber in Spanien war etwas unendlich Vornehmes: die größten Wissenschaftler, Denker, Astronomen, Mathematiker, einer der menschlichsten Zeiträume, eine kolossale Ritterlichkeit zugleich. Als dann später das Christentum dahin kam, da kann man nur sagen: die Barbaren. Die Ritterlichkeit, welche die Kastilier haben, ist in Wirklichkeit arabisches Erbe. Hätte bei Poitiers nicht Karl Martell gesiegt: Haben wir schon die jüdische Welt auf uns genommen – das Christentum ist so etwas Fades –, so hätten wir viel eher noch den Mohammedanismus übernommen, diese Lehre der Belohnung des Heldentums (...) Die Germanen hätten die Welt damit erobert, nur durch das Christentum sind wir davon abgehalten worden.«

163 Samuel Huntington: *Der Kampf der Kulturen*, München 1996.

164 Ruud Koopman: *Assimilation oder Multikulturalismus*, Münster 2017, S. 213f.

165 Kenan Maliks: »Der Multikulturalismus und seine Widersprüche«, und: *Das Unbehagen in den Kulturen. Eine Kritik des Multikulturalismus und seiner Gegner*, Frankfurt a. M. 2017.

166 Vergleiche dazu auch Kurt Slamun: »Perspektiven einer Ideologietheorie im Sinne des kritischen Rationalismus«, in: *Karl R. Popper und die Philosophie des kritischen Rationalismus. Zum 85. Geburtstag von Karl R. Popper*, Studien zur österreichischen Philosophie Band 14, Amsterdam 1989.

167 Siehe https://www.compass-infodienst.de/Chaim-Noll-Aura-der-Angst-Kommunismus-Islam-und-ihre-Wirkung-auf-Europa.3617.0.html

168 Zitiert nach Chaim Noll, siehe vorausgehende Fußnote.

169 Die richtige Antwort darauf findet man bei Michael Wolffsohn: »So wird dämonisiert«, *FAZ* vom 21. Februar 2018.

170 Marco Stahlhut: »Die Illusion eines moderaten Islam. Indonesien debattiert die Todesstrafe für Homosexuelle: Der einstige politische Hoffnungsträger wird zum

Menetekel«, *FAZ* vom 17. Februar 2017, S. 9.

171 Siehe Stefan Luft: *Abschied von Multikulti*, München 2007, S. 372.

172 Klaus-Rüdiger Mai: *Geht der Kirche der Glaube aus? Eine Streitschrift*, Leipzig 2018.

173 Wolfgang Kraushaar: *Achtundsechzig – Eine Bilanz*, Berlin 2008, S. 270.

174 Siehe Jens Hacker: *Deutsche Irrtümer. Schönfärber und Helfershelfer der SED-Diktatur im Westen*, Berlin 1992.

175 Alexander Grau: *Hypermoral. Die neue Lust an der Empörung*, München 2017, S. 57.

176 Hans Joas: *Kirche als Moralagentur*, München 2016, vor allem S. 79.

177 Stephan Raabe: »Kirche als Moralagentur? Zur kirchenpolitischen Kritik von Hans Joas«, in: *Die Neue Ordnung*, 4/2017.

178 Francis Fukuyama: *Das Ende der Geschichte. Wo stehen wir?*, München 1992.

179 Joachim Fest: *Die schwierige Freiheit. Über die offene Flanke der offenen Gesellschaft*, Berlin 1993, S. 23.

180 Joachim Fest: *Der zerstörte Traum. Vom Ende des utopischen Zeitalters*, Berlin 1991, S. 21, 30f. und 73f.

181 Carl Schmitt: *Politische Romantik*, 1919, hier: Berlin 1998.

182 Max Weber: »Politik als Beruf«, in: *Reden, die die Welt bewegten*, Stuttgart 1986, 5. Auflage, S. 255–267.

183 Ernst Jünger: *Essays IV*, Stuttgart 1963, S. 563.

184 Eric Voegelin: *Die politischen Religionen*, 1938; hier: München 2007.

185 Carl Christian Bry: *Verkappte Religionen. Kritik des kollektiven Wahns*, 1924, hier: München 1979.

186 Friedrich A. von Hayek: *Recht, Gesetz und Freiheit*, Tübingen 2003, S. 287.

187 Udo di Fabio: *Die Kultur der Freiheit*, München 2005, S. 41.

188 Colin Crouch: *Postdemokratie*, Berlin 2004.

189 Raymond Aron: *Plädoyer für das dekadente Europa*, Berlin 1977.

190 Panajotis Kondylis: *Der Niedergang der bürgerlichen Denk- und Lebensform. Die liberale Moderne und die massendemokratische Postmoderne*, Weinheim 1991.

191 Imre Kertész: *Letzte Einkehr*, Reinbek 2015. Englisch: *The Last Refuge*.

192 Rolf Peter Sieferle: *Das Migrationsproblem. Über die Unvereinbarkeit von Sozialstaat und Masseneinwanderung*, Waltrop/Berlin 2017, S. 26f.

193 Alexander Demandt: *Endzeit? Die Zukunft der Geschichte*, Berlin 1993, S. 18.

194 Jean-Paul Sartre in seinem Vorwort zu Frantz Fanon: *Die Verdammten dieser Erde*, 1961.

195 Pascal Bruckner: *Der Schuldkomplex. Vom Nutzen und Nachteil der Geschichte für Europa*, München 2008. Die französische Originalausgabe von 2006 ist treffender überschrieben, nämlich mit *La tyrannie de la pénitance. Essay sur le masochisme occidental*; auf deutsch hieße das: »Die Tyrannei der Buße. Essay über den westlichen Masochismus«.

196 Max Scheler: *Die Ursachen des Deutschenhasses. Eine nationalpädagogische Erörterung*, erstmals 1916 als Vortrag.

197 Richard Wagner: *Es reicht. Gegen den Ausverkauf unserer Werte*, Berlin 2008, S. 116.

198 Jacob Burckhardt in seinen Vorlesungen zur »Griechischen Culturgeschichte« von 1872–1886. Er führt dort die zivilisatorische Sonderstellung der alten Griechen auf ein agonales Prinzip zurück.

199 Alfred Müller-Armack: *Das Jahrhundert ohne Gott*, Münster/Regensburg 1948.

200 So die »Basisgruppe Walter-Benjamin-Institut« zum Ende des Wintersemesters 1967/68, in: Rudolf Sievers (Hg.): *1968 – Eine Enzyklopädie*, Frankfurt a. M. 2004, S. 431–439.

201 Jürgen Funke: »Sport in der Schule? Zur Kritik eines curricularen Teilbereichs«, in: *Neue Sammlung*, 13. Jahrgang 1973, S. 590–60